期货交易技术分析

(第二版)

一　阳　著

地震出版社
Seismological Press

图书在版编目(CIP)数据
期货交易技术分析 / 一阳著. —2 版. —北京：地震出版社，2021.5
ISBN 978-7-5028-5200-9
Ⅰ. ①期… Ⅱ. ①一… Ⅲ. ①期货交易—基本知识 Ⅳ. ①F830.9
中国版本图书馆 CIP 数据核字(2020)第 138707 号

地震版 XM4671/F(6052)

期货交易技术分析(第二版)
一 阳 著
责任编辑：范静泊
责任校对：凌 樱

出版发行：地 震 出 版 社
北京市海淀区民族大学南路 9 号 邮编：100081
发行部：68423031 68467991 传真：68467991
总编室：68462709 68423029 传真：68455221
证券图书事业部：68426052 68470332
E-mail：zqbj68426052@163.com
经销：全国各地新华书店
印刷：北京市兴星伟业印装有限公司

版(印)次：2021 年 5 月第二版 2021 年 5 月第一次印刷
开本：787×1092 1/16
字数：226 千字
印张：14.25
书号：ISBN 978-7-5028-5200-9
定价：48.00 元

前　言

盈利来自拥有并使用正确的技术

投资市场中有许多盈利者：有依靠资金优势可以影响价格波动的机构、有期现结合稳定盈利的现货商们、有靠着所谓内幕消息盈利的神秘人、有靠着一时的好运气大赚特赚的人，但对于广大的普通投资者而言，盈利的道路却只有一条：拥有正确的分析技术并使用正确的技术方法来获得长久稳定的盈利。

靠着好运气赚到的钱，终究会随着好运气的离开而返还给市场；靠着好行情赚来的钱，也终究会随着好行情的结束或反转返还给市场……而唯有自身拥有正确的交易技术，不断地重复使用这些技术，才可以长久立于不败之地。

技术分析中有这样一句名言：历史总会重复。且不说期货市场，各行各业不都是在重复—创新—重复的循环往复中前行的吗？期货市场更是这样。其实笔者非常希望各位读者朋友可以看一下笔者几年前甚至十几年前出版的书，如果你看了便会发现，前几年、前十几年书中的技术案例完全可以在当前的市场中找到相似度超过90%的走势，这恰恰说明了技术分析的核心：历史必将会重复，这是永久不变的道理。

正是因为走势会不断地重复，所以，重复之间便会留下相似度极高的规律，一旦掌握了这些规律便可以实现盈利。技术分析其实就是对这些规律加以总结，用相关的方式进行说明，从而便于投资者理解与使用。所以说，掌握了技术分析，就等于掌握了价格波动的规律性变化，就等于拥有了点石成金的“金手指”。

正确的技术并不难，这是笔者一贯强调的，但凡难的、复杂的、听了半天也没明白咋回事的技术也根本没必要学，这完全是在浪费时间，因为在实盘操作时，市场可不会留给你那么多的时间进行分析，机会往往是稍纵即逝，这就要求你使用的技术必须简洁有效，以便在极短的时间内就能做出判断。如果技术条件过于复杂，需要花较长时间，又怎样能运用到实战中呢？等你费了好大劲判断好了，介入的机会早就错过。

读者朋友幸运的是，笔者的交易技巧正如所强调的一样，都是简单、易学、实用且有效，大家就从本书开始，领会一下什么是期货市场正确的操盘技术吧！

最后，为了感谢各位读者朋友的一贯支持，笔者每周二、周四还有期货投资技巧公开培训视频课程，欢迎各位读者朋友参加，持续学习，不断提升自己的实战能力。周一、周三、周五还有其他资讯，如交易机会提示、各品种当前强弱力度排名、实战操作技巧图例讲解等，欢迎大家阅读。

同时，凡购买“一阳”系列书籍的读者朋友，均可与我方联系，获得以下两个福利：

1．联系助教免费领取随书赠送的20个期货投资技巧教学视频，以帮助你进一步加深对市场的理解！

2．可免费参与周末现场特别培训课程。此培训为面授，需要各位读者朋友自行前往笔者所在城市。

笔者团队联系方式：

QQ：987858807[李助教(领取视频及技术交流)]

电话、微信、短信：18588880518

一　阳

2021 年2月28日

目　录

第一章　分钟K线战术

在期货操作中，日内交易的投资者数量众多，大家都是绝对的短线客，利用价格日内的波动进行连续的买卖。进行日内交易虽然赚大钱的机会比较少，但是也不可能出现爆仓大亏的风险。正是由于日内交易风险较低，才吸引了大量的投资者参与，并成为其主要的操盘手段。虽然单次操作盈利并不是很多，但若使用方法得当，一天交易下来累积的收益却也是非常高的，这也是日内交易吸引投资者的另一个原因。

进行日内交易，有的投资者喜欢看分时图，但是，在分时图中可叠加的指标比较少，因此，对投资者的综合素质要求较高。所以，建议大家使用短周期K线图进行分析，对于波动活跃的品种直接看1分钟K线就可以了；对于波动并不是太活跃的也可以看3分钟K线；过长的周期K线就没必要看了，因为一天也出不了几根K线，一个形态若刻画不完，就需要隔夜操作，这样一来反而有可能扩大风险。所以，进行日内操作一定要把K线的周期控制在5分钟以内。

第一节　该跌不跌去做多

一阳：

价格常见的走势有：上涨、调整后再度上涨，下跌、反弹后再度下跌，上涨而后直接转为回落，下跌而后直接转为上涨。对于上涨后直接回落或下跌后直接上涨的走势，在技术上把握难度较大，因为趋势的反转往往没有明确的信号。而前两种波动方式由于中途有小别级反向波动，所以投资者可以有许多机会介入其中。因此，我们重点就对前两种形态进行研究。

公开课听众孙映秀：

反转行情价格的涨跌往往都是突发的，没有任何征兆，错过这种行情我一般不会感到难过。但是，价格形成上涨、调整、再上涨三段式涨跌的时候如果没有把握住，我就会在盘后反思。不过，上涨中途的调整或下跌中途的反弹有好多种变形，有没有什么走势可以以较大的概率指明后期价格波动的方向呢？

一阳：

上涨中途的调整或下跌中途的反弹，有的幅度大，有的时间长，有的技术形态复杂一些，这些都会增加分析的难度。但是若一种反向小级别波动形态一旦出现，价格顺应前期趋势的可能性是最大的，那就是：该跌不跌与该涨不涨技术形态。

公开课听众孙映秀：

该跌不跌是什么意思呢？

一阳：

该跌不跌的意思是：价格上涨之后出现调整，正常情况下应当出现一定幅度的回落，就好像下棋一样，多方行了一手棋，该空方走了，但此时，在价格该回落的时候却一直无法回落，始终跌不下来，这就是该跌不跌的形态。

公开课听众孙映秀：

是不是可以这样理解，价格应当形成调整回落的走势，但始终跌不下来，意味着盘中资金做空的力度其实并不大，否则空方早把价格打落下来了，多方依然占据着主动，那么，价格在后期就将会继续上涨。

一阳：

是这样的。如果多方占优势，价格则会上涨，但多方力量强大的体现并不完全在此，还会体现在较小的回落幅度上：跌得越小说明空方力量越弱。如果在上升趋势当中发现空方力量弱的事实，那就意味着做多的机会仍在。

公开课听众孙映秀：

该跌不跌具体的技术形态是什么样的呢？

一阳：

该跌不跌的技术形态发生于上升趋势中，上涨后价格的波动性质为调整，但是，却始终跌不下来，波动重心保持水平状态，在K线形态上形成横盘的走势。这种走势的出现，意味着未来的趋势方向将会与之前的波动方向一致，买方力量强过卖方，价格自然会不断向上。

公开课听众孙映秀：

横盘倒是较为常见的形态，不过横盘出现的位置有很多，并不是什么位置的横盘都意味着价格会涨吧？

一阳：

是的，若价格已经涨了许多，那意味着多方力量强大，至于未来还能涨多少就不好说了。但若价格处于上涨的初期阶段并形成该跌不跌的走势，那就意味着价格将会在后面继续上涨。位置的高低肯定会影响使用的效果。

此外，还要对价格的波动性质做一下判断。若价格整体波动性质偏空，那就要关注该涨不涨的形态；若价格波动性质偏多，则需要关注该跌不跌的形态。下面结合具体案例进行讲解。

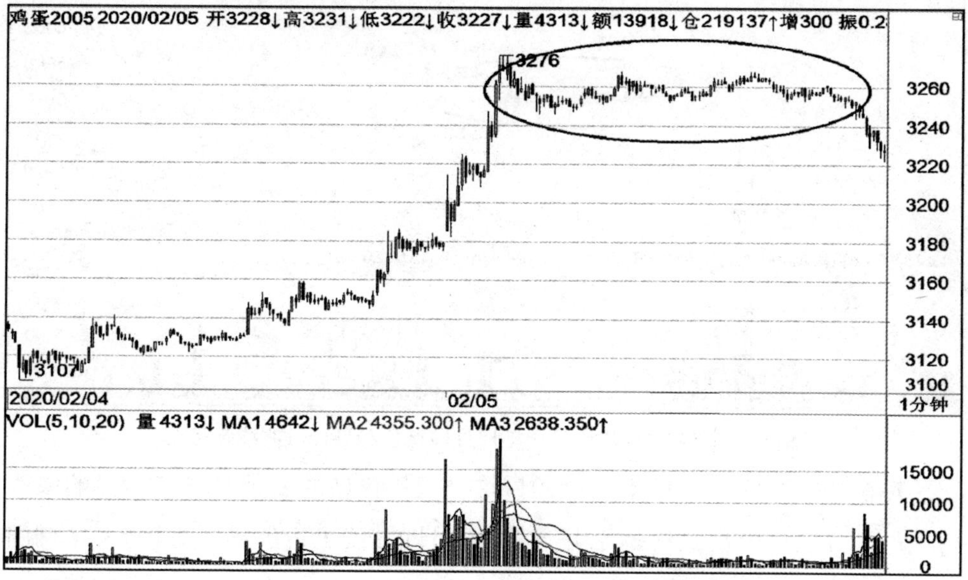

图1-1　鸡蛋2005合约2020年2月4日和5日1分钟K线走势图

鸡蛋2005合约在2020年2月5日时，价格连续上涨之后形成了一个长时间横盘的走势，如图1-1中椭圆圈的部分，这个横盘的确是该跌不跌形态：价格调整性质是下跌，但是却始终跌不下来，你能试着说出它涨不上去的原因吗？

公开课听众孙映秀：

在该跌不跌形态出现之前，价格已经出现了一波大的上涨走势，属于高位的横盘，因此，价格涨不上去也就正常了。

一阳：

位置是关键。在价格连续上涨之后，虽然空方暂时无力把价格打落下来，但是，多方同样也没力量再把价格顶上去，因为前期上涨过程中动能已经消耗尽了。

在价格上涨的中途也曾出现过该跌不跌的走势，虽然发生在尾盘，但第二天开盘后的价格却依然延续着之前的上涨走势，空方既然力量不行，那多头肯定会乘胜追击。

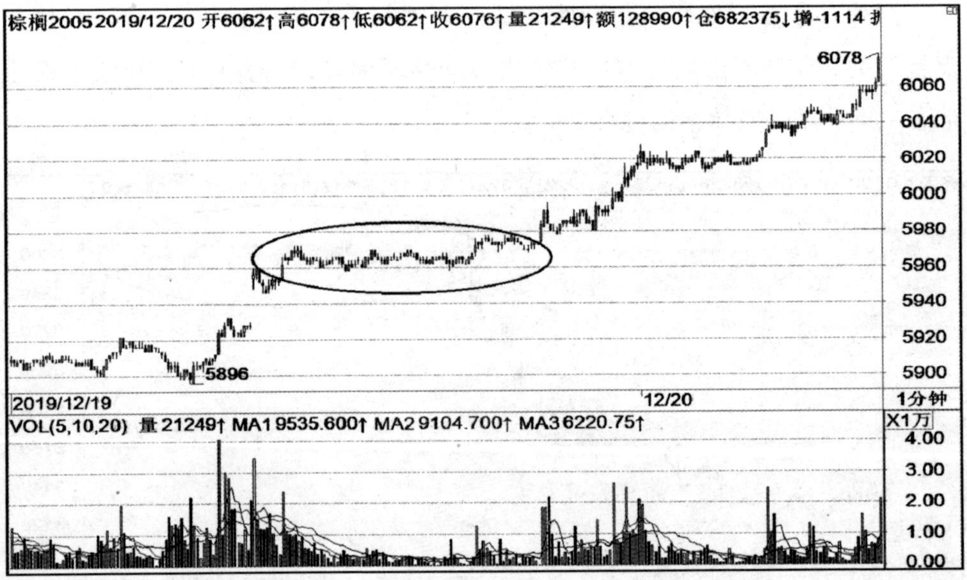

图1-2　棕榈2005合约2019年12月19日和20日1分钟K线走势图

棕榈2005合约在2019年12月19日这一天，价格的波动具备了明显的多头特征：高开之后价格始终位于开盘第一分钟的K线上方波动，如图1-2中椭圆圈的部分。在多头特征明显的情况下，就应当找低点或在价格向上创新高突破时入场做多。开盘后不久价格便进入了横盘状态，多头波动性质中形成了横盘的走势，这就是该跌不跌技术形态了。

公开课听众孙映秀：

价格以横盘的方式完成调整，这说明空方力量很弱，根本无力把价格打落下来，配合价格高开的多头性质便可以做出判断：价格后期继续上涨的概率是比较大的。

一阳：

当出现了该跌不跌走势时，调整的低点往往并不太容易出现，因为价格的波动非常平缓，所以面对这种形态进行操作时，找低点做多难以进行，因为向下回落的幅度很小。同时，由于横盘的过程很难预知具体要多长时间，所以在操作时，不必急于介入，可以等上大约10分钟后再介入。在这个案例中，该跌不跌形态延续了近50分钟，过早入场虽然不会亏钱，但价格一直涨不起来心里也会不太舒服。

公开课听众孙映秀：

针对这个案例来看，买入时间的确是越晚越好，但假如不在横盘区间做多，是不是可以设一个突破点，当价格向上越过这个高点时便入场做多。

一阳：

这种做多的方法针对这种走势是适合的，因为到底会横盘多久很难说，而且横盘一段时间后价格是否会按预期上涨也有不确定性，只能通过前期走势判断价格上涨的可能性较大，而不能说绝对上涨。假如设一个突破点，一旦价格越过它就做多，这就很合适了。价格创新高一则说明横盘的结束，二则说明价格将开始延续前期的涨势，此时做多风险就非常小了。

公开课听众孙映秀：

从图1-2中的走势来看，调整低点不好找，但价格横盘区间却留下了调整的高点，找到横盘区间最高点，然后设一个条件单，这样一来，只要价格越上去就会自动成交，你自己只需要再设一个止损位，简单省事。从后期走势来看，在价格突破了该跌不跌区间高点后，便引发了一大轮上涨行情。

一阳：

在乙二醇200合约2020年1月20日和21日1分钟走势图中，价格开盘低开，随后产生了反弹性质的波动，但价格的波动重心始终没有明显向上，如图1-3中椭圆圈部分所示。从整体走势来看，当天的空头气氛相对明显，适合操作的方法就是找高点进行做空操作，尽量减少在空头性质中的做多行为。

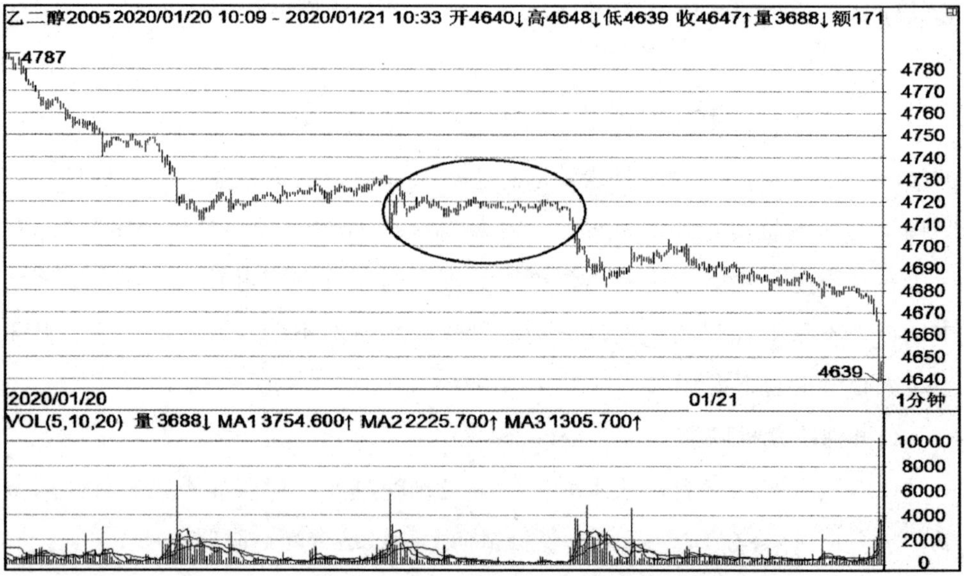

图1-3　乙二醇200合约2020年1月20日和21日1分钟走势图

公开课听众孙映秀：

空头市场中除了顺势做空之外，有时还总是想着抄底做反弹，结果到头来经常出现做空赚的钱被抄底做多的亏损给抹掉了。

一阳：

进行投机操作首先要确定当前趋势是什么方向；其次是观察当天价格波动是什么状态。当天是多头市场有低点就可以做多，当天是空头市场有高点就可以做空，坚持这样操作肯定错不了，比起逆势操作盈利的可能性要大很多。若顺势都赚不到钱，逆势就更没戏了。如果想把所有的机会都把握住，到头来盈利的可能性反而变小了。

公开课听众孙映秀：

通过刚才的案例讲解，乙二醇的走势就看得比较清楚了。价格跳空低开，而后弱势波动形成该涨不涨的走势，说明这一天空头市场气氛较重，应当在盘中找机会做空。

一阳：

如果当天整体市场偏空，则可以在横盘区间进行做空操作，具体办法就是在横盘十几分钟之后找个相对小的高点介入，毕竟这个区间不可能有大规模的高点。如果当天整体市场做空力度一般，则最好在价格形成破位下跌时再进行操作，这样可靠性会更高。

公开课听众孙映秀：

在价格该涨不涨的横盘区间，成交量非常稀少，一旦价格趋势将要形成，应当会出现放量现象，放量出现时如果价格下跌则可以认定是趋势向下。该涨不涨形态配合成交量放大价格下跌，这样的特征对分析将要下跌趋势会不会更准确？

一阳：

的确是这样，不仅这个案例价格随着放量现象的出现而下跌，前面案例也是在上涨的时候成交量有了放大迹象。将放量作为横盘区间的结束点，的确是一个不错的办法，这样可以避免在横盘区进行操作后忍受价格无方向波动的折磨，还可以及时把握住新一轮趋势的起点。

公开课听众孙映秀：

按您的说法，如果结合成交量分析便只能在短周期K线上进行了，长周期K线就不太好用，因为长周期K线的成交量没有任何规律性。

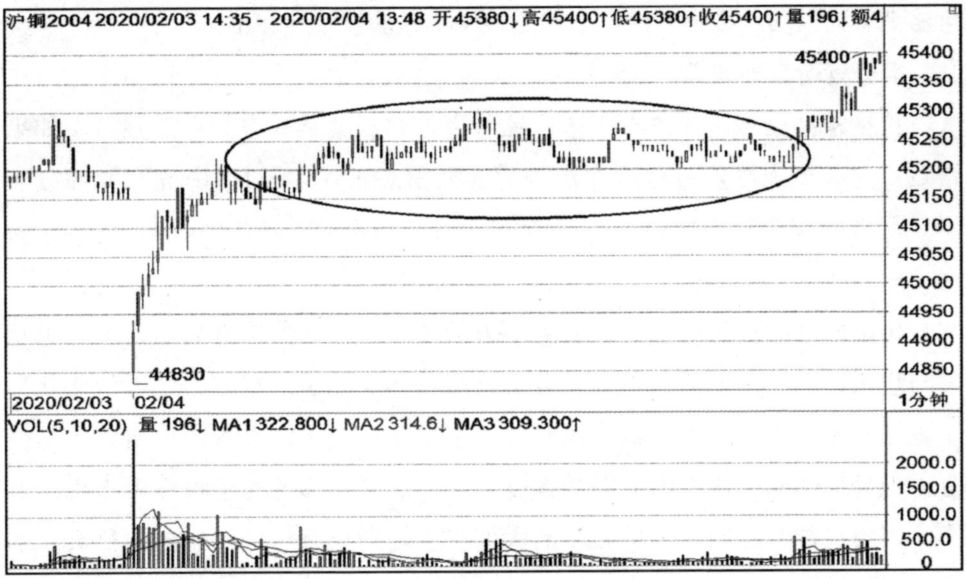

图1-4　沪铜2004合约2020年2月3日和4日1分钟走势图

一阳：

在沪铜2004合约2020年2月3日和4日1分钟走势图中（图1-4），开盘后便展开了快速上攻，对于这种低开但又快速上涨的走势，许多投资者往往难以适应。做多吧，价格是低开的，做多心里发虚；做空吧，价格又涨得这么猛，肯定不适合。有这样的想法很正常，其实有许多走势并不适合我们操作，那是别人的机会，不必强求，属于我们自己的交易机会肯定是会出现的。

公开课听众孙映秀：

一阳老师在周二、周四公开课中曾说过：价格上涨之后肯定会调整，等调整出现后，便可以通过调整来看出多空双方的力量对比，从而寻找机会再进行操作。以前价格一上涨我没有操作的话就心慌，现在则可以很平静地面对了。如果价格还会涨，肯定会在调整后再来一波，那我在调整中途找低点介入多好，没必要急匆匆地胡乱追进。

一阳：

价格上涨一定幅度后出现了调整的走势，从调整的走势来看，波动重心始终没有形成下移的迹象，此时的波动性质属于多头状态。在多头状态中，价格调整而波动重心不降低，这便是该跌不跌的技术形态了。

公开课听众孙映秀：

价格于高位该跌却跌不下来，这其中的原因就是多方力量的强大，如果错过了早盘的上涨，对于这种走势就需要留意了，如图1-4中椭圆圈部分所示。

一阳：

价格此时的横盘可以将其视为多方的休整，毕竟价格涨高后，空方也想参与进来，但最终谁的力量大就看价格的具体变化了。空方力量大价格就会下跌，而多方的力量大价格就很难跌下来。从这个案例来看，价格整体是横盘，但局部的回落比前面的案例幅度要大，这样的形态对于投资者来说是好事，因为可能有逢低点入场做多的大好机会。如果有逢低点介入的机会，那之前采取的突破操作也就用不着了，毕竟低点的介入成本要比突破点更低，未来价格涨上来以后获利幅度会更大。

公开课听众孙映秀：

该涨不涨与该跌不跌都是经常会出现的技术形态，听了您的讲解，感觉操作的方法并不难，以后再面对这样的走势时，波动略大一些的就在调整低点操作，波动小的就等突破。

一阳：

该跌不跌与该涨不涨形态出现的次数并不是太多，因为大多数的调整都是幅度不同的回落。同样，大多数的反弹也都是以上涨为主的，横着不动的走势出现的次数要少得多。但是，这种形态一旦出现之后，就一定要积极进行操作，因为未来它们反方向发展的可信度最高！

第二节　前高点蓄势上涨

一阳：

价格在波动的时候，有时会像人做运动一样，先蹲下然后才可以跳得更高，前高点蓄势形态就是价格的一种下蹲动作，这种技术形态隔三岔五便会出现，因此有必要掌握这种操作技术。

公开课听众周鑫：

在什么情况下价格的波动才会形成蓄势走势呢？

一阳：

蓄势走势都是在价格上涨至前期高点的压力位时出现的，价格一旦面临压力位将会有三种表现：第一种表现就是直接完成突破；第二种表现是价格暂时产生回落，而后再形成突破；第三种表现就是受到压力后产生下跌。价格没有触及压力位而产生的回落应当属于正常的调整，只有在价格触及压力位后形成的回落才可以称之为前高点蓄势走势。

公开课听众周鑫：

前高点蓄势走势有什么技术特点呢？

一阳：

前高点蓄势走势和直接突破走势不同，价格直接的突破趋势非常明显，而蓄势走势则会出现短暂的下跌。但是，蓄势走势又与受到压力回落不同，受压回落价格很难在短时间内恢复上涨，并且下跌的幅度往往比较大，而蓄势回落虽然价格也产生了下跌，但跌幅往往非常小，重要的支撑(比如上升趋势的支撑或前期上涨时重要阳线的支撑)不会被跌破，且价格回落的时间很短。下跌幅度越小、下跌时间越短的蓄势，未来价格上涨的可能性就越大。

公开课听众周鑫：

当价格形成蓄势走势时，是不是可以在回落的低点建仓呢，这样做成本好像比较低。

一阳：

如果价格波动时的持仓量变化非常标准，完全可以在蓄势的低点买入；但是如果持仓量变化并不是很标准，最好不要在蓄势的低点买入。这是因为价格虽然是蓄势形态，但却是受到压力产生的回落，后期价格具体会回落多少幅度是很难准确预计的。虽然在上涨出现时低点买入的成本比较低，但万一价格并未形成突破而是继续回落就容易引发风险。所以，好的介入点是在蓄势走势出现后，价格形成突破时再介入，这时明确的方向已经确立，做多的风险就小多了。

公开课听众周鑫：

由技术指标确定价格有极大的上涨概率时，可以低点买进，如果确定性不大就耐心等待突破的形成。仔细一想，这样操作虽然持仓成本可能会提高一些，但风险的确小了很多。

一阳：

我们在进行操作的时候，持仓成本是否主动是一方面，但对风险的考虑则要优先于持仓成本。虽然持仓成本较低，但却要面临较大的风险，这样操作心态会比较乱；而在价格的趋势已经明确形成时操作，虽然提高了一些持仓成本，但这个时候持起仓来会很轻松。相比后期突破后的上涨走势，突破点介入的持仓成本其实已经是很低的了。下面结合具体案例进行讲解。

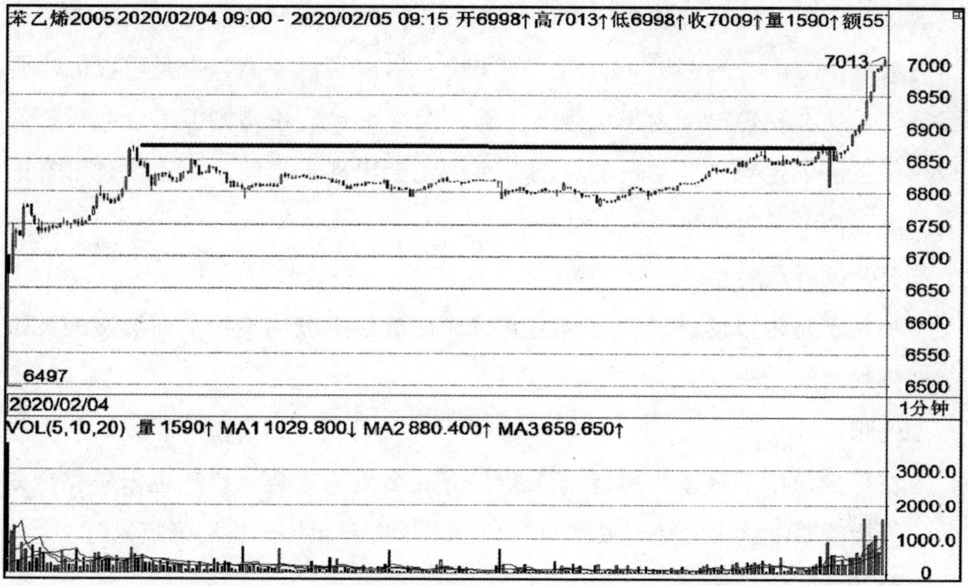

图1-5　苯乙烯2005合约2020年2月4日1分钟走势图

在苯乙烯2005合约2020年2月4日1分钟走势图1-5中，开盘后出现了一波上涨行情，而后价格出现了连续回落。长时间的小幅震荡回落结束后，价格缓慢震荡上行，此时，在连接价格的波动低点可以发现价格已经开始形成上升趋势。上涨到前期高点时，价格再次出现回落，请说一下此时的回落有什么样的技术特点？

公开课听众周鑫：

价格受到前高点压力产生回落，但是跌幅非常小，并且调整的时间也比较短。

一阳：

当价格上涨到前期高点形成如此走势时，一定要花些时间盯盘，如果调整一段时间后价格并未形成突破而是转为下跌，要放弃跟踪观察，但是如果价格调整后形成了明显的突破，就要赶快入场进行交易。

公开课听众周鑫：

如果价格将要形成突破，会有什么样的技术特征呢？

一阳：

价格一旦形成突破，最明显的技术特征就是在短周期K线图中成交量会出现放大，在突破的点位如果能够收出大实体阳线是最好的，这说明多方突破压力展开上攻的力度强大。当然，如果价格形成缓慢突破，也是可以的。强劲突破，将会在短时间内形成强劲上涨；缓慢突破，价格则多半会在后期形成震荡上涨的走势，非常快的波动并不一定会出现。当然，无论哪种形态的突破出现都不影响获利。

公开课听众周鑫：

那是不是可以这样理解，快速突破往往价格上涨周期短，而缓慢的突破上涨持续时间长？

一阳：

在局部范围的波动可以这样判断，但对全天的走势来讲，也未必完全如此，价格能否继续上涨还需要结合其他技术形态一步步分析后确定。

公开课听众周鑫：

使用前高点蓄势方法进行操作，最大的风险是什么？

一阳：

前高点蓄势买点出现后，价格并未连续上涨而是出现回落会导致亏损，为了限制亏损的幅度，止损点一般设在价格跌破蓄势过程中的低点，所以整体来讲，亏损的幅度往往并不会很大，并且是可以提前预测出来的；而价格如果形成了真正上攻，收益的幅度却是无法预测的。

公开课听众周鑫：

这种操作技术风险小，并且可以在买入时提前预测出来，而且收益高，我以后要好好运用。

一阳：

在鸡蛋2005合约2020年2月4日1分钟K线走势图1-6中，开盘后略经震荡，价格形成了上涨走势，一波上涨结束之后，价格出现了震荡回落的走势，经过一段时间回落后，价格有了筑底的迹象，请再来说一下在低点震荡区间有什么样的技术特点？

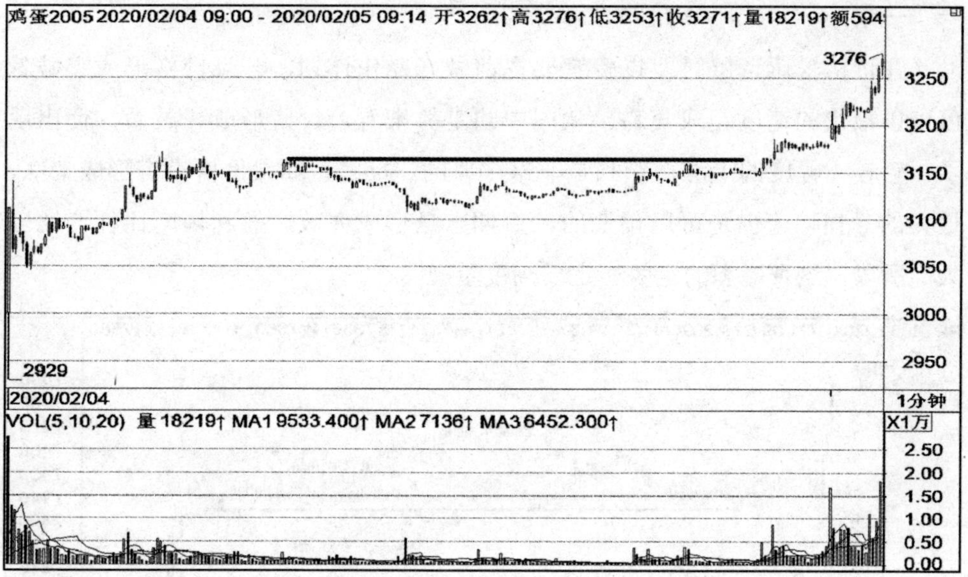

图1-6　鸡蛋2005合约2020年2月4日1分钟K线走势图

公开课听众周鑫：

价格在当天低位震荡的时候，出现了低点走高的迹象，形成了比较平缓的上升趋势。

一阳：

缓慢的震荡结束时，价格将要开始上涨时的技术特征又是什么样的？

公开课听众周鑫：

经过较长时间震荡后，价格形成了放量突破的走势，这预示着做多的资金入场了，趋势将要形成反转。

一阳：

价格上涨到了开盘上涨的高点后，受到压力形成了调整的走势，此时的调整又有什么样的技术特征呢？

公开课听众周鑫：

价格虽然受到了前高点的压力，但是波动重心并未下移，这是时间较短的该跌不跌走势，后期价格继续上涨的可能性非常大。由于价格此时所处的位置比较关键，在离前高点很近的位置，因此，也可以将其视为一种蓄势走势，蓄势的目的是多方暂时休整后能够更好地突破向上。

一阳：

在价格受压调整时，投资者要提前做好操作计划，一旦价格形成突破就可以以最快的速度完成交易。从图中的走势来看，价格形成突破后，便出现了一轮较大幅度的上涨，获利是非常丰厚的。反之，如果价格没有形成上涨，最大的亏损幅度也是可以预期的，后期一旦形成突破，盈利幅度往往会比较大。所以，这种形态的走势一定要高度重视。

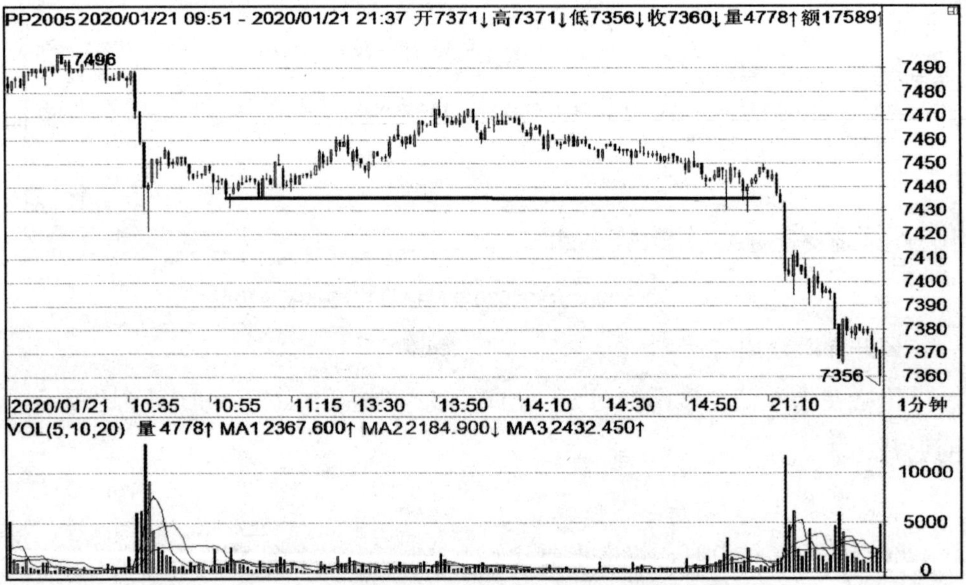

图1-7 PP2005合约2020年1月21日1分钟走势图

在PP2005合约2020年1月21日1分钟走势图1-7中，价格一波放量快速下跌之后出现了连续震荡反弹的走势，但这波反弹做空的难度却是比较大的，你能说出其中的原因吗？

公开课听众周鑫：

因为价格反弹的周期比较长，虽然反弹的性质从K线形态来看是不变的，但随着低点不断抬高，已形成了上升趋势，所以，在反弹过程中进行做空是不符合技术要求的。

一阳：

这个案例中若要做空，只能在反弹结束之后形成下降趋势的时候入场。价格在初期下跌的过程中，形态比较简单，跌到了前低点位置时，形成了较为剧烈的反弹，从图中的走势来看，价格连续两次跌破下影线前低点而后又重新回来，可见这个点位争夺比较激烈。

公开课听众周鑫：

虽然价格在这个区间争夺激烈，但波动的幅度并不大，在下跌过程中反弹幅度也不大，这说明多方力量较为虚弱，因此，价格继续回落的可能性比较大。

一阳：

价格反弹的位置非常有讲究，恰出现于前低点所谓的“支撑处”，这种走势其实就是价格的一种蓄势形态，看似受到了前低点的支撑，其实只是象征性反弹一下之后重新集聚做空的力量，而后更快地下跌。

公开课听众周鑫：

在前低点的重要位置上方一点形成反弹——这个技术点位很重要。前低点都是事先存在的——参照点固定不变，因此，是否在这个区间形成震荡很容易识别。直接跌下去的，就直接进行突破操作；若在这个点位反弹一下的，可以根据反弹的高点寻找做空的机会，也可以在价格形成突破时进行操作，随机应变。

一阳：

从大多数的前低点蓄势来看，价格聚集了更多的能量之后，突破后的表现往往都比较不错，许多案例中还伴随着放量现象的出现，一旦资金大量入场，盈利的空间就更大了。所以，这种关键位置的蓄势形态操作方法一定要好好掌握，即使开仓时用不上，也可以作为一种识别未来波动性质的技巧，持仓时作为参考。

在沪镍2004合约2020年1月21—22日1分钟走势图1-8中，价格放量快速下跌后形成了一个大级别的低点，经过较长时间形态较为复杂的反弹后，价格回落到了前期低点附近，此时应当如何操作？

公开课听众周鑫：

价格回落到前低点时，再度出现了反弹走势，但是反弹的幅度相比之前小了很多，并且反弹的时间很短，因此，对此时的反弹应高度重视，这种走势符合前低点蓄势的技术要求。

图1-8　沪镍2004合约2020年1月21—22日1分钟走势图

一阳：

由于下降趋势已经明确，所以，下跌途中的反弹都是好的做空机会，特别是在前低点附近形成的小幅度反弹更是最好的做空点位。面对前低点蓄势走势，要注意两方面，一是继续看空，一旦形成破位下跌便要及时进行操作；二是在准备操作的同时也要防止价格形成新低不创形态，如果价格一直无法跌破前低点，则要果断放弃操作。

公开课听众周鑫：

是不是可以这样理解，价格接近前低点的时候，明确的方向其实还未形成，价格可能下跌，也有可能受到前低点支撑而不会下跌？

一阳：

仅从单一品种的走势来讲的确是这样，但是，如果结合当天的整体市场状态则可能会不同。如果当天其他品种都在不断下跌，那么，目标品种继续下跌的概率将会非常大；如果其他品种都保持着强势上涨状态，这种走势就必须要小心，在整体市场走强的情况下，前低点蓄势很容易演变成为新低不创的做多买点。

公开课听众周鑫：

所以老师讲最好不要在反弹时操作就是出于这方面的考虑，而一旦价格形成了明确突破，这种担心就可以变成放心了。

一阳：

高点也可以做，只针对那些反弹幅度小的形态做就可以了，若反弹力度略大，就只能做突破了。价格在后期突破的时候，因为进行了充分蓄势，所以，创出新低后下跌速度非常快，这就给投资者带来了大波段盈利的日内操作机会。

公开课听众周鑫：

在价格下跌的同时，成交量明显放大，资金纷纷入场操作，蓄势后的走势总是会点燃资金入场的热情。

一阳：

下面我们再来总结一下前高点蓄势上涨以及前低点蓄势下跌形态的技术特征：

1．价格上涨至前期高点时受到压力产生回落，但是回落幅度非常小；

2．价格受压调整时时间不能长，调整的周期越短越好；

3．价格结束调整展开突破时成交量伴随放大，则未来的波动空间会更大；

4．如果价格未展开突破上涨而是形成回落，止损点为蓄势调整的低点区间。

公开课听众周鑫：

这方面的知识我已经学会了，以后再碰到这种重要关键位的蓄势走势时，获利的机会就不会再放跑了。我认为其要点就是，关键位置小幅度波动加在一起，就预示着价格将会继续延续之前的运行趋势。

第三节　破位机会不可丢

一阳：

突破是价格波动过程中K线形态的一种必见走势，因为是必见形态，就要求投资者必须要掌握与突破操作相关的所有细节。

公开课听众李芸丽：

请问一下，什么叫作必见走势呢？对这个概念并不是太清楚。

一阳：

价格波动过程中，从K线形态的角度来讲，分为两种形态，一种是常见形态，一种就是必见形态。常见形态的意思就是这种形态经常会见到，与之相对的就是少见形态。比如价格下跌之后，形成了W底，那么，这个W底形态是价格波动过程中必然见到的吗？并不是，因为底部可能会形成W底，也可能会形成V形态或是头肩顶，只是存在形成W底的可能性。由于W底是会经常出现的一种技术形态，所以就称之为常见形态。

而必见形态就是指价格波动过程中，价格只要上涨或下跌就必然见到的技术形态，比如突破走势，价格想要上涨就必然会突破之前的高点，想要下跌也必然会跌破前期的低点，这种形态就叫必见形态。

公开课听众李芸丽：

对于少见形态，可以放弃对它们的研究，因为出现的概率低，所以不必浪费精力；对于常见形态，则要着重研究它们的波动规律；而对于必见形态，就必须要掌握其操作的技术特点。

一阳：

正是如此。这个市场中有许多成功的投资者，不管他们习惯于怎样操作，有一点是肯定的，那就是都会进行突破操作，因为突破是必见形态。所以，大家一定要好好学习必见形态的技术特点。

突破有许多细节，这一节我们主要讲解什么形态的突破最值得操作。与突破相关的其他要点诸如：突破点的选择与修正、突破位置的选择、突破的开仓细节、突破的止损细节、最优突破形态、最值得交易的突破走势，真假突破识别技巧等，后期有机会再与大家交流。

公开课听众李芸丽：

我也曾进行过突破操作，但很多时候做着做着，就做成了追涨杀跌操作了。

一阳：

这是许多进行突破操作的交易者的通病，突破点是死的，它可以精确到具体的价格，但是，这个具体的价格有时候可能是转瞬即逝，因为(手工)没有及时地进行开仓，看到价格上涨或下跌了又心有不甘，因此，便会以不占优势的价格介入，此时就变成了追涨。进行突破操作一定要记住，突破的价格只有一个，错过了就要果断放弃，绝对不能再盲目操作。

公开课听众李芸丽：

那有什么方法可以保证及时开仓成功吗？我以前操作就是这样的，错过了突破之后看着价格一个劲上涨便会着急，头一热就冲了进去，一追却又是个高点。

一阳：

突破操作因为是一个具体的点位，很多真实的突破速度又快，所以，操作时一定要提前设定条件单，一旦到达突破点(手工)开仓没有成功的话，条件单便可以在这种情况下自动执行保证开仓成功。你知道这是为什么吗？

公开课听众李芸丽：

这大概是因为突破点位那个点位一直会在那里保持不动，价格是不是形成突破可以非常容易判断出来。

一阳：

对，多单突破的选择点就是前面的高点，这个高点永远不变，因此，可以提前设置条件单。但如果利用指标的金叉进行做多，就不能提前设置条件单了，因为没有人会知道在什么位置会形成金叉。

我们讲解了突破开仓时的一些小细节，下面结合具体案例再来讲解一下什么样的突破形态值得大家操作。

从沪镍2004合约2020年2月13日1分钟的走势便可以看到(图1-9)，价格要想下跌就必须跌破前期的低点，而要想上涨就必须不断向上突破前期的高点，由此可以看出突破是一种必然会出现的走势。

公开课听众李芸丽：

的确如此。在价格下跌以及上涨的过程中，创新低与创新高的走势不断出现，看来以后对于突破的走势一定要重视了。

图1-9　沪镍2004合约2020年2月13日1分钟走势图

一阳：

突破的形成是这样的：价格上涨之后出现调整，而后留下一个上涨后的高点，这个高点就是未来突破点的取值点，只要越过这个高点便可以入场进行操作了。随后持续的调整又留下了一个回落的“坑”，在“坑”之中是可以寻找机会逢低做多的，但逢低做多首先要求价格有一定的回落幅度，也就是既不要跌得太多，也不要不跌，要适度下跌，然后满足逢低做多的要求。如果价格提供了逢低做多的交易机会，突破也就不必做了。但有的时候，价格走势并不给逢低做多的机会，这个时候就需要进行突破操作了。你来说一下什么样的走势不会提供逢低做多的机会？

公开课听众李芸丽：

应当是那种强势调整：要么价格根本不下跌，要么虽然下跌了，但其下跌的幅度非常小，这两种类型都不会有逢低做多的机会。

一阳：

调整幅度小虽然没有了逢低做多的机会，但小幅度的回落却说明空方的力量非常弱，空弱则多强，因此，价格后期继续上涨的概率将会是极大的。

价格上涨概率大，但又没有逢低做多的机会，这个时候，突破就成了机会的第二道拦截网。

公开课听众李芸丽：

您这样一讲我马上就懂了，沪镍的价格上涨之后出现了调整，在画线的地方价格回落幅度非常小，空方根本无力把价格打落下来；空方无力表明多方力度强大，价格依然具有进一步上涨的动力，所以，在价格向上创出新高的时候就可以入场操作了。

一阳：

正是如此。这也就是我所说的重点——什么样的形态是做突破最好的形态呢？就是那些调整幅度小的。调整越小意味着空方力量越弱，多方力量越强。

除此，还有另一个技术问题，那就是突破高点的取值。做突破的时候一定要注意：要优先选择临近的高点为突破点，也就是哪个是上升趋势中当前最近的高点，哪个就是突破的取值点。价格波动过程中会留下许多高点，之前的高点不能说没有作用，只是相对于临近的高点而言，历史上的高点对于实战的指导作用较差，只能起到分析决策的辅助作用。

图1-10　苹果2005合约2020年2月20日1分钟走势图

在苹果2005合约2020年2月20日1分钟走势图1-10中，价格上涨后形成了一个高点，调整后，突破形成了一轮大幅上涨的走势。大涨之前的那个高点即当前最为临近的高点，也是近一段时间内最高的高点，不过，是不是最高的高点并不重要，是不是临近的高点才是核心。

公开课听众李芸丽：

我现在明白了以前做突破时为什么会失败了。我认为选要突破就要选当前多单最高的那个。可是等价格真涨到这里时，价格往往已经涨了一大截了，这个时候再进入肯定没什么“肉”吃了。

一阳：

如果使用临近的高点作为决策点，价格往往上涨幅度并不大，因为未来的上涨空间没有被透支才更容易涨上去，若是历史高点与临近高点差距不大倒无妨，但若差距很大肯定就不行了。正如你所说，价格走到历史高点，由于已经涨了一大截，所以很容易产生回落形成双顶——弱的在前高点下方附近就回落了，强的突破之后不会涨多久也回落了，至于回落后是否还会再涨，这就充满变数了。

之所以选择临近高点为突破决策点，其思路就是为了避免入场的时候价格有过大涨幅。

公开课听众李芸丽：

如您所说，突破的确有许多细节，您要是不讲这些靠自己去悟，真不知何年何月才能悟出来，到那时，钱早就不知赔了多少了。

一阳：

价格大幅上涨其实无法提前预知，只能走一步看一步，好的上涨在涨之前都有着许多技术上的共性。还是结合刚才的案例来说明吧，苹果的走势在上涨之前有哪些技术特征需要重点关注呢？

公开课听众李芸丽：

价格上涨之前的调整非常温和，虽然涨得力度并不是很大，但调整的力度也很小，这应当就是您说的无法预期的一轮大的行情。如果之前的上涨力度强一些，应当就可以做出预期了，毕竟前一波涨得猛，后一波也差不到哪儿去。

一阳：

前一波是百米高的巨浪，后一浪就算是力量衰竭也不可能一下子降为十米，降到七八十米才正常。同理，前一波的浪只有一米多高，后一波也就不可能直接变成百米巨浪了。价格波动也是如此，前一波很温和，正常情况下后浪应当也是温和的，除非在短周期中有明显放量出现。

分析时要做到知己知彼。多方力量是不太强，但空方力量更弱，调整回落的幅度很小直接说明了问题。虽然多空力量并没有非常大的差异，但由于趋势向上，多头依然占主力，所以，价格上涨的概率是非常大的。既然预期价格上涨，又碰到了调整幅度小的走势，自然要去积极寻找介入点了。

公开课听众李芸丽：

价格回落幅度小也就没有了逢低做多的机会，所以，只能在价格创新高的时候入场操作。由于前高点事先存在，所以，价格在前高点下方就需要等逢低做多的机会，而一旦突破前高点便可以及时入场进行做多操作。

一阳：

调整是必见形态，涨了，价格必然调整，但是，是否能找到恰到好处的低点机会就不好说了，所以，当没有逢低做多机会时，另一个必见走势突破点就成了第二个关键点，只要价格调了下来，便可以事先设置好条件单。提前设置没有任何风险，如果价格涨不上去，你设置了也不会成交；而如果价格的确要涨上去，就能保证开仓成功；机会绝对跑不掉。

在沪镍2004合约2004合约2020年2月12日1分钟走势图1-11中，价格同样出现了一轮大幅下跌，依然是老思路，在价格没有下跌之前，我们可以预期价格下跌概率的大小，但不宜过大，除非有综合性的技术依据。那么，就沪镍的走势来看，价格下跌概率较大的技术依据又怎样呢？

公开课听众李芸丽：

价格下跌之前出现了一次反弹，而这次反弹体现出了价格下跌较大的可能性，因为反弹出现的时候，价格上涨的幅度非常小，小幅度的上涨说明多方力量很虚弱，多弱则空强，因此，价格便有了较大的下跌概率。

图1-11　沪镍2004合约2020年2月12日1分钟走势图

一阳：

看来你已经深刻理解了小幅度反弹的重要意义。小幅度反弹无法提供好的高点让投资者逢高放空，但却可以清晰地表明价格未来大概率的波动方向。既然高点做不成，那该在什么位置进行操作呢——只有突破点了。

公开课听众李芸丽：

这是因为价格如果要继续下跌，就必然会跌破之前的低点，而如果之前的低点一直跌不破，那下跌行情便不会出现。

一阳：

在小幅度反弹走势出现之前，价格还有一次反弹，但是，这次反弹的幅度却大些了。反弹幅度大说明多方力量相对略强，多方力量强导致了后期价格回落时会走得曲折。

公开课听众李芸丽：

通过对比这两次反弹的走势发现：价格反弹上涨幅度大的，不能进行突破操作，而是应当借反弹的高点进行逢高做空。而如果反弹幅度小没有高点可做，就可以做突破了。

反弹幅度大的走势因为多方力量强，所以，未来价格回落时，可能会曲曲折折，而如果反弹幅度小、多方力量很弱，未来则有可能出现凌厉的走势。

一阳：

如果大家把那些凌厉下跌的案例经常翻找出来分析就可以发现这个共性了，在它们下跌之前反弹幅度往往都比较小，从下跌开始就有了大概率下跌的迹象，从多空力量的对比进行分析，价格后期凌厉的下跌其实多少都在预期之内。

公开课听众李芸丽：

我想以后做突破应当顺当许多，以前做突破只要价格创新低或创新高就操作了，不管其他因素，现在来看，反弹幅度与调整幅度是我以后操作时一定要注意的了，虽然还有其他要学的，但这已经增强了我做突破的信心。

图1-12 苹果2005合约2020年2月12日1分钟走势图

苹果2005合约2020年2月12日1分钟走势形成了非常标准的技术形态（图1-12）。价格在下跌过程中形成了反弹震荡的走势——这样的走势其实更常见，虽然没有形成凌厉的下跌行情，但这样的下跌依然也可以给投资者带来好的收益。

价格波动过程中留下了五个反弹的高点，我们分别来说。你先说一下1号高点的技术特征是什么？

公开课听众李芸丽：

1号高点处，价格反弹幅度比较大，怎么跌了下来便怎么反弹了上去，面对这样的走势突破操作便不宜再做了，而是应当在高点区间逢高做空。

一阳：

反弹幅度大说明多方力量强，在多方力量强大的情况下，价格在后期震荡了许久才创下了新高。从这种走势来看，死等突破显然不是好策略，如果在高点进行做空，反而更好。

公开课听众李芸丽：

2号高点价格的反弹幅度明显减小了，这时候要留意是否有突破操作机会。

一阳：

在3号高点形成的低点处，价格对2号高点形成了突破，虽然突破后马上反弹了，但并没有抵消止损，所以，3号高点的反弹并不会对突破操作产生影响，反而还提供了一次机会。如果在2号高点之后的突破没有做，那么，当价格再跌破3号高点处的低点时，便又有了一次突破的操作机会。

公开课听众李芸丽：

4号反弹高点处的上涨幅度也很小，如果没有持仓，这里也可以操作，虽然价格跌了一波，但由于多方力量并没有增加，空方依然控制着局面，因此，还可进行操作。

一阳：

反弹幅度小，可以不必理会价格跌了多少，就算跌得再多，在多方力量始终没有增强的前提下，做空操作都是正确的。所以，4号高点处的突破依然可以做，但毕竟价格跌至此已有了一定的下跌空间，所以，获利的预期就不要设置过大了。

公开课听众李芸丽：

5号的反弹高点上涨幅度也并不大，所以，也是可以操作的，但也如您所说，因为价格已经跌了不少，所以一旦赚到钱最好见好就收。

一阳：

跌到这个份上，“肉”都被别人吃了，能喝口“汤”也算不错了。虽然价格还有下跌空间，但制订交易计划却不容乐观：若持仓的信号依然存在，则可以继续持有；而一旦持仓信号消失，就要及时出场了。

通过苹果的案例可以看出，想要做好突破，一定要去寻找那些反弹时上涨幅度小、调整时下跌幅度小的形态，只有这些技术形态才可以保障投资者进行突破操作时取得更好的战绩。

第四节　大跌之后如何走

一阳：

大幅下跌的走势对做空的交易者来说非常好，恰到好处的操作可以获利颇丰，但是，在实际操作过程中，常会出现这样的问题：价格出现了大幅下跌时虽抓住了行情，但在随后趋势反转时依然死守空单，结果到手的收益又一点点地回吐给了市场，十分可惜。

公开课听众童志栋：

我就有过这样的经历。某次开盘后不久价格便出现了大幅下跌，不到一小时便获得了25%的收益，当时想有这么多收益了还有什么可怕的？抱着这样的想法，看着价格不断上涨，我却没有任何反应，涨到最后眼看马上要变成亏损了，我便以不到2%的盈利价出场了，想起来真是心痛。

一阳：

这是因为不懂价格大跌之后将会出现什么样的走势，没有相应对策导致的误判，如果领会刚才我所说的之后，估计你再碰到类似的走势就会应对了。

公开课听众童志栋：

大幅下跌之后是不是有必要先出来一下呢？万一涨了岂不可惜。

一阳：

大幅下跌之后有巨幅收益保护，其实并不见得一定要出来，离不离场要看价格如何走，如果价格没有任何起涨的信号，那就没必要出场，应当继续持仓等待价格进一步下跌，而一旦价格有了起涨信号，那就必须赶紧离场了。

公开课听众童志栋：

明白了，大跌之后是否出场与收益多少无关，也不用想着保全收益，而是要坚定地服从信号，没有上涨信号就继续持仓，有上涨信号就赶紧离场。

一阳：

一旦价格有了明确的上涨信号，利润肯定是要有一定幅度回吐的，但回吐的幅度完全可以接受，比如赚了20%的收益，可能也就回吐5%左右，依然可以留下15%左右的收益。有的朋友可能连那5%也不想丢，不想丢就只有一个办法，就是在赚了20%时果断离场。但当你离场之后价格继续下跌怎么办？如果继续下跌时有入场信号还好，若没有任何再次入场的信号，那就只能眼巴巴看着更大的收益机会错过了。所以，拿出一点利润预留回吐，为的是抓到后面可能性更大的收益。

公开课听众童志栋：

老师说得好，反正已吃到一些收益了，拿出一点试试有没有可能再抓住一波行情，这样的利润回吐我是完全能够接受的。那什么样的走势出现就可以持仓，什么样的走势出现需要出局呢？

一阳：

通过对大量的大幅下跌之后的走势进行分析会发现这样一个规律：如果大跌之后价格要上涨，布林线指标中轨必将形成上升趋势，一旦发现布林线指标中轨开始勾头向上，此时就要出场了，因为价格很容易在后面形成一波三浪或是五浪的上涨行情；如果大跌之后布林线指标中轨没有勾头向上而是保持水平状态，这说明价格无力上涨，后边可能只是出现一段时间的窄幅横盘，价格反弹的幅度不会太大，此时可以继续持仓等待价格进一步下跌。

当然，判断这个市场中的走势是概率，而不是绝对，这一点大家要注意。下面结合具体案例进行讲解。

在菜油2005合约2020年1月22日3分钟走势图1-13中，价格出现了一轮持续性下跌的走势，这一波行情完全可以在下跌的初期使用逢高做空与突破的方法抓住下跌的机会，获得30%左右的收益。请问价格下跌过程中，有哪些技术特征呢？

图1-13　菜油2005合约2020年1月22日3分钟走势图

公开课听众童志栋：

在价格下跌的时候，布林线指标中轨的方向非常明确，一直保持着下降趋势。

一阳：

但凡好的行情都会有一个共性，那就是方向明确。经常说顺势而为，那如何实现呢？其实很简单，顺应趋势类指标的方向做就行了，中轨向下就只考虑怎么做空，中轨向上就只考虑怎么做多，这样便不会出任何问题。除了方向明确还有什么技术特征？

公开课听众童志栋：

在价格下跌的过程中，初期时K线一直在中轨下方，到了后半段时，虽然跑到了中轨以上，但依然在上轨下方。您曾在周二、周四的公开课中说过，布林线指标上轨是空头的最后一道防线，K线可以跑到中轨上方，但必然受制于上轨的压力，这种形态下价格仍可能继续下跌。

一阳：

这种形态体现的是明确的压力，价格不管怎么反弹，都始终无法向上克服压力，只要压力能一直发挥作用，那么，价格的下降趋势就必然会不断延续。方向明确加压力明确促成了这轮较大下跌行情的到来。

那么，当价格反转的时候又有着怎样的特征呢？

公开课听众童志栋：

大跌之后价格转为了向上的走势，三波上涨构成了一轮五浪波动形态。此时的特征就是两个技术信号的叠加，先是中轨由下降趋势转为了上升趋势，而后价格获得了中轨与下轨的支撑。

一阳：

之前明确的下降趋势转成了上升趋势，这是最主要的技术特征，当价格的波动方向转变之后，布林线指标中轨与下轨自然也就具备了支撑作用，就如同下降趋势时，中轨与上轨具有压力作用一样。

这个案例可以作为大跌之后如何分析行情的案例。一旦布林线中轨形成明确的上升趋势就要小心了，价格强的就会形成三波上涨形态，弱一些的至少也会有两波上涨，像菜油的走势还算好的，并没有涨很多，但凡再强一些的，三波上涨结束后直接就回到了起跌点附近，碰到这样的走势若没有及时出局空单，利润可就全没了，岂不可惜。

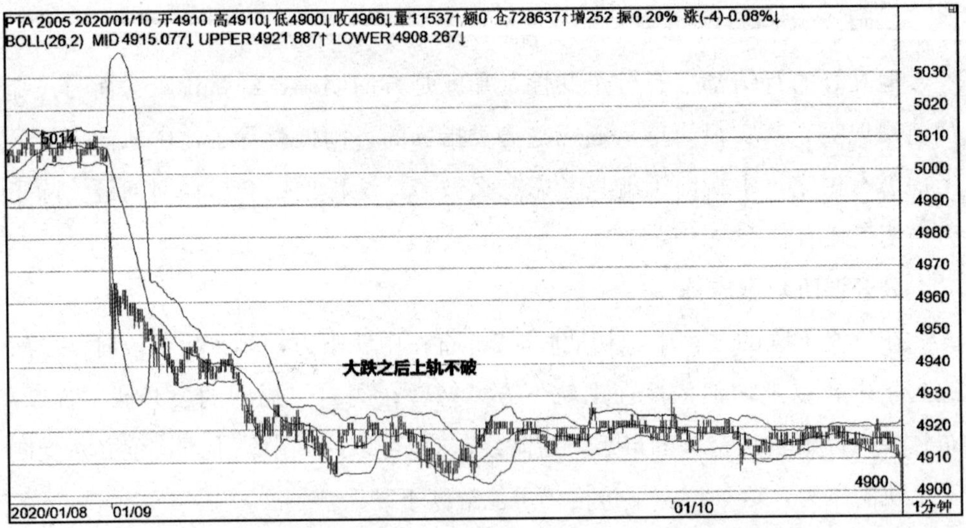

图1-14　PTA2005合约2020年1月9日和10日1分钟走势图

在PTA2005合约2020年1月9日和10日1分钟走势图1-14中，价格低开之后同样出现了一波不错的下跌行情，这段下跌行情又有什么特点呢？

公开课听众童志栋：

相比菜油的下跌，PTA的走势相对复杂了些，基本上全程是菜油走势后半段的形态，一直保持着震荡式下跌走势，中轨的压力并不是非常明显，多方总是借反弹挑战中轨的压力，虽然价格多次突破了中轨，但一直受制于上轨的压力，因此会一直跌下去。

一阳：

我曾在公开课中多次强调过：布林线指标上轨是价格下跌时的最后一道防线，中轨是第一道防线，中轨若能直接压住价格是最好的，若中轨压不住也没关系，并不需要出场，此时可以看一下上轨，若上轨可以压住价格，那下降趋势便可以继续。PTA价格在下跌过程中恰体现了这一点，压力不破则可以继续持仓。

公开课听众童志栋：

那是不是可以这样理解，若价格形成了下跌的走势而且又有盈利了，便可以一直盯着上轨持仓呢？

一阳：

当然可以，这是其中一种持仓方法，就是利用下降趋势中上轨的压力。在具体持仓中还有许多类似的方法可以帮助投资者一步步把盈利扩大。

公开课听众童志栋：

价格经过大幅下跌以后，在后期的震荡过程中，中轨也转为向上的走势，这时是不是应当出场呢？

一阳：

在价格中轨转变方向的时候，也不能只看中轨，还要再看一下压力是否被突破。价格经过了一段时间震荡之后，上轨被突破了，中轨也转变了，这个时候持仓的信号都不在了，自然就需要出局。毕竟未来是否会涨起来不好说，既然不能再持仓了就先出来，有机会做空点再重新入场就可以，在上升趋势有可能确立的时候出场，利润也就保全住了。

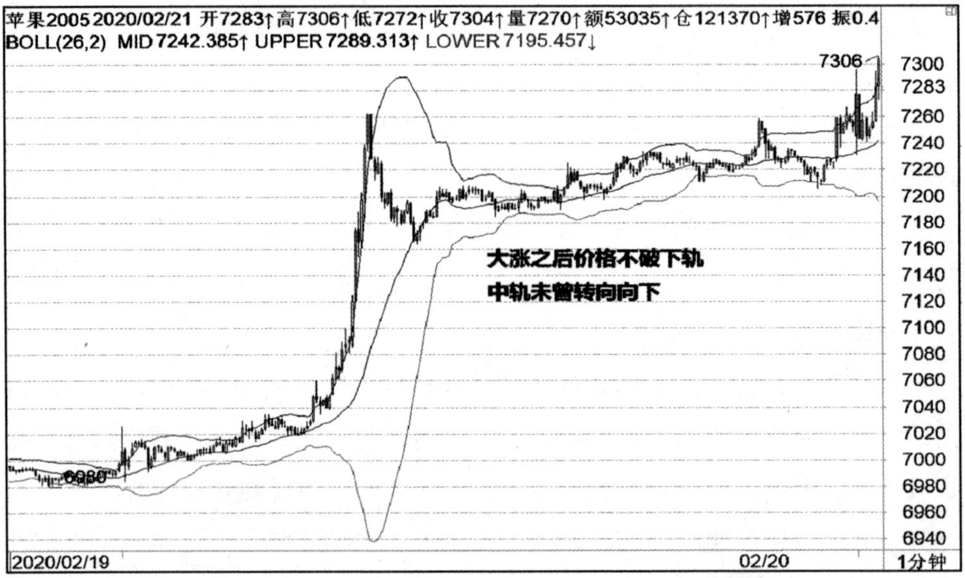

图1-15　苹果2005合约2020年2月19日和20日1分钟走势图

在苹果2005合约2020年2月19日和20日1分钟走势图1-15中，先是缓慢震荡爬升，而后出现了加速上涨的走势，在较短时间内给投资者带来了极大的收益。

公开课听众童志栋：

如果碰到这样的上涨，我觉得已经赚得够多了，可不可以自行出场呢？

一阳：

从稳定心态的角度来讲，当觉得赚够时可以出场，毕竟对于经验少的投资者来说，赚钱多的时候也是一种煎熬，但若心理素质过硬，还是要按照技术形态继续持仓。

公开课听众童志栋：

大幅上涨之后那一轮快速调整可够吓人的，我要是碰到这样的走势可真要被吓跑了。

一阳：

如果大涨后价格小幅调整持仓压力的确不大，但碰到这种快速回落，肯定要采取一些持仓策略来处理，我们之后再专门讲解。如果价格快速回落的幅度仅是上涨波段的三分之一左右，这意味着价格的调整并不过分，毕竟涨了那么多了，回落三分之一太正常了，只不过它回落得有点快了而已。

公开课听众童志栋：

价格快速回落的低点受到了中轨的强大支撑，由此来看，多头趋势还没有结束。

一阳：

如果价格转为下跌，中轨是不可能撑住的，就算暂时撑住肯定也要再次跌破，可从图中的走势来看，中轨撑住了价格的下跌低点，并且这个低点构成了一个上涨中途大级别的低点，可见，价格其实并不想跌。

受之前价格快速回落的影响，中轨短时间形成了下降的趋势。此时要看中轨，但也不能只看中轨，还要再看一下价格是不是跌破了下轨。因为没有跌破下轨，所以，多头的趋势并没有真正结束。中轨只是发出了警示，下轨才是要采取行动的点位。

公开课听众童志栋：

大涨之后价格没有跌破下轨，中轨整体也没有完全转向，所以，此时便可以继续持有多单。后来证明，经过一番震荡之后，价格便又再度创出了新高。

一阳：

大涨过后有震荡很正常，只要这些震荡不破坏形态，不改变方向，那就是合理的，既然是合理的震荡，那大概率还会有新高出现。

原油2004合约2020年2月13日1分钟走势比较特殊(图1-16)，涉及了前一日收盘与当天的高开。从前一日收盘的情况来看，价格刚刚形成上升趋势，当日的高开其实延续的是前一日的涨势，而后的上冲则可以看作一波完整的上涨。既然是一大波完整的上涨，那么，肯定可以使用相同的方法进行分析。

公开课听众童志栋：

上涨到高点之后价格便出现调整，其低点直接跌破了下轨，这个时候中轨的下降趋势还不明显，这又是一个新问题，此时该如何应对呢？

一阳：

既然把下轨定义为上升趋势的最后一道防线，那么，这一道防线失守肯定就要采取行动，在价格调整跌破下轨时，不管中轨有没有转向，都应当先退出来观望，如果价格继续上涨就等新的做多机会；若价格转为下跌，这个点位也基本上能算是下跌的初期阶段。

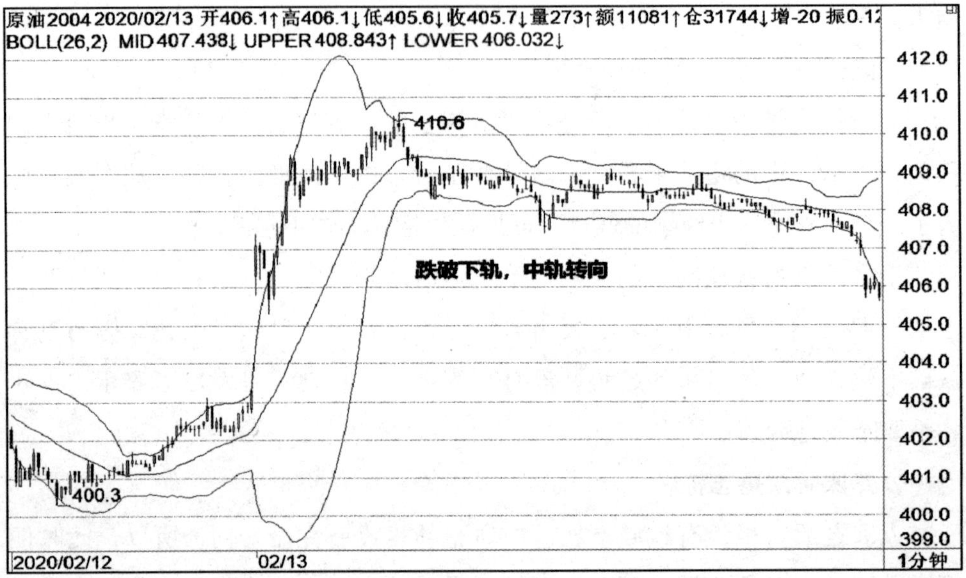

图1-16　原油2004合约2020年2月13日1分钟走势图

公开课听众童志栋：

价格先跌破下轨，而后的弱势震荡使得布林线指标中轨转变成了下降趋势，此时两个条件全部满足，这也就意味着价格将要从上升趋势转变为下降趋势了吧。

一阳：

从之前下跌之后的案例来看，一旦跌破下轨以及中轨出现转向，价格至少要走出两波下跌行情，强的话将会形成三波下跌，也就是一个完整的五浪下跌形态。从后期的走势来看，如果继续持有多单是很不明智的，就算在中轨趋势向下的时候不进行做空的操作，但也绝对不能拿着多单。

公开课听众童志栋：

以前碰到价格大涨或大跌之后便不知道该怎么办了，现在听了您的讲解有应对方案了。如果中轨没有转向，价格没有向上顶破上轨，或是向下跌破下轨，那当前的趋势方向便会延续；而一旦这两个技术信号消失，价格就很容易形成转向，这样一来心里就有底了。

一阳：

在实际运用时，如果只是中轨转向，应当作警示信号；中轨转向之后，一旦上轨或下轨失守，那就必须采取行动。切记，上轨或下轨的失守是采取行动的标准，中轨转向起到重要的辅助警示信号作用。这样一来，大跌之后该怎么办，相信大家都清楚了。

第五节　持续放量机会多

一阳：

投资者都希望能够把握住好的交易机会，但把握住机会的前提是知道机会出现时的技术特征。任何投资市场价格波动的根本原因都是资金的推动，资金的推动是所有信息的综合体现，把握住了这个核心，机会也就可以识别出来了。

公开课听众吕宏伟：

那资金的进出是不是也可以具体技术化？

一阳：

识别有没有资金进出，以及多少资金进出可以做到技术化，成交量就是资金进出的体现。若成交量非常低迷，那就意味着当前区间没有资金进行交易，没有资金的推动，价格也就不会出现大幅波动的走势。

公开课听众吕宏伟：

我想起了最近操作的一个案例，持仓一个多小时，价格不涨也不跌，真是折磨人，现在想来就是因为持仓的区间成交量非常低迷所致。

一阳：

没有资金的推动，价格便涨不上去，同样，没有资金推动，价格也跌不下来。所以，成交量有没有放大，意味着资金有没有入场，而成交量放大的数量则表示资金入场的数量多少。

公开课听众吕宏伟：

成交量少，说明入场的资金数量少，行情可能就会走得小一些；但若成交量比较大，则说明资金入场数量多，行情就可能会走得大一些，是不是可以这样理解？

一阳：

你说得非常对。因为成交量的大小很容易判断，所以，盯着成交量便可以找到交易机会。这种分析法对于当前股票市场的任何周期都适用，但是在期货市场中，运用成交量进行分析只能在短周期中进行，也就是说分析周期在5分钟以内才行，长周期的K线不宜使用。

公开课听众吕宏伟：

进行日内投机交易结合成交量分析，这是我之前没有注意到的。以前只看价格变化以及指标的配合状况，看来以后进行分析时，也要看成交量大小。

一阳：

看价格变化与指标的配合状况是没有问题的，若在长周期K线中不能看成交量时，也只能看这两项了。价格的变化是核心，成交量起到重要的辅助参考作用；在短周期K线图中，不看成交量也可以，但结合成交量来综合分析，结论就会更加精准。

下面结合具体案例讲解一下如何根据成交量的变化来寻找日内交易的机会。

在螺纹2005合约2020年2月11日1分钟走势图1-17中，价格出现了一轮大幅上涨的走势。这一轮上涨行情与之前长时间的窄幅波动有着鲜明的区别，你能看出来其中技术指标的差别吗？

公开课听众吕宏伟：

之前长时间的震荡就如同我之前常操作的走势一样，价格不死不活地原地踏步，最明显的技术特征就是成交量低迷。

一阳：

价格涨不动但也跌不下来的最主要原因就是多空双方谁都没有资金，从成交量来看，资金的多少可以看得一清二楚。以后再碰到这种无量波动的时候一定要注意，千万不要预期会有大的行情出现。

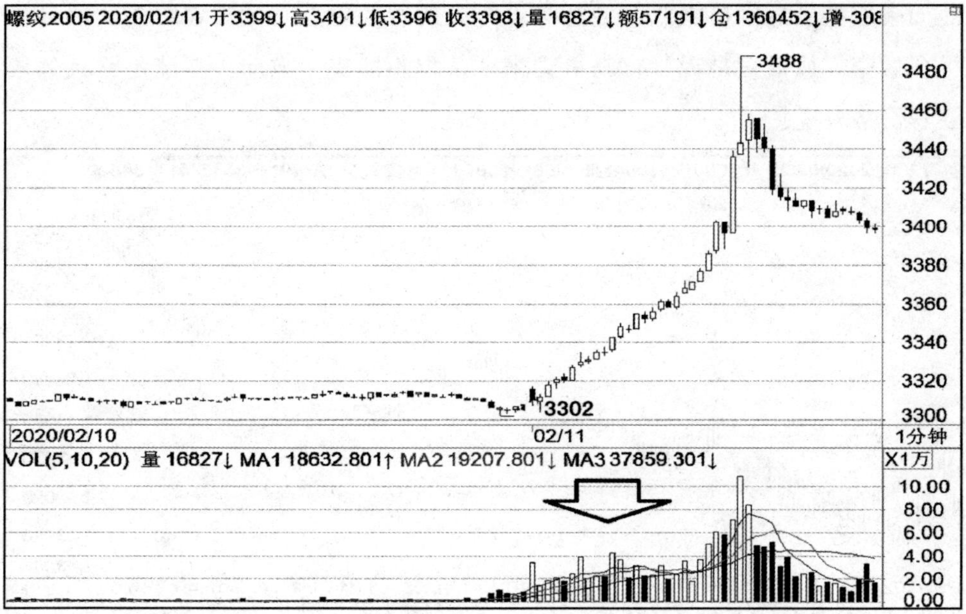

图1-17　螺纹2005合约2020年2月11日1分钟走势图

公开课听众吕宏伟：

价格随后上涨是因为成交量出现了连续放大的迹象，价格有了大量的资金推动，自然会涨得非常快。

一阳：

通过与窄幅波动区间的成交量进行对比可以看到，价格上涨时的成交量加大了许多，这些多出来的成交量就是新入场的资金，有这么多资金入场，价格不可能还原地踏步。资金入场推动了价格不断上涨，而价格不断上涨又吸引着场外资金不断介入，从而形成良性循环。成交量越放越大，价格也越涨越快，可见，机会就存在于资金入场时成交量放大的区间。

公开课听众吕宏伟：

成交量放大可以及时发现，那资金入场时到底是做多还是做空是不是也可以及时做出判断呢？

一阳：

根据成交原则，入场的资金肯定是一半做多一半做空，只不过主动性不同。价格上涨说明入场资金做多的意愿更主动，这时候就要寻找做多的机会；

而如果放量之后价格下跌，便意味着空方的行为更加主动，这时候就要寻找机会做空。放量只是提示交易机会来了，但不能提示方向，是涨是跌具体还要看价格表现。

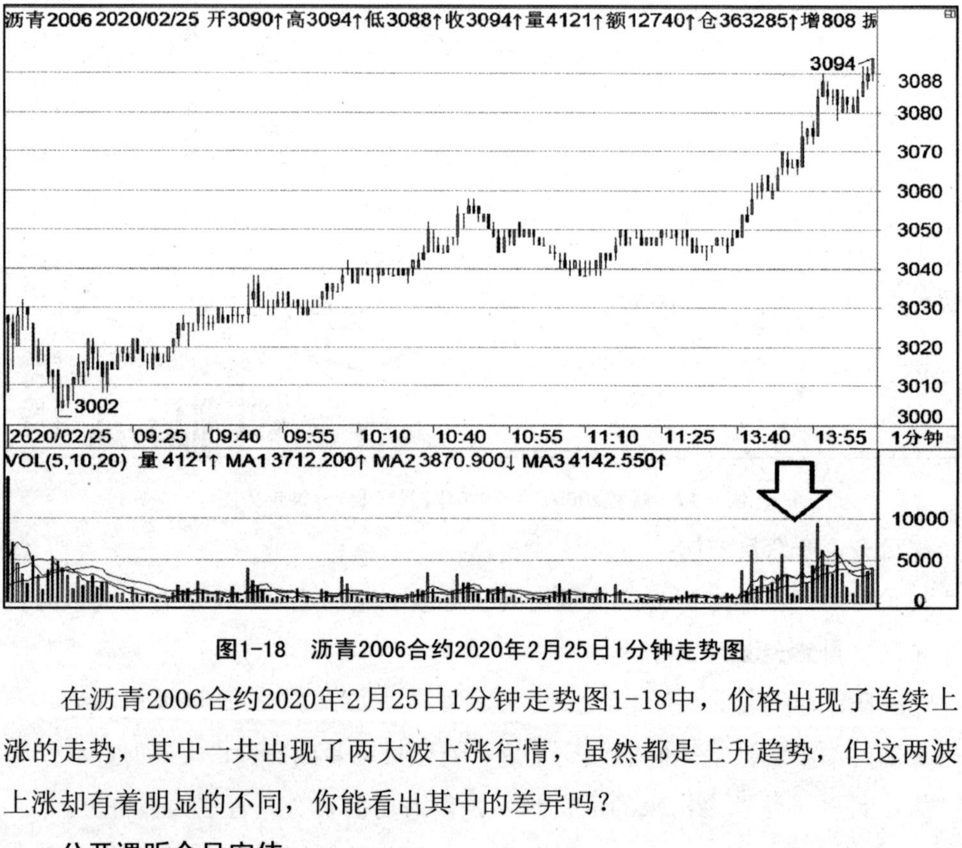

图1-18　沥青2006合约2020年2月25日1分钟走势图

在沥青2006合约2020年2月25日1分钟走势图1-18中，价格出现了连续上涨的走势，其中一共出现了两大波上涨行情，虽然都是上升趋势，但这两波上涨却有着明显的不同，你能看出其中的差异吗？

公开课听众吕宏伟：

有了您之前讲解的知识，现在对这样的案例可以做出一些判断了。价格第一波上涨的时候，成交量偶尔放大一下，并且还不密集，这说明入场的资金并不多。只是理解不了，为什么成交量这么少价格还能涨得起来呢？

一阳：

在没有外力影响的情况下，价格在无量区间是不会有什么延续性波动的。所以，这种无量上涨的走势，十有八九是当时的市场形成了一边倒的多头状态，受外部环境整体上涨的影响，价格便很容易受其带动被动上涨。所以，这一阶段价格的上涨始终保持着无量的状态，此时操作时可以顺从趋势类指标的提示，只要上升趋势没有改变，便可以一路持仓。

公开课听众吕宏伟：

第二波上涨行情中，成交量出现了明显放大，这就使第二波上涨比第一波更可靠，在放量上涨过程持仓想来心态也会更轻松。

一阳：

第二波放量上涨的时候，价格上涨的角度更陡峭了，上涨角度的陡峭体现出上涨力度增大。同时，在更短时间里价格会出现与第一波上涨一样的涨幅，投资者获利的速度更快了。

公开课听众吕宏伟：

我发现一个问题，价格形成放量上涨时，好像买点都已经错过了，那么，放量上涨是不是只能对持仓起到参考作用呢？

一阳：

你只说对了一半，放量上涨的确会大大地减轻持仓时的心理压力，只要成交量不萎缩，价格便还有上涨的动力，在上升趋势没有改变的情况下，自然可以大胆地进行持仓。一旦放量上涨形成，的确介入点已经错过了，但是，一波放量过后价格往往还有高点，因为趋势不可能在一波放量之中结束，所以，第一波放量上涨错过之后，可以等待第二波上涨行情的出现。可以这样简单理解：第一波放量是资金的建仓成本区，介入的多方资金想要出局，便只能在更高的位置离场，所以，价格后期往往还会有机会，这也是“放量之中存机会”说法的原因。

在白银2006合约2020年1月21日1分钟走势图1-19中，价格出现了连续下跌的走势，从图中来看，成交量的变化也非常有规律，你能看出这种规律吗？

公开课听众吕宏伟：

每一次价格下跌的时候，成交量都出现了密集性放大，说明资金做空非常积极，对价格下跌起到了很好地促进作用。

一阳：

开盘后第一波下跌时，成交量放大比较温和，第二次下跌时成交量进一步放大，从这两波走势来看，当成交量放得更大时，价格下跌的幅度也变大了，可见，资金越多，价格波动幅度也就越大。在放量出现时，由于价格运行方向是下跌的，所以，应当在场中进行积极的做空操作。

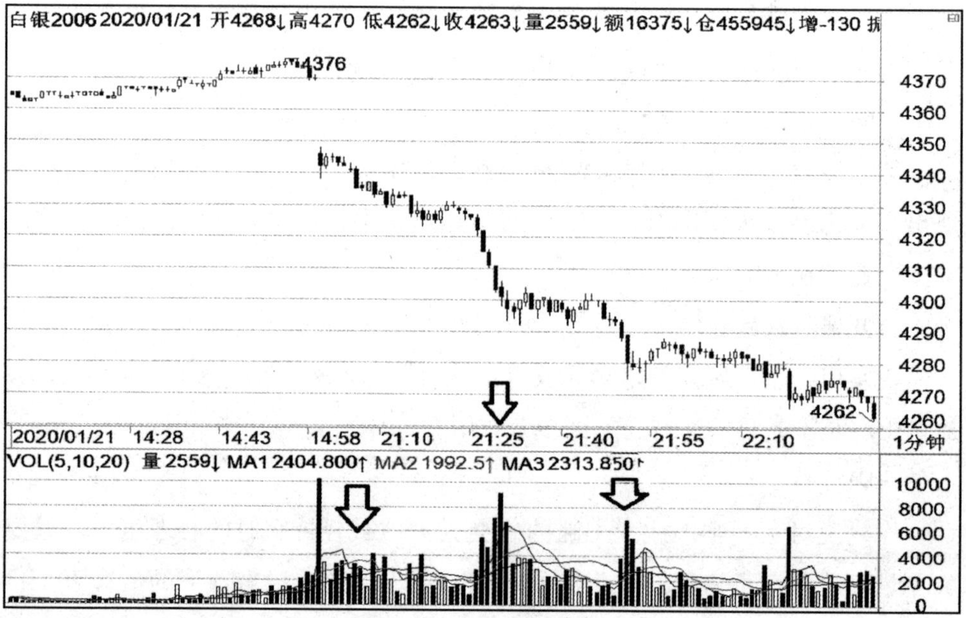

图1-19　白银2006合约2020年1月21日1分钟走势图

公开课听众吕宏伟：

成交量大于之前的量能，其波动幅度将会加大，这个规律很重要，我认为这对于持仓来讲也是有很大帮助的，一旦发现当前这一波下跌的量能有所放大，就应当做上一把，获得到大于前一波下跌的盈利幅度时再考虑平仓。

一阳：

非常正确，量能放得更大也意味着资金的做空力度进一步加大，这种情况下价格的波动幅度自然就会增加，所以，持仓量也可以做出超过前一波的预期，这是根据量能持仓的一个重要的方法。

公开课听众吕宏伟：

第三波下跌的时候虽然成交量依然在放大，但是相比第二波下跌的放量来看，出现了萎缩，这说明入场的资金数量开始减少，按刚才的方式来分析，价格的跌幅应当会减少，这个时候应当降低收益的预期。

一阳：

只要放量就肯定存在机会，差别就是机会的大小，通过这个案例大家知道了，形成了放量，机会大；若成交量又萎缩，则机会小。第三波下跌以及后面的下跌正是如此，成交量不断萎缩，虽然下降趋势未变，但是下跌幅度却不断减小，因此，中途介入的时候，可以根据成交量的表现来推算价格可能的变化。量能就好比汽车的油门，想让车快就要把油门踩大些；车慢了下来，那肯定是松了油门。

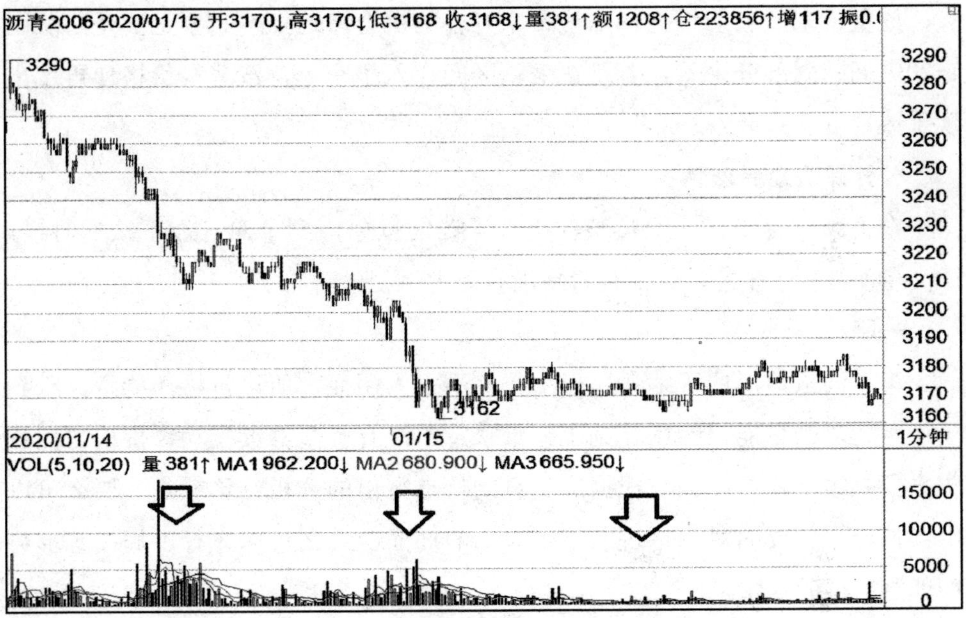

图1-20　沥青2006合约2020年1月14日和15日1分钟走势图

在沥青2006合约2020年1月14日和15日1分钟走势图1-20中，价格出现了连续震荡下跌的走势，这种震荡形态对投资者来说是非常好的，因为下跌途中充满了介入的机会。

公开课听众吕宏伟：

价格下跌时，出现了好几次反弹，这些反弹都是好的介入机会，若高点没有介入，在价格创下新低的时候也依然可以入场进行操作。

一阳：

从价格的波动规律来讲，放量下跌的作用是促使价格下跌，带来的是盈利的机会，但盈利机会之中存在的介入机会只能进行追空才可以捕捉到。所以，放量下跌区间并不适合入场，那入场点便只能在缩量点了，那放量之后的缩量区间有什么特点呢？

公开课听众吕宏伟：

缩量区间价格都反弹了，只不过由于成交量比较低迷，所以，反弹的幅度并不高，正是这些不高的反弹带来了交易的机会，

一阳：

放量带来盈利的机会，缩量带来开仓的机会，这点一定要记清楚。从图1-20中椭圆圈部分来看，若是在缩量区间介入了空单，没多久价格便再度出现了放量下跌的走势，带来了好的收益。

公开课听众吕宏伟：

在下跌过程中，成交量整体出现了萎缩迹象，到了第三波下跌的时候，成交量便恢复了平静，从而使价格没有能力再创出新低了。

一阳：

第二波虽然形成了缩量，但缩得并不是太明显，所以价格还能跌，跌到了低点之后的量能已经恢复到了无量状态，没有资金继续推动，价格自然就失去了继续下跌的动力，根据成交量的特点得出的分析结论就是，要么可以继续持仓，但要面对价格进入窄幅波动的局面；要么可以先行出局，等形势明朗之后再做打算。

公开课听众吕宏伟：

放量下跌之后的缩量带来的是介入的机会，但缩量下跌之后的缩量便没有任何机会了。踏准放量与缩量的节奏也就找到了价格波动的节奏，跟着节奏做单，成功的概率就会随之提高。

第六节　长短结合容易乱

一阳：

有许多读者朋友问过我们这样一个问题：你书中一些案例是1分钟K线，但我习惯5分钟K线的操作，不知道书中的方法适不适合5分钟K线呢？

公开课听众周雪洁：

我也曾有这样的想法，当时心想，您这个老师怎么以1分钟K线为例呢，使用1分钟K线的操作相对不太常用啊。

一阳：

我在书中多使用1分钟K线是有原因的。很多软件只能查看一定量的K线数据，历史上的一些分钟K线看不全，因此在附图中需要举例一些经典案例，周期越长，那么，案例越少；周期越短，案例的数量也就越多了。这就是为何我书中大部分案例都是1分钟K线的原因。此外，使用1分钟K线进行操作止损幅度非常小，但是，止损小并不意味着盈利也不大，1分钟仍然可以抓住很大的行情，因为长周期的波动都是由短周期引发的，1分钟的形态走好了，3分钟才能走好；3分钟的形态走好了，5分钟、15分钟、30分钟等也才会依次走好，这是一个由短周期到长周期的传导过程，风险小又可以有大收益，何乐不为？周期越长，止损越大，收益跟1分钟一样，但介入点却比1分钟要高，止损又比1分钟大，你说哪个周期的操作效果更好呢？

公开课听众周雪洁：

那1分钟K线会不会毛刺太多，干扰信号太多呢？好像长周期的形态更加稳定一些。

一阳：

这其实是一种错觉，比如上影线的干扰，1分钟K线在一天的时间中可能会见到好多次，而日K线却很长时间才出现一次，按日盘1分钟K线来计算，白天总共有240根K线，假设这其中有30根上影线的干扰现象，一天就会见到30次的干扰，这的确显得毛刺太多了对不对？但放到日线上，一年差不多225个交易日，225天见到30次，两周才会出现一次干扰，这么长时间才一次，是不是就显得稳定了许多呢？其实，只是时间被拉长了而已。

公开课听众周雪洁：

原来是这样。您是说干扰的总量是不变的，只不过时间被拉长了就显得稳定了，时间被缩短了就显得频繁了，这样一讲我就明白了。

我以前操作时还有一个习惯，看图时觉得3分钟K线也不太稳定，所以，四个窗口中分别显示3分钟K线、5分钟K线、15分钟K线与30分钟K线。如果这四种不同周期的K线都向上我就坚定做多，都向下我就坚定做空，可是在实际操作时，往往3分钟K线向上，5分钟K线向下，30分钟K线横盘……搞得自己都不敢操作了，这可怎么办呢？

一阳：

这个问题也算是个共性问题，许多投资者在交易时都有这样的坏习惯，这样设置就是想寻求所谓的“稳定”，想在更长周期上求得交易方向的确认，但在实战操作时反而出现矛盾。正如你所说的，一个周期向上，一个周期向下，一个周期横盘，这样的情况真没法办了。在这里请大家想一个问题：你决定在哪个周期操作？你可能会说，我准备在3分钟K线上操作。那我问你，既然你不在5分钟以及其他周期的K线上操作，那看它干吗？为什么要受它的影响呢？这是两个完全不同的时空。

就算四个周期全部向上或向下，当长周期向下时，在短周期上往往已经有了一波上涨或下跌行情，从介入位的角度来讲，方向虽然全部共振，但短周期的位置却并不适合操作；如果有持仓可以继续持有，但新入场就不太好了，因为麻烦事不仅没有减少，反而增多了。

公开课听众周雪洁：

那像这种情况应当怎么办呢？

一阳：

其实你并不需要看四个周期，只在一个周期中同时看四个不同板块的品种就可以了，哪种机会大就操作哪种。W底在1分钟K线中操作方法适用于其他任何周期K线，对于实战操作来说，我们交易的是技术形态，而不是周期，一种技术形态在任何周期上都会出现，周期只是因人而异的设置，建议有精力也喜欢做短线的，最好把交易的周期放短；精力跟不上的，就将周期放长些，以便有足够的时间做决策。千万不要将几个周期放在一起看——特别是将临近的周期放在一起看，这是大忌！

公开课听众周雪洁：

理解了，3分钟与5分钟周期的K线不要放在一起看。那么，3分钟K线可不可以与30分钟或60分钟周期放在一起看呢？

一阳：

这是允许的，这叫周期的跨级，跨级越大彼此受到的干扰就越小，如果周期离得越近，彼此的干扰就越大。喜欢看3分钟K线图，3分钟与60分钟K线图搭配着看就行了。比如60分钟K线图向上，参照在3分钟K线图中等趋势向上形态有好的买点时便可以进入。若是相邻的周期全看，适得其反。

公开课听众周雪洁：

以前助教们和我交流时曾说过，您的绝招“无形斩”就是在短周期上找介入点，短周期做止损，这是用小亏做保障，然后在长周期上去赚大钱，从而实现小亏换大赚。

一阳：

是的，这种思路许多人都提出过，但大多说不出具体怎么做，怎么打通小周期小亏与大周期大赚的所有操作环节与细节，这只能说实战与理论研究还不够透彻。而《无形斩》作为我的高端培训课程，就是教学员领会短周期小亏与长周期大赚的互通性，刚才所说的1分钟周期也能赚大钱就是这个道理。只有打通了所有的技术细节，才可以保证每次亏的时候都是几个点的小亏，而一赚就是上百点、数百点、百分之三五十收益的起步。这种做法的思路就是跨周期策略，可以1分钟搭配60分钟K线，也可以3分钟搭配日K线，在长短周期之中来回自由地跳进跳出。

公开课听众周雪洁：

以后我也要学习老师的这种看盘方式，学会跨周期分析，而不是看相临周期的K线了。麻烦老师列举几个案例让我再深刻理解一下。

一阳：

在尿素2005合约2020年3月5日3分钟K线走势中（图1-21），价格经过了两大波上涨走势之后，转为了缓慢震荡下跌走势。从图中的走势来看，上涨时横盘调整带来的做多机会，以及横盘之后的突破操作机会，都是非常经典的中途介入形态。

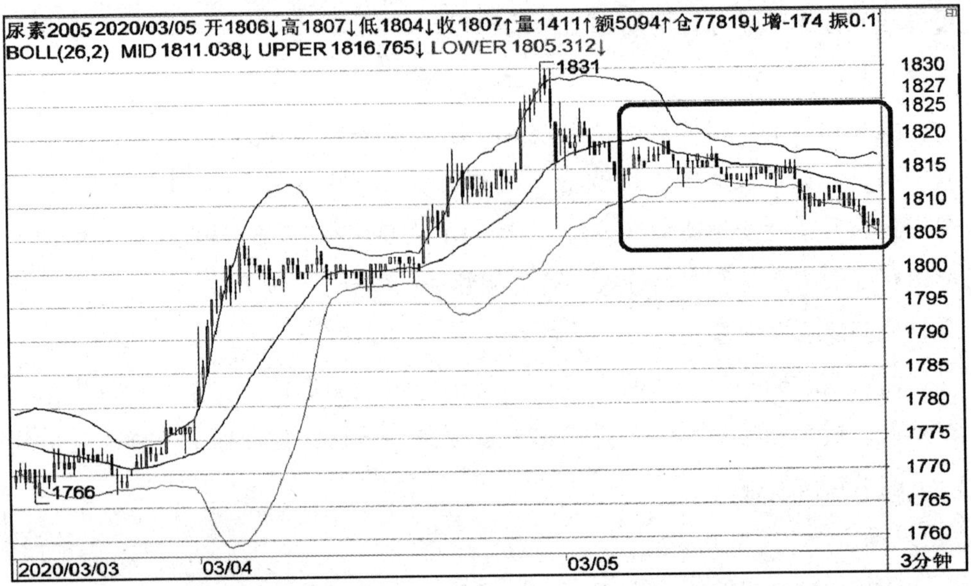

图1-21　尿素2005合约2020年3月5日3分钟K线走势图

公开课听众周雪洁：

震荡下跌的时候，还有多次逢高做空的机会，只不过下跌区间如果进行突破操作，效果则不太好。

一阳：

价格转为下跌的时候，布林线指标中轨的下行角度相比之前的上升角度明显变得平缓，这说明空方的力量比较小，在这种情况下进行突破操作并不是好的策略与操作方法。

公开课听众周雪洁：

想起来您在周二、周四公开课中曾说过这个问题，想要做好突破，一定要在力度大的波动区间内进行，若价格波动力量小，虽然可以做，但价格形成突破之后表现往往不尽人意，尿素3月5日的下跌走势恰是如此。

一阳：

从尿素图中的表现来看，3分钟K线中的技术形态非常不错，因此，若大家进行日内投机操作，这个周期的K线一定要重点关注。下面我们再来看5分钟K线、15分钟K线以及30分钟K线的表现。

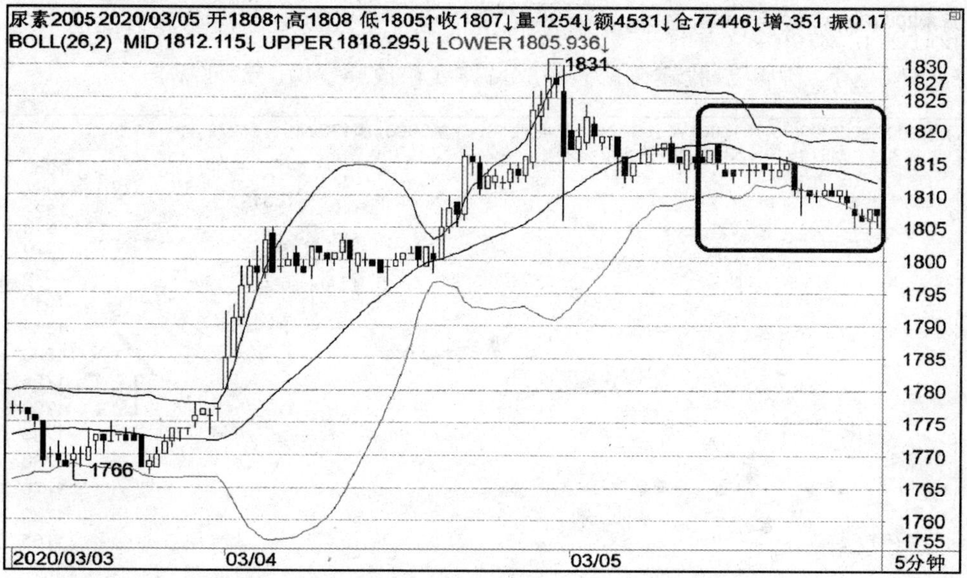

图1-22　尿素2005合约2020年3月5日5分钟K线走势图

尿素2005合约2020年3月5日5分钟K线走势(图1-22)与3分钟K线的走势(图1-21)差异并不是太大，这是因为两个时间周期的跨度较近，从这个角度来讲，其实这两个周期混着来看其实意义不大，要么只看3分钟K线，要么选择看5分钟K线就可以了。

公开课听众周雪洁：

以前没有注意这个细节，现在看来，的确是这样，两者的K线周期离得较近，具体形态也相差无几，如果放在一起看等于做了重复性工作。

一阳：

就好像使用移动均线一样，看一根5周期的均线，再看一根6周期的均线和7周期的均线，这有啥意义呢？所以，一般使用均线时把5、10、20、60这四个周期交叉使用，这样才有一定的分析价值。

公开课听众周雪洁：

现在初步解决了第一个问题——有了3分钟K线，5分钟K线就可以不看了。但在这两个周期之中，我该选择哪个来分析操作呢，请老师帮着出个主意。

一阳：

仅以日盘为例，一天225分钟的交易时间，3分钟K线可以收出75根K线，5

分钟K线则可以收出45根K线，如果价格构成一个较复杂的波动，自然周期越短风险越小，所以，我建议您只看3分钟K线，放弃参考5分钟K线。

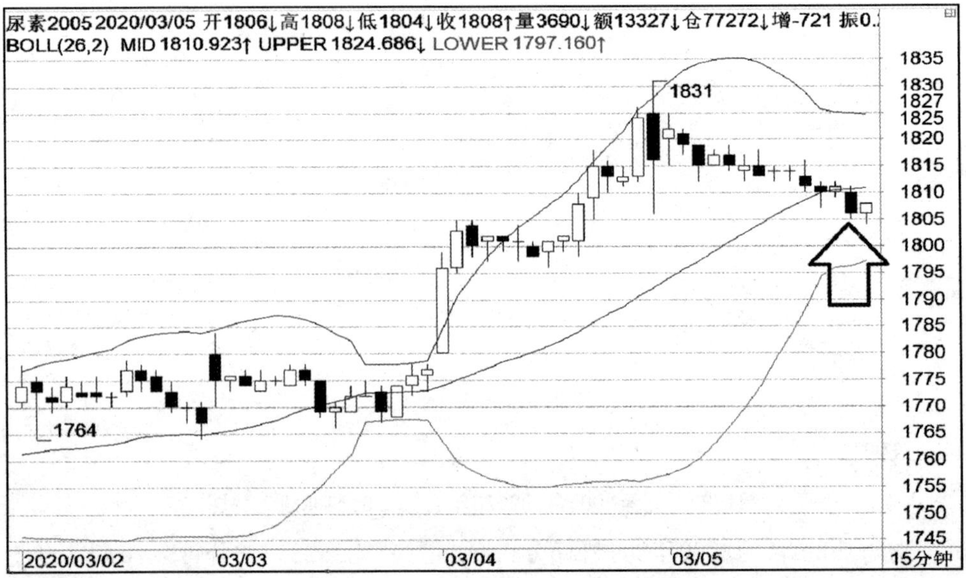

图1-23　尿素2005合约2020年3月5日15分钟K线走势图

尿素2005合约2020年3月5日15分钟K线走势（图1-23）与3分钟、5分钟K线就有较大差异。上涨途中，3分钟K线形成了一次时间较长的横盘，而在15分钟K线中，仅是几根K线的调整走势。

公开课听众周雪洁：

我的矛盾来了：从3分钟K线来看，价格形成了明显的下降趋势，应当入场做空；但是，15分钟K线却在此时依然保持着上升趋势；3分钟K线让做空，15分钟K线让做多，真是急死人了。

一阳：

想做多，不敢，因为3分钟K线向下；想做空，也不敢，因为15分钟K线向上，就是这样错误的周期搭配方式耽误了投资者赚钱。如果你想做多，那就盯着15分钟K线介入，绝对不要受3分钟K线的影响；如果想做空，那就坚定在3分钟K线上按方向找机会放空单。只要按我说的：统一按一个周期来操作，什么事也不耽误，什么干扰也没有。何必自找不痛快呢？

公开课听众周雪洁：

想想也是，如果按3分钟K线做空，在下跌的初期逢高做进去之后自然就收益。如果按15分钟做空，恰好是一个调整的介入点。单独看一个都是机会，混在一起分析，左右为难。老师一下子惊醒了梦中人，通过之个案例，以后该怎么做，心里马上就有数了。

一阳：

15分钟对于日内操作来讲，其实是一个比较尴尬的周期，因为225分钟只能收出15根K线，45根K线可能都完不成一个复杂的形态，更别说15根K线了——可能连一个简单的形态都不一定能完成；就算马上要完成了，此时也快收盘了，是拿隔夜单呢，还是不拿？拿隔夜，与日内交易规则不符；不拿隔夜吧，技术形态又形成了，却与操作规则相悖，真是左右为难了。

公开课听众周雪洁：

那15分钟适合什么样的操作呢？

一阳：

15分钟K线适合一周以内的短线操作为好，日内不要用它，长周期K线的趋势单中也不宜看它，所以才说，它是一个比较尴尬的K线周期，长短都不宜使用，既然如此，也从您的分析界面中删除掉吧。

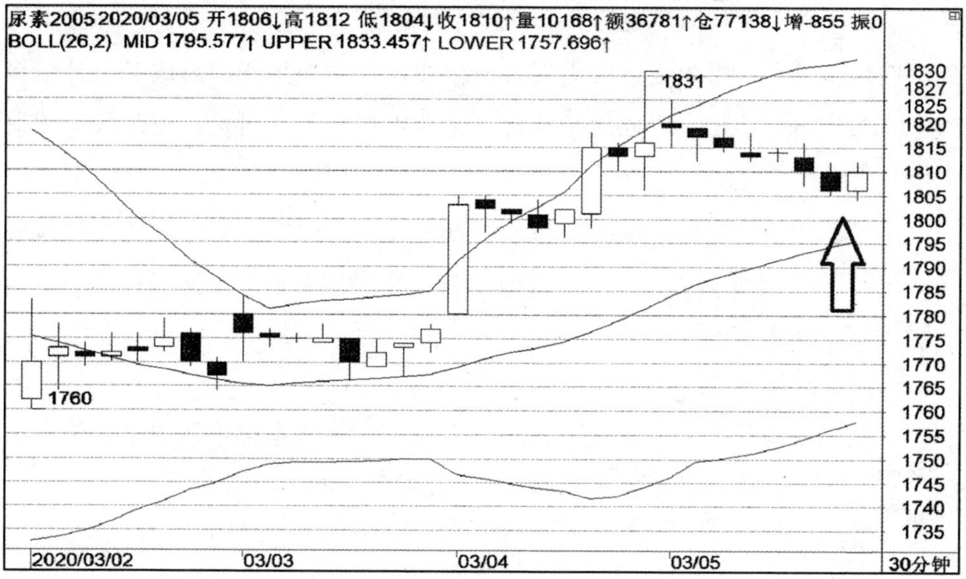

图1-24　尿素2005合约2020年3月5日30分钟K线走势图

尿素2005合约2020年3月5日30分钟K线走势（图1-24）与3分钟K线有了更大的差别，因为周期跨度较大，所以，3分钟K线是可以与30分钟K线放在一起进行分析的。

公开课听众周雪洁：

您的意思是不是说，可以根据30分钟K线的方向在3分钟K线上寻找交易的机会呢？

一阳：

正是如此。比如在3月4日这一天，30分钟K线方向向上，中途收出连续3根调整小阴线的时候，恰是3分钟K线中形成了一次横盘调整的走势；30分钟向上，3分钟也向上，同时又形成了调整，这就是交易的好机会啊，一点也不乱，而且长周期帮助了短周期的操作，效果多好。

公开课听众周雪洁：

针对3月5日的走势来看，30分钟K线临近中轨的支撑点，但3分钟K线仍在调整，那是不是说30分钟K线上要密切留意做多机会的到来，然后等待3分钟K线形成上升趋势之后的调整择机入场？

一阳：

正是这样。3分钟K线就算涨了一波方向向上了，但反应在30分钟K线上可能也仅是收出了一根阳线，长周期方向依然向上，而短周期形成了上升趋势当中的调整走势，这个时候就是长短共振介入位的最佳时机，也是长短周期混搭的正确操盘方法。

在菜油2005合约2020年3月6日3分钟K线走势中（图1-25），价格在收盘前的倒数第二根K线恰好形成了一个中途买点，抛开收盘的因素来讲，在这个区间应当坚定地进行做多操作。

公开课听众周雪洁：

在您出版的其他书中曾提到过这个方法，布林线指标中轨向上，价格调整到了中轨的支撑区间，这是震荡涨跌过程中常见的买点形态。

一阳：

在进行日内交易的时候，一旦到达了14:45分之后，如果手中没有单子的，此时就不宜再去开仓了——即使开了仓没触及止损，也没什么盈利，这个时候隔不隔夜都不好办。但如果手中有持仓的，拿到临收盘前几秒钟都可以。

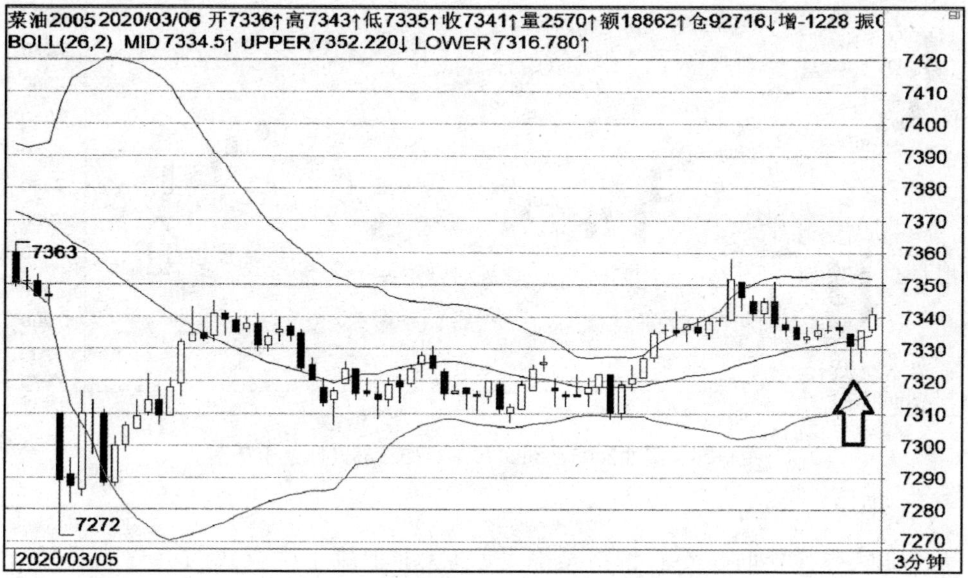

图1-25　菜油2005合约2020年3月6日3分钟K线走势图

公开课听众周雪洁：

那碰到这种情况该怎么处理呢？

一阳：

等到再开盘时，如果价格一下子跳空，那就放弃该形态的操作；如果开盘走势平稳，价格仍在买点附近，那坚决入场操作就可以了。

菜油的3分钟K线提示我们应当入场做多，形成了一个非常漂亮的多头形态。我们再来看一下其他周期的K线又有着怎样的表现。

在菜油2005合约2020年3月6日5分钟K线走势中（图1-26），价格与3分钟K线类似，但5分钟K线的买点形态不如3分钟K线那么标准，你能看出区别所在吗？

公开课听众周雪洁：

3分钟K线图中，布林线指标中轨向上的方向比较明显；而5分钟K线图中，中轨向上的方向则比较平缓，从而使得形态并不是太标准。

图1-26　菜油2005合约2020年3月6日5分钟K线走势图

一阳：

在实际操作时，不管价格是涨是跌（除非形成了横盘式的调整或反弹），一定要放弃中轨较为平缓的形态。上涨或下跌的角度平缓意味着力度较弱，这种形态下很难给投资者带来较大的盈利。

公开课听众周雪洁：

通过这个案例我认为，有了3分钟K线，5分钟K线也就没必要再看了，其盈利幅度跟3分钟K线差不多，但由于它周期长，机会反而少，所以我以后不用了。

一阳：

菜油2005合约2020年3月6日15分钟K线走势（图1-27）与3分钟K线有很大的差别，3分钟K线有明显的上升趋势并且形成了买点，但15分钟K线此时却形成了布林线指标中轨水平的走势，面对这样的形态该怎么做？

公开课听众周雪洁：

如果目标品种进入了无方向的区间，没必要与它较劲，应当换一个方向明确的品种关注并择机操作，您在公开课中讲过这个内容，我记得很清楚。

图1-27　菜油2005合约2020年3月6日15分钟K线走势图

一阳：

没错。我们经常说顺势交易，如果没有势，也就意味着没有交易的机会。但这个品种没机会不代表其他的品种也没有机会，只要花几秒、十几秒的时间找一下，更好的机会肯定可以轻松找到。

公开课听众周雪洁：

3分钟K线向上有买点，15分钟K线无方向，如果这两个周期混在一起，又是麻烦事，看来老师一直强调的统一用一个周期是多么重要。

一阳：

菜油2005合约2020年3月6日30分钟K线走势(图1-28)与3分钟K线、15分钟K线有着很大区别，在3分钟K线图中应当进行做多操作，15分钟K线图中应当等机会，而在30分钟K线图中，恰形成了一个做空的介入点。

公开课听众周雪洁：

我的矛盾又来了。要是以前见到这种走势我又头疼了：涨了心里急，因为3分钟K线有上涨的信号，但受长周期方向干扰我没做；跌了更急，因为长周期有了做空的信号我却受到短周期干扰而不敢放空。

图1-28　菜油2005合约2020年3月6日30分钟K线走势图

一阳：

所以说进行实战操作时，参考的指标越多并不意味着效率越高，得会看！很多时候我一看交易者计算机屏幕上的显示就知道他赚不赚钱——但凡赚钱的，图示的分析界面必定简洁；但凡赚不到钱的，K线界面乱七八糟，恨不得叠加上所有的周期均线，并在指标窗口调出所有的指标。

看盘要看重点，不见得参考的指标越多越好，很多时候指标越多反而越乱。以秒为单位，我们做出是否开仓的决策需要参考价格形态、介入点、止损点、整体环境、交易方向、盘口状况、成交量状态等一系列指标的信息，如果这个指标也看，那个指标也看，这个周期要分析，那个周期也要兼顾，等你做出决定时，价格早就跑远了。

公开课中有一讲：实战必胜术——四统一，就是周期统一、仓位统一、方法统一、目标统一。只要做到了四统一，赚钱概率就会大大提升；没有做到四统一，操作行为必然混乱，盈利也就没有任何希望了。

公开课听众周雪洁：

虽然交易周期的设定属于外围知识体系，但是这个小细节如果处理不好，核心的具体操作技巧也就发挥不出应有的作用。您解决了我操盘时总觉得乱的一个大问题，通过与您的交流，对未来操作的信心进一步提升了，非常感谢。

第二章　指标辨机会

借助各种技术指标进行分析对投资者而言是必不可少的方法，凭借好的工具，可以节省交易时的精力，直接在复杂的波动过程中找到核心的关键要素，从而为统一交易理由，统一进出口径打好基础。使用指标辅助操作，需要了解每一个指标的特点，及其适用的场景，只有明白在什么波动性质下使用什么样的指标可以将其优点发挥到最大化，这些技术指标才可以帮助投资者实现盈利。

第一节　线上金叉做多技巧

李助教：

移动均线是很多投资者在期货交易过程中参考的指标之一，使用的方法也多是运用精典的金叉、死叉来寻找买卖点位。

但在使用过程中，投资者就会发现，在价格底部区间利用金叉进行买入，有时会比较成功，而有时也会出现伪信号，因此，如何提高金叉的成功率将直接决定投资者的盈利状况。这一节就为大家介绍一种新的金叉做多方式：线上金叉做多。

内部学员赵新程：

均线的金叉买入与死叉卖出这是最基本的操作技巧，说起来容易，但做起来难，可能最终形成上涨的那个金叉捉到了，但为了捉到这个真正的金叉，可能已经亏了好几笔伪金叉的钱了。那么，线上金叉是什么含义呢？

李助教：

线上金叉必须要出现均线间的金叉现象，而“线上”二字表明金叉出现的位置。线上均线是指：20周期移动均线需要保持上升趋势，5周期移动均线与10周期移动均线随价格调整形成死叉后，在很短的时间内又随价格上涨重新形成金叉，而这个金叉发生的位置是在20周期均线上方。

内部学员赵新程：

5周期移动均线和10周期移动均线形成金叉说明短线具备做多的机会，而此时要求20周期向上则是为了确保中线趋势也是向上的，这样一来，在中线趋势向上的情况下，价格短线上涨机会就更容易把握。

李助教：

这种方法与一般投资者操作的方法略有区别，就是结合大趋势，在价格短线调整结束以后进行操作，从实际效果来看，形成线上金叉以后，价格往往都会延续前期的上涨走势，从而带来更稳定的做多盈利机会。

内部学员赵新程：

20周期均线由于周期较长，所以趋势比较难在短时间内改变，因此，在20周期移动均线向上的时候，价格趋势的延续性比较好，而5周期移动均线和10周期移动均线形成金叉说明短线调整结束，新一轮上涨行情将要开始，所以，在这个位置应当积极做多，我理解的没错吧？

李助教：

您理解得很正确，这种方法可以对日K线图进行分析与操作，也可以对各种周期的分钟K线进行操作。喜欢使用金叉做多与死叉做空的投资者不妨多用用这个方法，肯定会有不错的效果。

内部学员赵新程：

这种方法在使用过程中对价格的位置有什么要求吗？

李助教：

这种技巧属于是上涨中途的买入方法，所以，在价格连续上涨很长时间，并且整体涨幅很大的时候，投资者最好谨慎使用。无论什么方法，在价格大幅且长时间上涨以后都会不同程度失效，主要原因就是上升空间已经不太多了。在价格上涨的初期阶段或是上涨中期阶段使用效果非常好，因为这个时候价格未来还有广阔的空间。

下面来看具体案例。

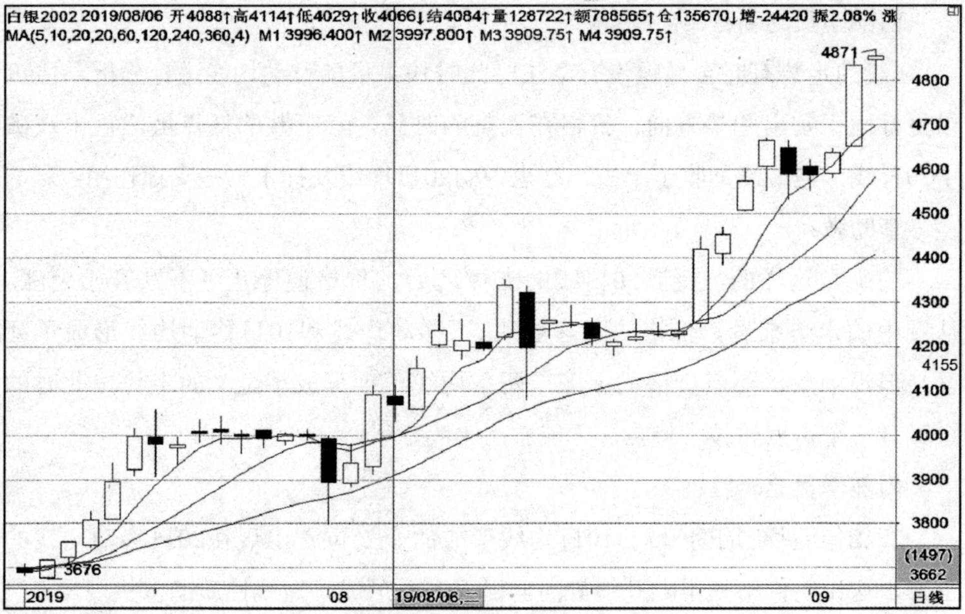

图2-1　白银2002合约2019年8月走势图

李助教：

白银2002合约2019年7月出现了一波上涨之后形成了调整走势（图2-1），在调整的初期技术形态非常不错，价格回落的幅度非常小，说明空方力量很弱，如果始终这样调整，价格后期上涨的概率极大。但是，随后一根大实体阴线的出现使得未来的方向变得模糊起来，这个时候仅看K线形态就容易受到干扰，因此，还需要再结合其他方法进行分析。

内部学员赵新程：

价格在调整过程中，20日移动均线形成了向上的趋势，这是否说明大趋势已经确立？

李助教：

正常情况下，一旦20日移动均线形成上升趋势，便意味着多头行情到来，如果20日移动均线没有上行，依然保持着下降趋势或是走平，便意味着大方向还没有完全确定下来。此时，虽然收出了大阴线的调整，但由于20日线明确向上，再加上价格整体涨幅并不是很大，因此，就需要密切留意做多的机会了。

内部学员赵新程：

K线的走势有时会显得没有章法，此时如果借助移动均线进行分析，便可以更好地识别出趋势方向。价格在调整的时候，其下跌的低点虽然盘中跌破了20日线，但最终却收了上去，这也说明20日均线发挥了一些支撑作用。

李助教：

的确是这样的，受到20日线的支撑之后，价格便停止了下跌开始上涨。从图中的走势来看，价格的回落导致5日移动均线和10日移动均线形成了死叉，但没多久，随着价格的上涨，两条均线再度形成了金叉的走势，此时的金叉有一个重点的技术特点，你能看出来吗？

内部学员赵新程：

2019年8月初期间5日和10日均线形成的金叉位置出现在20日移动均线的上方，这说明价格处于上升趋势的前提下，又形成了短线性质的多头现象。

李助教：

在20日移动均线上方，5日和10日移动均线形成的金叉就称之为线上金叉，这种做多方法的技术特征很简单，与传统的金叉做多方法没有差别，唯一不同的就是金叉的位置。以往大家利用金叉做多时，都是在下降趋势中，此时的金叉往往发生在20日均线下方，因此失败的概率就会提升；而线上金叉则完全不同，金叉发生在20日线上方，多头的迹象更加明显，因此，价格也就更加容易上涨。在金叉形成的时刻，便是投资者择机开仓做多的时机。

李助教：

在棕榈2005合约2019年12月30分钟K线走势图中(图2-2)，价格出现了震荡上涨的走势，在上涨过程中，各条均线都形成了多头排列的走势，特别是20周期移动均线的多头排列更说明了中线趋势的确立。

内部学员赵新程：

之前价格下跌时，20周期移动均线保持着空头排列的态势，而到了底部以后，20周期移动均则出现了向上拐头的迹象，看来20周期移动均线的方向对确立大趋势以及确定操作方向的确很有帮助。

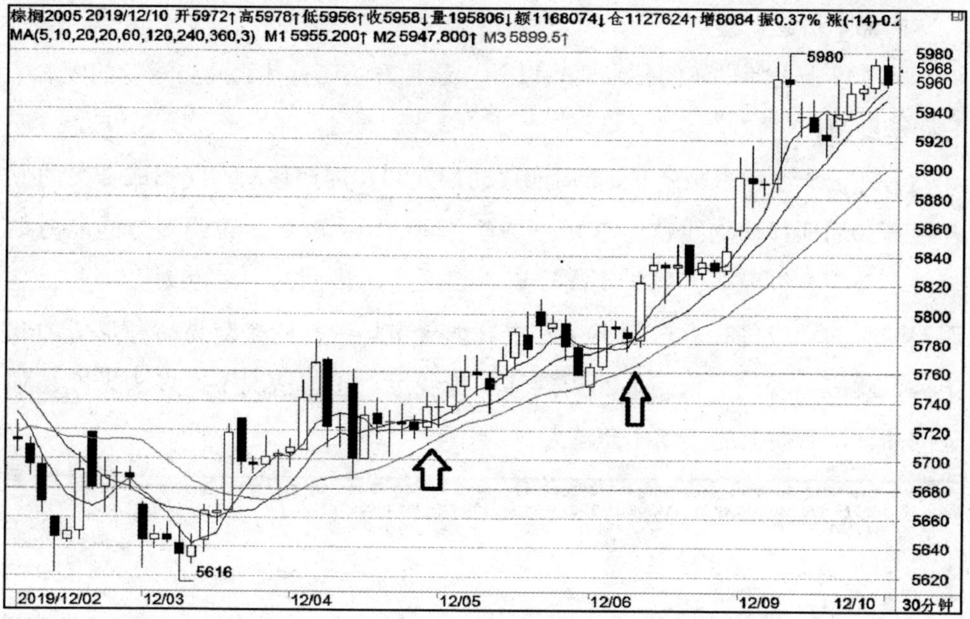

图2-2　棕榈2005合约2019年12月30分钟K线走势图

李助教：

价格上涨后形成了短线震荡调整走势，移动均线随之形成死叉，但是调整很快便结束，随之而来的上涨使得5周期和10周期移动均线又形成了金叉，短周期均线的金叉说明价格的波动具有短线机会，如果再结合20周期移动均线的走势便可得知，价格不仅具有短线上涨的机会，而且还具有中线上涨的机会。

内部学员赵新程：

5周期和10周期移动均线形成的金叉位于20周期移动均线上方，这便是很标准的线上金叉，所以，如果在盘中见到价格形成上攻的走势就要及时开仓做多。

李助教：

形成线上金叉时，价格的上涨力度越大，便意味着这种方法的可靠性越强，做多的力量急切想摆脱成本区间。特别是价格所处的位置越低则安全性越大，调整的目的就是为了后期更好地上涨，而上涨走势来临，其中一个信号就是短周期均线间的金叉出现。

内部学员赵新程：

除了以上老师讲解的技术要点以外，这种方法还有什么应当注意的呢？

李助教：

另外一个注意事项就是，5周期移动均线和10周期移动均线形成金叉的位置距离20周期移动均线越远越好。二者之间的距离较远，说明多方的能力很强大，而空方很虚弱；如果距离较近，要么是价格回落的幅度太大，要么是调整的时间相应过长，这都不是好事。如果市场中有两个交易品种形成如此走势，就应当看一下谁距离20周期移动均线远。正常情况下，多头力度越强大的品种，后期上涨幅度才会越大。

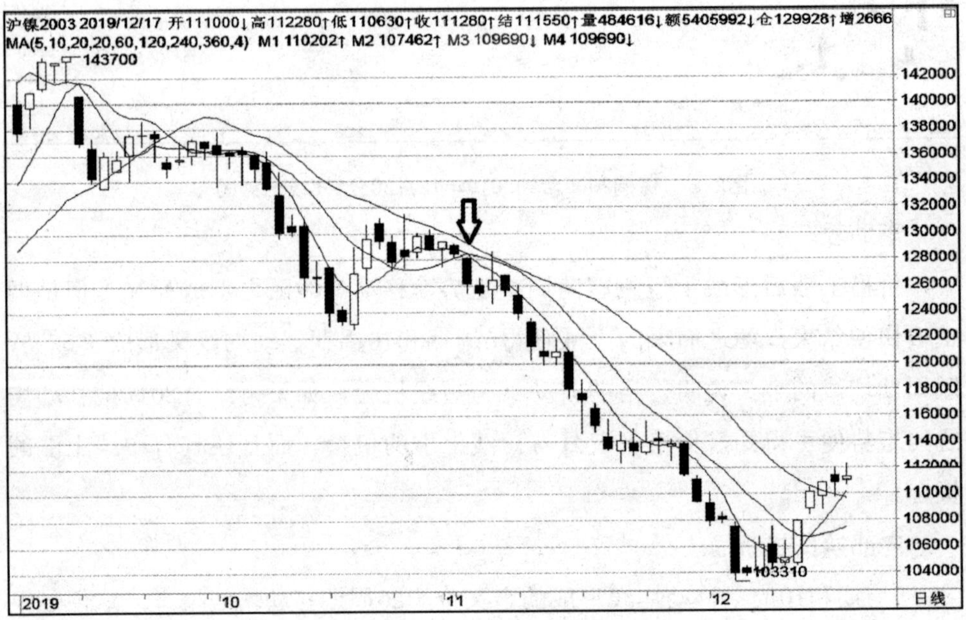

图2-3 沪镍2003合约2019年9月至12月走势图

李助教：

沪镍这个品种的波动活跃度非常高，每天价格的波动幅度都比较大，因此，非常适合投资者进行日内投机操作。当然，这个品种盘口成交数量较少，因此，若每次的开仓手数超过30手，不管是开仓还是平仓都需要等待成交了，所以，比较适合30万以内的小资金进行操作。

内部学员赵新程：

沪镍日内波动的确很活跃，在公开课视频中经常听老师提起它，现在我也将它作为重点操作对象。日内活跃的品种长周期波动也往往非常活跃，在2019年9月至12月期间它形成了一轮连续大幅下跌的大好行情(图2-3)。

李助教：

在价格下跌过程中，20日移动均线保持着持续下跌状态，长周期均线的方向指明了交易的趋势，只要在这段时间果断入场进行做空操作，获得的收益就将会非常好。

在具体操作时，用长周期均线来找方向，还需要配合短周期均线来寻找介入点。从图中的走势来看，长短周期均线有什么样的技术特征呢？

内部学员赵新程：

20日移动均线拐头向下后，价格出现了一轮反弹走势，但是反弹的高点到达了20日移动均线时便停止了上涨而转为下跌，长周期均线形成了较大的压力作用。

李助教：

在价格下跌的过程中，压力的作用越明显，后期继续下跌的概率就会越大，而一旦压力作用失效，压力位无法再把价格按住，那价格就要向上窜了，所以，在下跌趋势压力生效时，一定要积极地在该区间寻找具体的介入点。

内部学员赵新程：

随着价格的反弹，5日移动均线与10日移动均线形成了金叉，但很快在价格受到压力回落时，两条均线又重新形成了死叉，5日与10日移动均线的死叉现象发生在20周期均线下方，从而构成了线下死叉的卖点形态。

李助教：

在具体进行操作时，死叉一定要位于20日均线下方(至于金叉的位置则不必理会)，当然，正常情况下，金叉会在20日均线下方。若短周期的死叉位于20日移动均线的上方，就不是本节所讨论的操作技巧了。

内部学员赵新程：

虽然死叉形成时价格已有小幅度下跌，但相比后期的整体下跌行情，这仅仅是刚开始，所以，线下死叉形成的点位便可以入场做空。

李助教：

尿素的日K线在9月至11月期间出现了一轮震荡下跌的走势（图2-4），这种形态的波动对于投资者来说非常适合操作，因为价格波动的过程中会留给投资者许多中途介入的机会，要么逢高做空，要么在创新低的突破点操作，交易机会多，获利效果又好，这就是震荡下跌行情的重要特点。

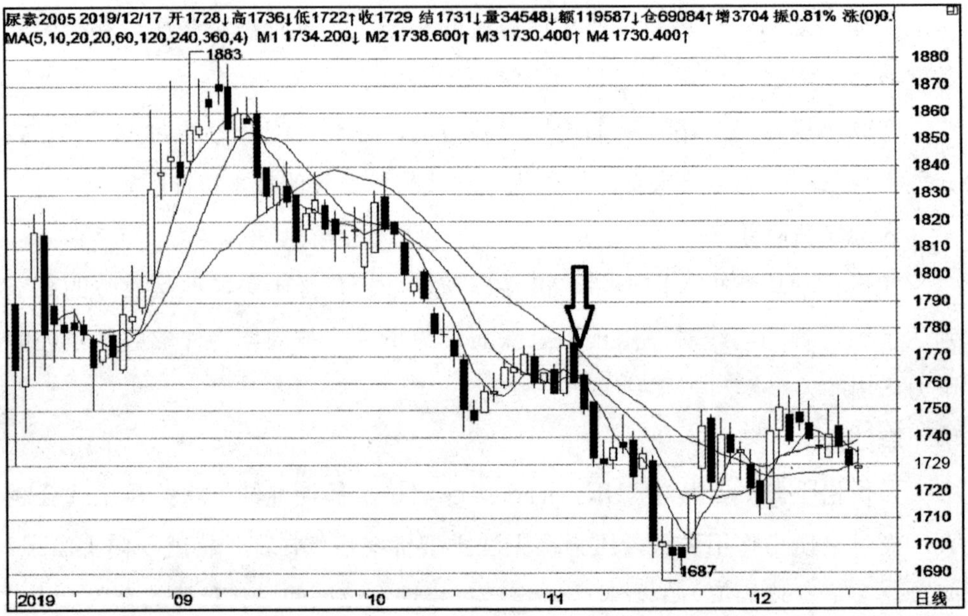

图2-4　尿素2005合约2019年8月至12月走势图

内部学员赵新程：

价格形成单边快速下跌的走势对于持仓是有利的，因为连续拉阴线的走势没有任何持仓难度，但这种走势却不会给投资者留下好的中途介入机会，只要错过了初期下跌的介入点，便只能进行追空操作。震荡波动形态对于开仓是有利的，因为下跌中途会有多次介入的机会；但对于持仓不利，反弹幅度小持仓难度倒不大，一旦碰到力度大一些的反弹持仓就难受了。

李助教：

每种形态各有优点，自然也会各有缺点，这并不要紧，只要掌握了正确的交易方法，不管价格如何走，都有办法进行操作。

在价格下跌的过程中可以看到，20日移动均线始终保持着向下态势，方向是非常明确的，只要顺势做空，实现盈利其实非常简单。在下跌过程中，20日移动均线都对价格前两次的反弹高点产生了强大的压力作用，压力作用的明确加大了后期下跌的概率，因此，在压力发挥作用的时候便应当留意入场的机会了。

内部学员赵新程：

那是不是可以这样理解，在价格下跌过程中先寻找压力现象，在压力位发挥作用的时候再等待线下死叉形态入场？

李助教：

正是如此，这是顺势交易。压力不发挥作用，或是价格向上突破了压力，就会使后期的波动变得复杂，这时就需要使用其他综合方法进行操作。

从图中的走势可以看到，在价格反弹到20日线受到压力时，暂时的上涨使得短周期均线形成了金叉，但价格受压回落之后的下跌又带动短周期均线重新形成了死叉，此时死叉发生在20日均线下方，形成了线下死叉的技术要求，因此，在死叉形成的时候便可以入场进行做空操作了。

内部学员赵新程：

下跌过程中，价格第一次虽然碰到了压力，但并没有形成线下死叉。第二次反弹形成了标准的线下死叉卖点。第三次价格反弹越过了20日均线，虽然随后又形成了死叉，但是，死叉发生在20日线上方，不满足操作要求。线上金叉做多以及线下死叉做空的方法我已掌握了，又学会了一种新的操盘技巧，感谢李助教的交流。

第二节　强势上攻

李助教：

在进行做多时，我们都希望价格形成强势上涨，只有价格强势上涨才可以带来短时间的高收益。因此，如何区分价格是否形成了强势上涨状态，对获得高额利润来讲就显得十分必要了。

内部学员章鹏飞：

一阳老师在培训中讲过如何对板块分析确立最强势目标品种的方法，使用的是对比的方法，实战效果非常有效，强势目标品种都可以轻松地锁定，这节内容要讲解的知识不知是不是一种新的方法？

李助教：

一阳老师讲解的方法适合于各种水平的投资者，老手可以进一步拓展思路打破瓶颈，新手则可以迅速成长。您说的方法是确定强势目标对象，而并非具体品种形态上的强势，这是两个概念。目标品种可能是弱势的，但它自身也有可能在某个阶段形成强势的波动形态。

内部学员章鹏飞：

明白了，我是指怎么找品种，您是指怎么判断自身走势是否具备强势波动的特征。

李助教：

这一节讲解的如何判断价格是否形成强势上涨的方法依然要借助布林线指标。布林线正常的使用方法是，价格受到指标线上轨压力时可以卖出，价格受到下跌支撑时可以买入，这是比较常见的分析方法，而这一节内容就有点打破常规了。

内部学员章鹏飞：

您的意思是不是布林线上轨一般意义上是强大压力所在，如果价格突破了这道压力，便会形成强势呢？

李助教：

是的，结合布林线上轨和日K线的变化可以看出三种强势。第一种是一般强势，是指价格位于布林线指标中轨和上轨之内进行波动；第二种是中等强势，是指价格紧贴布林线上轨进行波动；第三种是超级强势，是指价格也就是日K线完全突破布林线上轨运行，并且日K线始终位于布林线上轨以外上涨。

内部学员章鹏飞：

强大的压力一旦被突破，便会起到强大的支撑作用，这种方法果然有些颠覆传统。

李助教：

大家在学习的时候需要举一反三，这种判断价格波动的强势方法就是举一反三得来的结论，其根基就是利用支撑与压力的互换作用，能够将重要压力转变成为支撑的走势自然就是超级强势。

内部学员章鹏飞：

强势波动的类型也有所区分，您所说的超级强势是否也有进一步细分的可能？

李助教：

超级强势是价格始终在布林线以上运行的统称，因此，超级强势也有其强弱的区分，在超级强势中弱一些的往往是日K线的收盘价，位于布林线上轨以外，大部分K线实体仍然在布林线上轨之内，而强一些的则是整个K线实体，均运行于布林线上轨之外。不过由于它们都属于超级强势，所以大家知道区别就可以，实战中无论出现什么样的超级强势走势都可以进行操作。

内部学员章鹏飞：

那么，利用这个方法应当如何平仓呢？

李助教：

平仓的方法如果依照布林线指标，就是当日K线回落到布林线上轨之内时卖出，一旦价格回落到布林线上轨之内，便意味着强势特征消失，后期价格要么震荡，要么上涨力度减弱，所以，有必要暂时平仓回避一下。不过，由于这种方法是从日K线考虑，所以，具体卖出时最好还是使用一些分时操作技巧，否则，服从于日K线容易损失一些利润。

内部学员章鹏飞：

这种方法是否可以用在任何周期K线上，分不分日线长周期K线与日内短周期K线？

李助教：

日K线和分时走势是相通的，这种方法完全可以适用于日内交易。一阳老师的各种操盘方法都是这样的，放之四海而皆准，可以用在任何交易品种上，股票可以，期货可以，有K线的交易品种也可以；1分钟K线可以，30分钟K线可以，日K线也照样可以。在使用老师讲过的方法时，千万不要由于交易周期与交易品种不同产生怀疑。

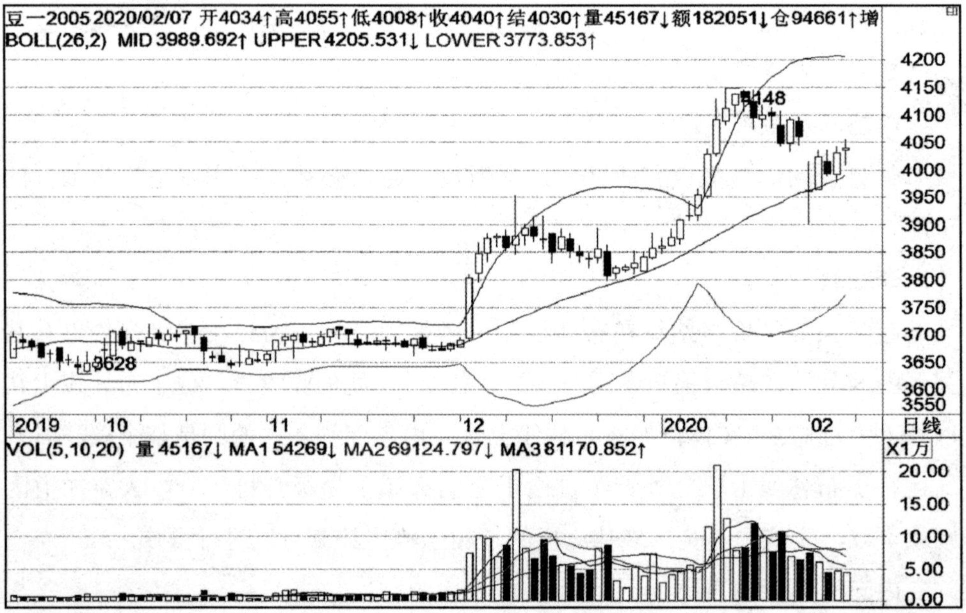

图2-5　豆一2005合约2019年9月至2020年2月走势图

李助教：

从豆一2005合约2019年12月走势中可以看到(图2-5)，豆一上涨的过程中强势特征是很明显的。仅从K线来看，阳线不断出现就是绝好的证明。如果配合布林线指标，发现上涨途中K线的收盘价始终处于布林线指标上轨以外，这就是标准的强势特征。

内部学员章鹏飞：

价格上涨过程中，实体的大小并不是区别强与弱的关键，跑到布林线上轨之上才是确定强势形成与否的关键吧？

李助教：

是的，从布林线指标的状态来说是这样，这种方法就是拿布林线指标上轨作参照，把它作为强势与否统一的判断识别标准，这样一来就不会存在任何争议，否则你认为强，他认为弱，大家口径不一致，是不利于实战操作的。

内部学员章鹏飞：

突然想到一个问题，布林线指标通道的宽窄程度不同是不是会对判断强弱状态有影响呢？

李助教：

这个问题正是我要讲的。的确是这样，布林线如果通道比较窄，价格一旦上涨，便很容易位于布林线上轨之外，形成强势形态。但如果价格的波动幅度比较大，就会导致布林线指标通道比较宽，这样价格虽然形成强势上涨，也很难使K线完全位于布林线指标上轨之外，所以，在实际分析过程中，还需要注意布林线指标的变化，指标的形态和日K线的走势结合起来，才可以看出价格上涨是强是弱。

内部学员章鹏飞：

如果价格在上涨过程中连续收出实体较大的阳线，那是不是也可以不看布林线指标，直接判断价格的强势呢？

李助教：

当然了，之所以使用布林线指标来确立价格波动是否形成强势，就是无法从日K线图中明确，如果能够直接从日K线图中判断出价格的强势，那就没有必要使用布林线指标了。

内部学员章鹏飞：

看来不能拘泥于形式，要灵活。如果仅用一种方法找不到答案，不妨再使用其他的方法试试。

李助教：

使用这个方法时，如果价格没有能力再突破布林线上轨，就要提高警惕，强势特征有所减弱，往往容易引起价格调整。

内部学员章鹏飞：

这种判断价格波动强弱的方法的确很简单，并且很新颖，我真是才知道能这样使用布林线指标。以往接触的教材一般只讲触及上轨受压卖出，触及下轨支撑买入，今天又学会了一个很好的方法。

李助教：

下面再结合一个案例进行讲解，以便大家加深印象。

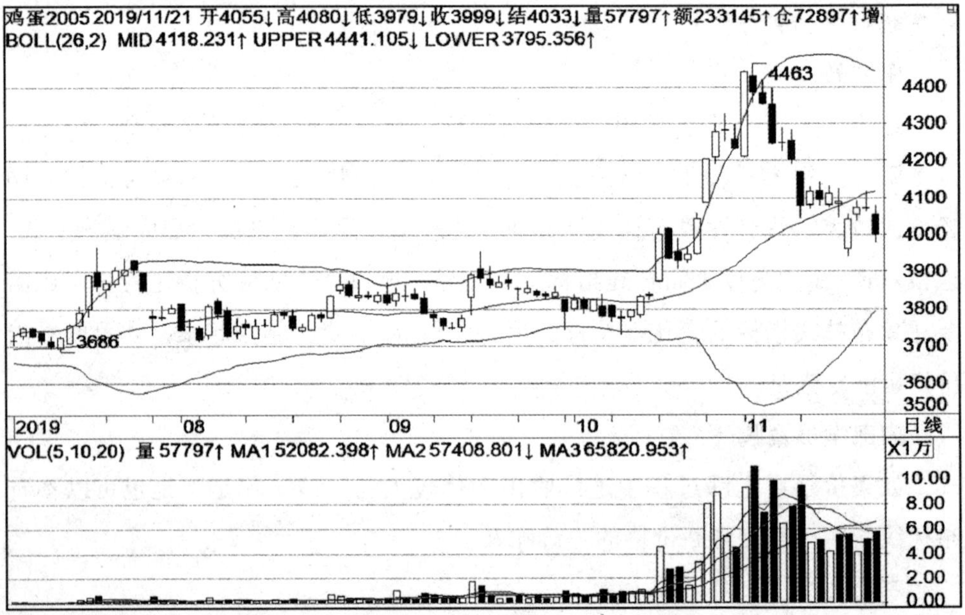

图2-6　鸡蛋2005合约2019年7月至11月走势图

李助教：

在鸡蛋2005合约2019年10月走势中（图2-6），价格经过了一番震荡之后便开始了连续上涨，因为强势特征存在，所以，在较短时间内价格便出现了较大涨幅。

内部学员章鹏飞：

从股票角度来看，强势特征出现大多是由于资金大量介入。期货是否也如此呢？毕竟期货跟股票不同，期货一手多单必然对应一手空单。

李助教：

分析股票的确是这样，分析期货则要判断主动性与被动性的问题。资金做多主动性更大，虽然一手多单对应一手空单，但空单却不是多单的对手，所以价格将会主动不断上涨，也可以理解为：正是由于资金大量介入，才使得价格大力度上涨从而形成强势特征，强势特征的形成也反映了资金的动态。

内部学员章鹏飞：

老师又讲了一个知识点。价格形成强势，是资金介入的主动性使得强势形成，而强势又进一步对资金形成了吸引，从而使得价格水涨船高。

李助教：

在价格上涨的过程中，K线实体位于布林线上轨之外，标准的强势特征形成。在价格位于布林线轨道之外时，投资者一定要耐心持有，不要因为赚到了一些钱而急于获利平仓出场。强势一旦形成，价格将会一涨再涨。

内部学员章鹏飞：

后期价格回落到布林线上轨之内后，意味着强势特征消失，上涨行情也随之结束。

李助教：

价格保持强势时，也就是位于布林线上轨之外时，操作非常容易，因为趋势将会变得比较单一，但是，当价格回归到布林线上轨之内时，要么价格会直接转为下跌，要么受到趋势的惯性，可能还会上涨。但是，上涨过程会变得更复杂，此时操作难度也会增加。

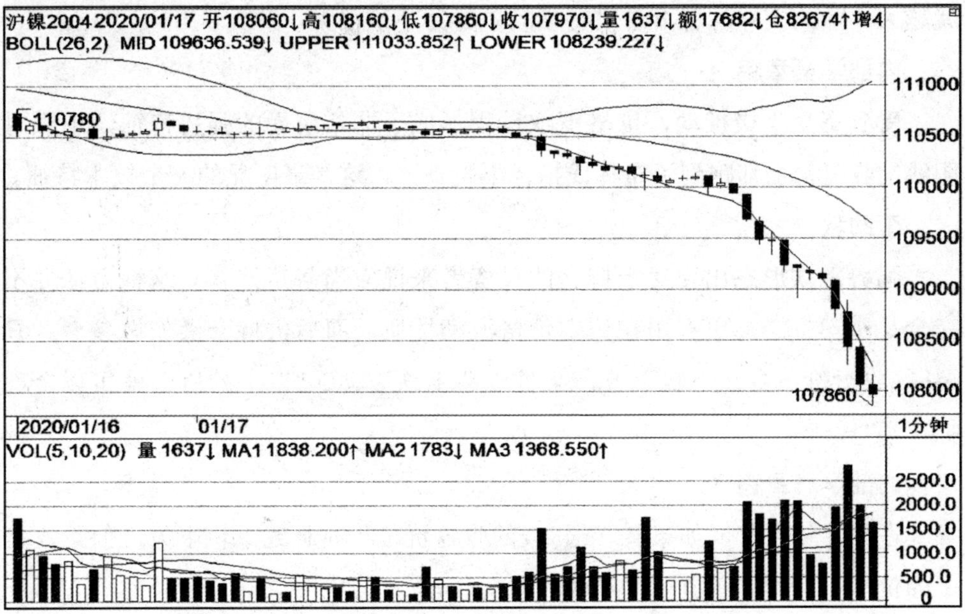

图2-7　沪镍2004合约2020年1月17日1分钟走势图

内部学员章鹏飞：

在形态简单、操作难度小的区间操作，安全性才高，简单的形态虽然不会经常出现，但一旦出现，便是绝好的获利机会。今天又学会了一种简单的波动形态，认真学会后，不同方法配合使用能帮助我们增加盈利的可能性。

李助教：

在沪镍2004合约2020年1月17日1分钟走势(图2-7)中，价格出现了一轮连续下跌势，这期间价格的波动有哪些技术特点，请全面地说一下。

内部学员章鹏飞：

价格下跌的时候，成交量表现很好，下跌过程中成交量不断保持放大状态，说明下跌得到了资金认可，资金越是入场主动做空，价格便越下跌，价格越跌又越吸引资金。

李助教：

因为K线周期是1分钟，所以，在短周期中成交量可以结合价格形态共同分析。看不看成交量有什么差别呢？不看成交量只看K线形态也可以操作，而看成交量则可以更清晰地判断价格可能的波动幅度，量越大价格波动幅度也就越大。除此之外，看不看成交量的差异并不是很大。

内部学员章鹏飞：

受到资金积极推动，价格下跌过程形成了非常明显的强势特征，下跌时阴线的收盘价全都跑到了布林线指标下轨下方，这是最明显的一个技术特征。

李助教：

强势下跌形态出现对于持仓的投资者来说应当坚定持仓。这种方法并不完全是买卖方法，更多用在识别价格波动性质，而后供持仓操作做参考。只要K线收盘价一直在下轨下方，某种强势下跌波动80%以上的机会就可以全部抓住了。

内部学员章鹏飞：

在具体使用时，如果某一根K线的收盘价位于布林线下轨下方，但是，盘中的价格却跑到了通道之内，这该怎么办呢？

李助教：

操作时，如果这根K线定型回到了通道之内，也就是不能再继续维持在下轨下方，就要出场了。这意味着，要么收盘确定下来，要么离这根K线收盘只剩三五秒时出场。还未收盘或临近收盘前回到通道之内，则不必理会。

内部学员章鹏飞：

我发现这种强势形态保持的时间都不会太长，不能像震荡涨跌一样，慢慢延续几十分钟，最多能持续个十来分钟。

李助教：

十几分钟都算长的了，正常情况下，强势上涨或强势下跌形态只能保持大约5～10根K线(不管什么周期的K线都是5～10根)。像沪镍的案例中主要下跌波动有12根K线位于布林线下方的走势是非常少见的。

内部学员章鹏飞：

虽然只有5～10根K线，但这几根K线带来的盈利空间就足够大了。

李助教：

在PP2005合约2019年12月9日3分钟K线走势图中(图2-8)，价格出现了一轮凌厉的下跌行情，这轮下跌行情有哪些常见的技术特征呢？

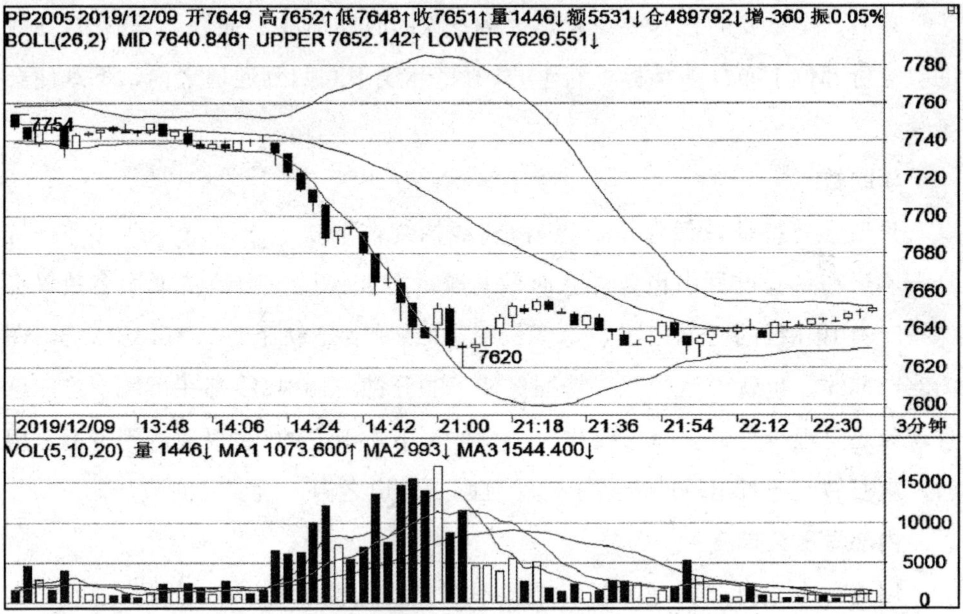

图2-8　PP2005合约2019年12月9日3分钟K线走势图

内部学员章鹏飞：

因为使用的是3分钟K线图，因此，可以搭配成交量进行分析。从图中可以看到，在价格下跌的时候，成交量出现了明显连续放量，量能的放大为价格下跌提供了足够动力。

李助教：

价格下跌放量说明当前的走势得到了资金的认可。这种下跌行情延续的可靠性是非常高的，其波动的幅度也比较大，碰到这种行情一定要耐心持仓，千万不要赚一点零头就过早跑掉了。

内部学员章鹏飞：

价格下跌过程中，反弹幅度都很弱，从K线形态来看，阳线的实体都非常小。反弹幅度弱说明多方力量强大，这也是导致价格大幅下跌的原因之一。

李助教：

结合成交量来看，为何多头的反抗这么弱？主要原因就是资金都在做空，所以，多方自然无法与空间抗衡。

内部学员章鹏飞：

最后一个重要的技术要点就是价格下跌的时候形成了强势下跌形态，K线的收盘价都位于布林线指标下轨下方，只要K线不回归到通道之内，下跌便会延续。

李助教：

只要强势特征依然保持，也就是K线始终在下轨下方，就要继续进行持仓。不过在持仓过程中也要注意时效问题，之前说过，强势特征大多数只会保持5～10根K线的时间范围，本案例中，K线跑到下轨下方共有13根K线，图为3分钟K线，也就说这种强势特征保持了39分钟，13根K线都在下轨下方，这种现象还是很少见的。日常操作时一旦位于下轨下方的K线根数达到了七八根时，就要做好随时出场的准备了，一旦回归通道之内，就要及时离场。

内部学员章鹏飞：

用这种方式持仓真是非常省事，不回归就一直拿着，一旦回归了就马上走人，心理上也非常容易接受，虽然强势保持时间短，但这几根K线就足以带来可观的收益了。通过价格强势的波动性质为持仓进行服务——今天又学会了一招。

第三节　五日变值

李助教：

MACD指标是大家非常熟悉的，能对趋势把握提供比较及时的参考。同时，金叉、死叉、买卖点也为许多投资者提供了重要的参考。一个指标流传长久至今依然被广大投资者使用，这说明它经受住了市场的考验。

内部学员赵宜浩：

只有有效的工具才可以一直流传到现在，大多数人都使用过MACD指标，本节内容老师讲解的应当是MACD指标的新用法吧？

李助教：

本节内容为大家讲解的方法叫五日变值。它是一阳老师卷土重来方法的变形，对于寻找价格较为合理的调整以及把握调整的结束时机都比较好。这其中，MACD指标会形成死叉，看似死叉会导致价格下跌，但随着调整的结束价格重新上涨，会形成卷土重来的走势。

内部学员赵宜浩：

看来这个方法属于上涨中途的操作方法。

李助教：

是的，它主要用于顺势交易，在价格上涨或下跌过程中，必然会有调整与反弹出现，调整或反弹结束之际，也就是可以再次入场的时机，这也正是卷土重来发挥作用的时机。

内部学员赵宜浩：

价格调整完毕的点位也就意味着新一轮行情的开始，这个点位的确应当重视。那么五日变值是如何识别价格结束调整呢？

李助教：

五日变值的技术特征为，随着价格调整，MACD指标形成了死叉，价格回落以后再度上涨，从而促使MACD指标再度形成金叉买点提示，指标由死叉再次转变为金叉的时间要求是五日以内，也就是说死叉形成后，必须在五日以内再度形成金叉。并且MACD指标由死叉转变为金叉的时间越短，后期价格上涨的概率也就越大。若使用的是短周期K线，这其中的“五日”就是指五根K线。

内部学员赵宜浩：

指标由死叉可以很快转变为金叉，说明下跌是假象，并不会因为死叉的形成价格改变趋势，所以，一旦金叉在五日内再度形成，便意味着做多机会的到来。

李助教：

价格上涨可以在很短时间内带动指标形成金叉，说明多方的动能依然非常强大，如果多方上涨无力，指标便很难形成金叉，所以，在较短时间内MACD指标由死叉转变成为金叉，直接体现了多方依然占据着市场的主动。

内部学员赵宜浩：

如果价格形成持续回落，自然很难促使指标形成金叉，或是价格上涨的力度很弱，也难促使指标形成金叉。只有真正上涨才可以使指标形成如此变化，五日变值果然把握住了价格涨跌背后的真正意图。请老师结合案例再进行一下具体讲解。

李助教：

从焦煤2005合约2020年1月60分钟K线走势图2-9中椭圆圈上方部分可以看到，价格调整使得MACD指标形成了死叉，按传统分析方法，指标形成死叉时投资者应当进行做空操作，但如果真做空，后期肯定就要产生很大亏损了。

内部学员赵宜浩：

价格此时回落幅度并不是很大，这样来看，MACD指标形成死叉是不是与价格的回落幅度关联度并不是很大呢？

李助教：

正常情况下，如果价格回落幅度小则很难促使MACD指标形成死叉，只有价格在较短时间内跌幅较大，才可以使得MACD指标形成死叉。但是，MACD指标形成死叉一是受价格大跌幅的影响，二是受调整时间延长的影响，本案例中调整时间比较长，所以才导致了价格虽然跌得不多但仍然使得死叉形成。

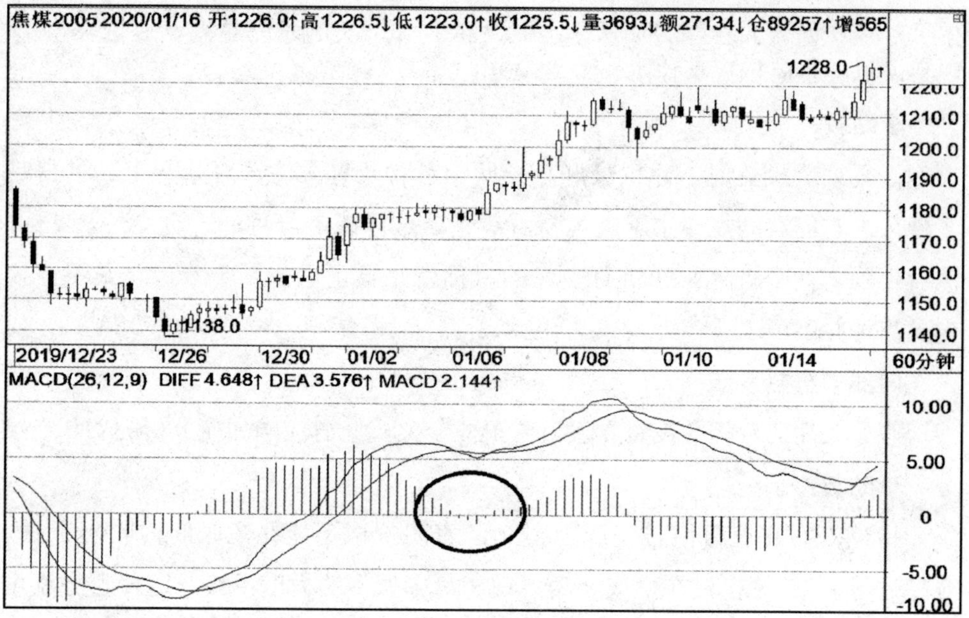

图2-9 焦煤2005合约2020年1月60分钟K线走势图

内部学员赵宜浩：

在上升趋势中，价格短时间内大幅回落，我觉得这可不是好现象，这样的走势很容易改变上升趋势。反而小幅度的调整更利于操作。

李助教：

无论什么时候，价格大幅回落对多方而言都不好，但是，我们应当这样来想，价格大幅回落必然会有反弹，跌得越多岂不是反弹的空间越大吗？其次，如果调整是上升趋势形成时较小级数的下跌，那更是难得的做多的好机会。所以，应当把价格短时间内大幅回落看成机会，而不是看成风险。日内交易应当顺势做空，而从大级别角度来讲，应当做好随时做多的准备。

从回落幅度来说，肯定是回落幅度小的要比回落幅度大的更好，因为回落幅度反映了多方的力量，回落幅度越小，说明空方力量越大，也就越容易促使价格后期更好的上涨。

内部学员赵宜浩：

由于价格调整时间比较长，从而导致了MACD指标形成了死叉，但是MACD指标的空头提示只保持了四天（从柱体进行观察），随后便形成了金叉走势，指标的变化满足了5根K线变值做多要求，如果看到死叉形成，便放弃了跟踪观察，机会也就把握不住了。

李助教：

进行期货投资时，建议最好有一两个品种长期关注，对某一个品种得越多越久，它的波动规律也就越容易看清楚。这样锁定一两个长期关注的目标，然后再找一两个近期短线进行交易的目标就足够了。业精于专，总是不停换交易品种并不可取。

内部学员赵宜浩：

假如关注的目标并没有在五日内形成金叉，此时应当如何分析呢？

李助教：

指标没有在五日内转变成为金叉，表明价格不能在短时间内收复上去。若超过了五根K线仍没有形成金叉，说明盘中做多的力度不够，这种走势就可以放弃关注，另寻机会了。下面请看另一个案例。

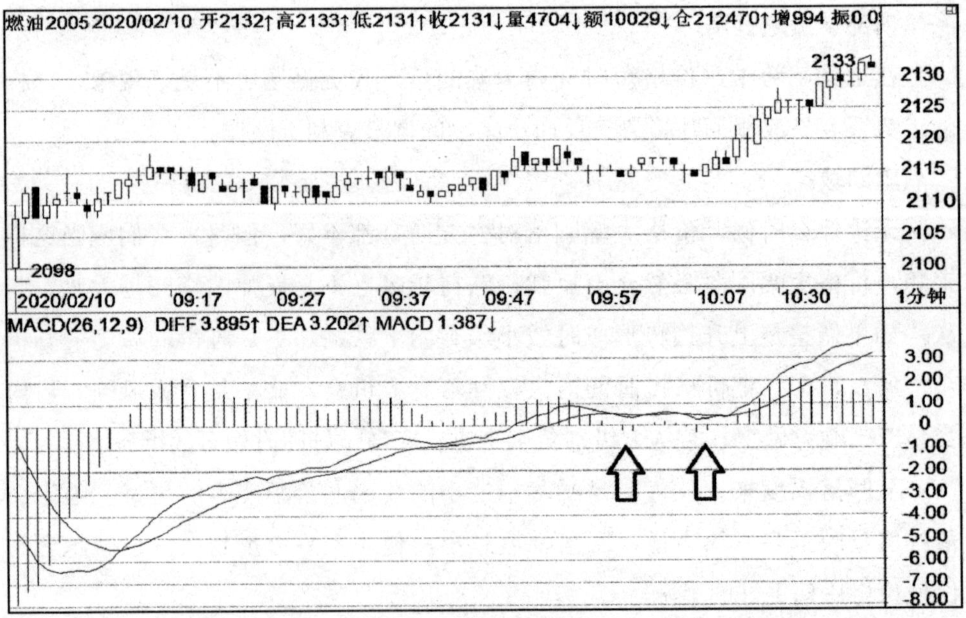

图2-10 燃油2005合约2020年2月10日1分钟K线走势图

李助教：

燃油2005合约2020年2月10日1分钟K线走势图中价格在上升趋势确立时，

调整的出现将会是很好的顺势做多的机会(图2-10)，而只要出现调整，就需要注意观察是否形成卷土重来的技术形态。从图中的走势来看，价格调整的时候回落幅度都比较小，这意味着多头的力量比较大，因此，每一次调整都会为投资者带来一次介入的机会。

内部学员赵宜浩：

看来无论是价格深幅调整还是浅幅调整，都有可能形成五日变值的走势。我有一个问题，假设指标在五天内没有形成金叉，而是在第六天或第七天形成金叉，此时又应当如何分析呢？

李助教：

之所以要求指标在5根K线内形成金叉，是为了表达价格在调整后有能力快速收复失地，且价格收回失地的时间越短，后期上涨的概率也就越大。如果价格没有在5根K线内形成金叉，而是在第六或第七天才形成金叉，这意味着价格上涨力度相对小一些，如果此时的日K线形态比较标准且有明显上攻迹象，也可以做多。变值的时间只是一个限制，但不要拘泥于形式，它所表达的含义远重要于时间。

内部学员赵宜浩：

时间的限制只是为了体现价格快速收复失地的能力，收复失地的时间越短说明多方力量越强大。形成金叉的时间略长一些，如果K线形态比较标准，意味着价格可以继续上涨。看来每种方法都要领会其分析思路，而具体的条件限制可以根据市场变化灵活修订。

李助教：

为了方便大家尽快掌握讲解知识点，列举的案例一般都比较标准，所以，大家学习时要着重领会思路，这样才可以应对一些标准形态的变形走势。五日变值的变形往往就是金叉时间推后那么一两天，但只要价格波动符合技术要求，时间可以适当放宽松些。不过，如果市场中同时存在一个品种在第四天形成了变值，另一个品种在第六天形成变值，投资者还是应当操作在第四天形成变值的品种。

内部学员赵宜浩：

指标形成变值时间越短说明价格上涨的强势特征越明显，那是不是我们也需要对MACD指标的柱体长短进行分析？我记得一阳老师有个方法是利用指标柱判断上涨力度的，应当也可以引入到五日变值方法中去吧？

李助教：

指标形成变值以后，如果指标柱体比较长，则说明价格上涨力度较强。如果加上这个条件，在操作中，又可以进一步缩小包围圈，选择柱体较长的品种，否则，虽然指标形成了变值，如果柱体很短，也说明多方做多力度不够。

内部学员赵宜浩：

五日变值方法真是一个思路独特的操作技巧，虽然使用老指标，但却有了新花样。

李助教：

在苹果2005合约2020年1月14日1分钟走势图中(图2-11)，价格出现了震荡下跌走势，只要下跌途中出现了反弹的技术形态，就需要关注一下是否形成了卷土重来的技术形态。从图中的走势来看，价格出现反弹时有什么技术特征呢？

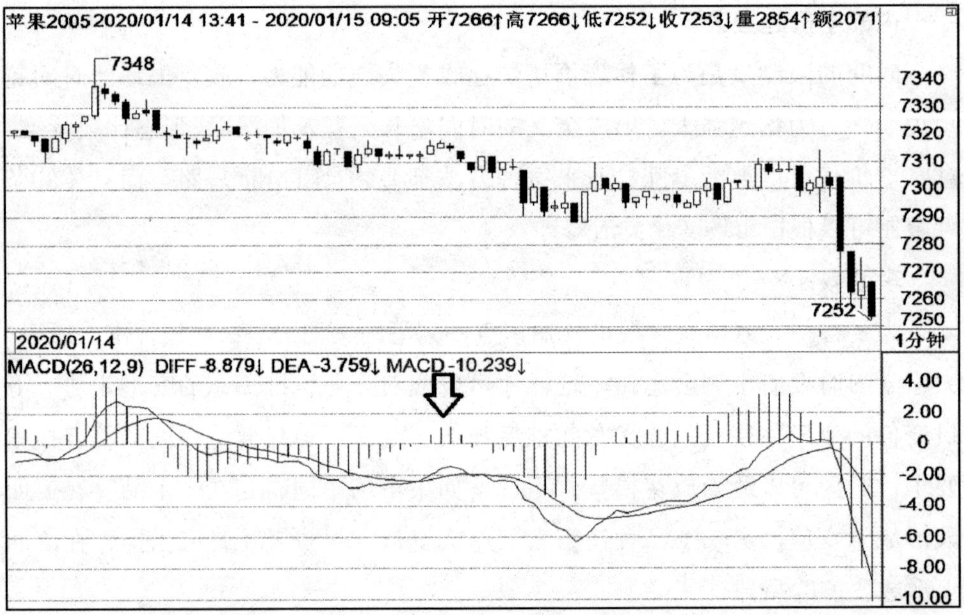

图2-11　苹果2005合约2020年1月14日1分钟走势图

内部学员赵宜浩：

苹果是个好品种，波动非常活跃，并且受外盘影响很小，非常适合进行日内操作。在价格下跌过程中，出现了三轮反弹走势，虽然反弹的位置各不相同，但是，有一个明显的共性：反弹幅度都很弱。

李助教：

反弹幅度弱说明多方力量小，多方力量小则意味着空方力量大，此消彼长。既然空方力量大，那么，价格后期进一步下跌的概率就会非常大了。

第一次反弹由于时间很短，所以，MACD指标并没有形成金叉与死叉交替。而第三次反弹时，由于反弹持续时间比较长，已经远远超过了五根K线变值的要求，因此，也没有符合要求的卖点出现。但是，第二次反弹则不同，它出现了符合要求的技术形态，那它有什么技术特征呢？

内部学员赵宜浩：

随着价格反弹，MACD指标形成了死叉，而随着反弹的结束，价格再度回落，MACD指标转变成为死叉，金叉与死叉转变正好是5根K线的时间范围，完全符合五日变值的技术要点。

李助教：

一旦发现MACD指标在5根K线的时间范围内重新形成死叉卖点，便可以入场做空。入场操作后，如果价格按操作方向波动择机止盈便可，若波动方向与持仓方向不符，则可以在MACD指标形成金叉时止损离场，以做到进出理由的一致性。

李助教：

在苹果2005合约2020年1月13日1分钟走势图中（图2-12），价格形态与前一个案例是一模一样的，反弹幅度都非常的小。价格波动活跃度高，并且技术形态规范，这也是苹果适合做目标品种的重要原因。

内部学员赵宜浩：

第一次出现反弹的时候，MACD指标并没有在5根K线的时间范围内形成死叉，指标多头状态保持时间比较长，这就不能使用卷土重来进行操作了，应当用别的方法进行交易。

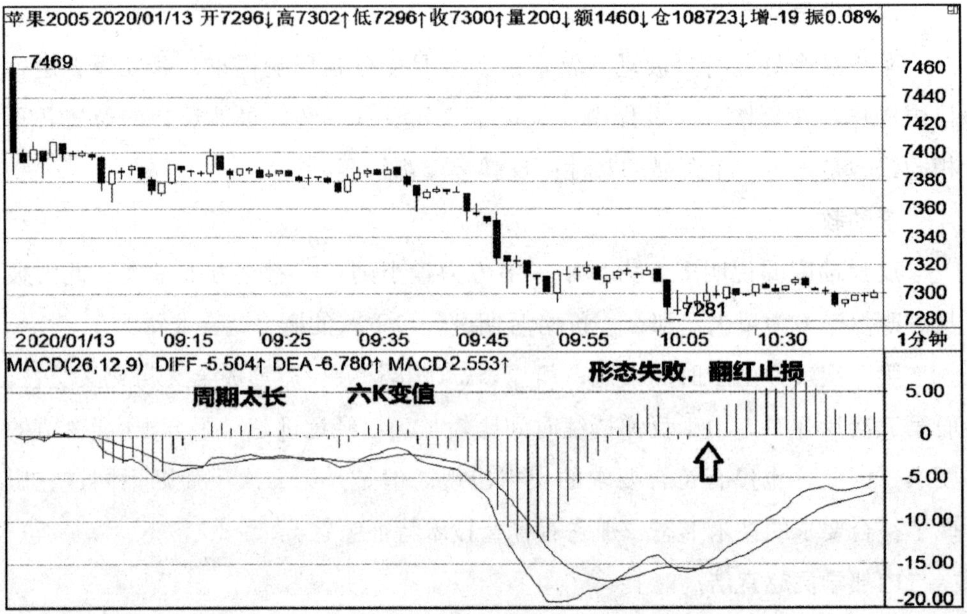

图2-12　苹果2005合约2020年1月13日1分钟走势图

李助教：

价格波动过程中会形成各种技术形态，没有这种形态可能就会有另外一种形态，只要投资者掌握了这些常见技术形态的操作技巧，不管价格如何波动，都有办法找到获利的机会。

当随着价格反弹第二次形成金叉时又来了一个新问题，你能看出来吗？

内部学员赵宜浩：

MACD指标由金叉转变为死叉的时间长度为6根K线，并没有在5根K线内变值。这该如何操作呢？

李助教：

五日变值要求5根K线之内金叉转变为死叉，或者是死叉转变为金叉，而这个5根K线到底是什么意思呢？是不是必须卡死5根K线？其实并不是这样的，一定要正确理解5根K线的操作原理。五日变值是通过时间来对价格的波动进行约束，只有那些幅度不大，或是幅度略大但可以很快回来的走势，才可以在5根K线的时间内形成变值。

内部学员赵宜浩：

这样来看，此时6根K线形成了变值也应当是可以做的，因为从K线形态来看，价格反弹的幅度并不大，说明多方力量并不强，并且只多了一天的时间就变了值，这也符合内部原因。

李助教：

正是如此，所以，不必纠结5根K线这个概念，碰到了6根K线变值成功也可以操作。当然，到此为止也就行了，不然，再多就乱套了。

内部学员赵宜浩：

最后一次五日变值是一个止损案例。同样也是第6根K线变了值，但很快MACD就形成了金叉，这时就要进行止损操作了。

李助教：

一旦指标变成死叉顺势入场做空，同理，变成金叉自然意味着价格波动进入了多头的状态，这时就需要止损出场了。

内部学员赵宜浩：

通过老师的讲解，对MACD指标用法进一步理解了，我相信，交易机会不会再从我手里跑掉了。

第四节　逢高做空逢低做多技巧

李助教：

无论价格是快速飙升还是震荡式上涨，都必然会出现调整走势，同理，无论价格如何下跌，之后都会出现反弹走势。在大趋势与外部环境配合的情况下，出现价格反弹就将会给投资者逢低做多的操作机会，而出现反弹走势时，则带来逢高做空的交易机会。逢高做空与逢低做多操盘手法是投资者必须掌握的，因为调整与反弹必然会出现，从价格波动性质上讲，与突破一样都是必见形态，只不过符合要求的操作形态并不属于必见形态，而是常见形态。既然符合要求的调整与反弹经常会出现，不懂该如何操作怎么行呢？

内部学员孙建勋：

一阳老师在公开课中曾说过：价格反弹时，有猛烈的反弹，也有幅度不大很温和的反弹，不同的反弹形态有不同的操作方法，这一次您要交流的内容是针对怎样的形态呢？

李助教：

这一次使用KD指标进行分析，这个方法捕捉的是经指标确认价格充分反弹之后的高点做空机会，探究何为逢高做空的“高”与逢低做多的“多”，只有知道了何为“高”，才能在恰当的位置入场逢高做空，否则，不知道“高”处有何技术特征，逢高做空就只是一句空话了。

内部学员孙建勋：

KD指标属于是高低类指标，因此，用它寻找价格反弹的高点便与指标的性质相符了，是不是这样呢？

李助教：

正是如此，KD指标反应价格在参数周期内所处的位置高低，所以，用它寻找高点与低点最棒了。当然，有一点要明确，这个方法虽可以帮助投资者找到反弹后值得介入的高点区间所在，但最高的那个价格是没有办法找到的，一定要理性认识这一点。

内部学员孙建勋：

很多人在实战时多使用趋势类指标，是不是因为KD指标太过灵敏不好用？

李助教：

指标可没有什么好用不好用之别，只是如实地向投资者反应市场的信号，至于这个信号投资者怎么利用，那就与指标无关了。一个个指标，就像一个个不同类型的扳手，都是工具，用途不同而已。

KD指标使用有两个前提，一是方向，二是成交量。

内部学员孙建勋：

以前接触到的逢低做多方法是：价格下跌之后找低点进行逢低做多操作，价格涨上去之后寻找高点进行逢高做空操作。您说的方法是不是也是这样呢？

李助教：

这是大多数投资者使用的方法，其实应当属于逆势交易的抄底摸顶，一阳老师所说的逢低做多是指价格上涨之后出现调整，而后在调整低点进行做多操作；逢高做空则是指价格下跌之后反弹，而后在反弹高点做空。这也就是我说的第一个要点：高，一定要在下降趋势中去找；低，一定要在上升趋势中去找，方向绝对不能搞错。

内部学员孙建勋：

我记得一阳老师说过：价格调整与反弹时一定要缩量，量缩越明显，调整与反弹就越好。那对于成交量的要求是不是应当是无量的呢？因为您说了，下跌之后找高点，那肯定针对的就是反弹高点了，反弹无量才是好的。

李助教：

很多投资者用不好KD指标，就是因为对使用环境与使用要求这些细节没有搞明白。就像一个好的工具在面前，用法不知道，那它自然就发挥不了应有的作用了。

下面结合具体案例来看一下KD指标是如何帮助投资者在下降趋势中寻找反弹高点，以及在上升趋势中寻找调整低点的。

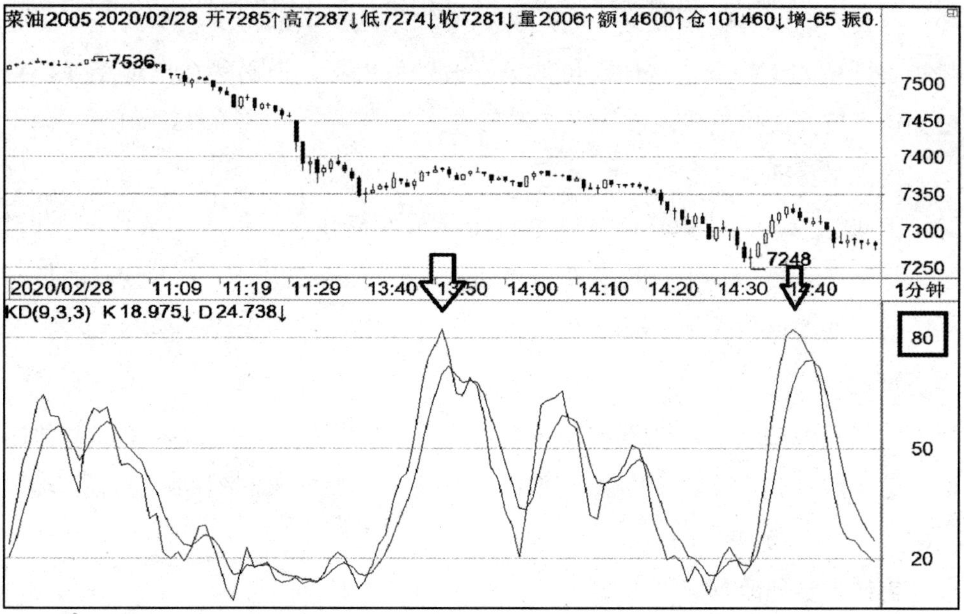

图2-13 菜油2005合约2020年2月28日1分钟K线走势图

在菜油2005合约2020年2月28日1分钟K线走势图中（图2-13），价格出现了连续下跌行情，第一波下跌持续时间较长，这种情况下，那些没在高位入场的投资者眼看着价格不断回落往往容易冲动地进行追空操作。

内部学员孙建勋：

我以前就是这样的。看到价格下跌了便会非常着急，实在受不了一冲动开了仓，却总会开在低点处，随后价格马上出现反弹，又担心得要死。

李助教：

其实错过了机会进行追空并不是错误的，只要掌握具体的细节技术，追空时做到有理有据，也是可以追一下的。大多数投资者之所以追空容易失败就是不讲究细节，完全凭心情交易，肯定要吃亏了。

内部学员孙建勋：

可是看着价格连续回落哪会服气呢，追空操作时我觉得经常就是在赌气。

李助教：

这主要是对价格波动性质不了解，多空波动就好像是下棋一样，黑子下完了，就该白方下了；价格跌了，就必然会上涨；涨了，就会跌……不断循环，涨得多跌得少，那就是上升趋势，而如果跌得多涨得少，那就是下降趋势了。图中的走势就是这样，虽然第一波跌得很猛，但必然会出现反弹，只要知道了反弹必然出现，那就不必着急了。

内部学员孙建勋：

的确如此，虽然第一波下跌错过了，但在反弹区间操作，依然有“肉”吃。这就是价格波动的规律：错过了机会之后不必着急，因为下跌后的反弹与上涨后的调整是必然出现的走势。

李助教：

价格反弹的时候，随着波动重心的上移，KD指标也随之进入了高数值区间，这个时候就意味着价格满足了“高”的技术要求，既然找到了“高”，那自然就可以入场做空了。

内部学员孙建勋：

KD指标高数值是指什么？它的识别标准是什么？

李助教：

KD指标的高数值是指：指标的K线接近、到达或是超过了数值80。下降趋势中一旦KD指标形成高数值，逢高做空的机会也就到来了。

内部学员孙建勋：

下跌之后必然出现的反弹区间，KD指标连续两次进入了高数值区间，这两个机会入场操作真是非常不错的点位。

李助教：

在豆粕2005合约2020年2月28日1分钟K线走势图中(图2-14)，价格整体跌幅不小，但细分到每一个波段中，其跌幅并不是很大，这种震荡式下跌走势其实是非常好的，因为在持续下跌过程中，留给了投资者许多中途介入的机会。学会了今天的内容，未来再碰到类似的走势，就不会再错过行情了。

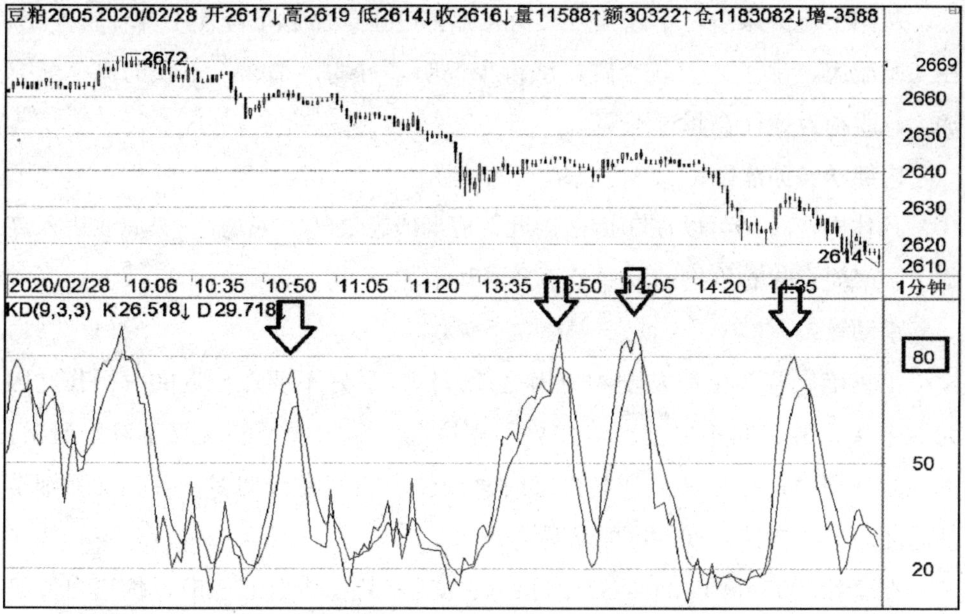

图2-14　豆粕2005合约2020年2月28日1分钟K线走势图

内部学员孙建勋：

价格在下跌过程中，每一次跌完都出现了反弹，下跌与反弹交替出现，这个规律虽然简单，但以前没想明白，没有深刻理解它的重要性。现在再来看这样的走势，就算错过了下跌，我也不会再着急了，即使下跌时没有抓住机会，反弹必然出现，那抓住反弹的高点就可以了。

李助教：

市场里有一句话“踏准行情的节奏”其实就是这个意思。你要知道价格的波动规律，这样不管价格怎么走，都有应对的办法。下跌之后价格反弹了，此时该怎么操作呢？

内部学员孙建勋：

反弹了一旦出现，便可以用逢高做空的方法进行操作。因为下跌之后会上涨，但上涨完了还会下跌，所以，在上涨的高点做空，抓的就是上涨之后的再下跌。

李助教：

你回答得非常正确。之前也说了，如果跌得多涨得少，下降趋势就会延续，从图中走势来看，下跌幅度大而反弹幅度小，所以下降便不会轻易停止。在此基础上，涨了之后就会跌，涨得少说明多方弱，那么，下跌的概率就会加大，跌幅也往往会越过涨幅。

内部学员孙建勋：

具体操作时，可以在KD指标接近、达到或超过80时入场，一旦K线进入高数值区间便意味着价格的反弹差不多要开始了。

李助教：

很正确，若各位朋友刚刚使用这种方法，最好不要在接近80时操作，因为这个接近的空间不好把握，75算不算接近？那70或是65又算不算？通常，刚开始使用时，必须达到或超过80时再操作，随着经验增多，各项交易细节熟悉之后，再在接近80的区间交易为好。

在菜粕2005合约2020年3月2日1分钟K线走势图中(图2-15)，价格自开盘形成了持续上涨行情，上涨过程中也出现了多次调整走势，每一次调整都对应着一次中途介入的机会。

内部学员孙建勋：

价格调整的时候，回落的幅度也都非常小，对于这种行情，持仓的时候心理压力会很轻。

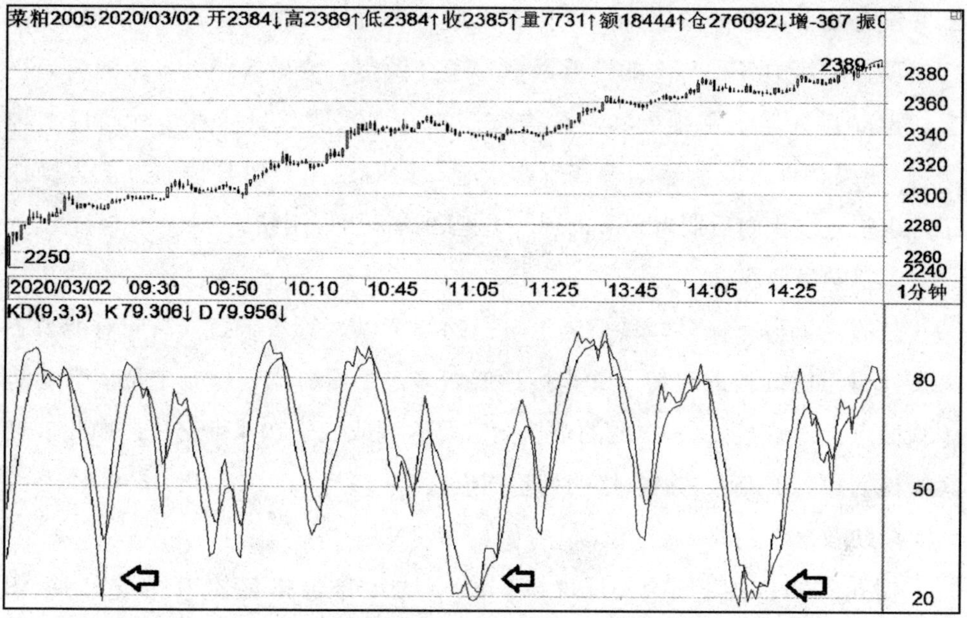

图2-15　菜粕2005合约2020年3月2日1分钟K线走势图

李助教：

不管调整的幅度深还是浅，我们都有办法解决，除非它调着调着转为了下跌，否则，只要调整后价格可以继续上涨，交易的机会肯定跑不掉。

内部学员孙建勋：

从图中的调整走势来看，有三次KD指标到达了20，既然80是高数值，那么，20就应当是低数值，在上升趋势中等待低数值的机会逢低做多。

李助教：

这三次调整位置虽然各不相同，但是，都有着相同的技术特征：KD指标都到达了20，此时便可以入场进行做多操作了。并且做多之后，价格都出现了不同幅度上涨，可见，KD指标提示的“低”的位置还是非常恰到好处的。

内部学员孙建勋：

但是，上涨途中有这么多次调整，只做这三次岂不是太可惜了？其他的调整可以抓住机会吗？

李助教：

当然可以抓住了。虽说这个市场中只用某种方法解决各种形态的获利方案并没有几种，但一阳老师的绝招“无形斩”就是其中一种，它可以抓住抄底摸顶、顺势中各种形态的逢低做多、逢高做空、突破等绝大多数的交易机会。但KD指标属于常规指标，这类常规的操盘方法就只能“一种药治一种病”。如果指标没有到达20调整就结束了，此时就需要用其他的方法去操作了，这些方法我们后期为大家讲解，先把KD指标用好用精。

内部学员孙建勋：

是的，机会有很多，只抓属于自己的就可以，等水平高了，应对能力上去了，再考虑其他的。使用KD指标逢低做多，一看方向——一定是上升趋势中找低点；二看数值——K线的数值一定要达到或低于20才可交易；如此，轻轻松松就找到了上涨之后价格的调整低点。

李助教：

棉花2005合约2020年2月17日1分钟K线走势价格整体出现了上涨（图2-16），但中途的调整却出现了问题，你能看出这个案例与其他几个案例在调整走势上的不同吗？

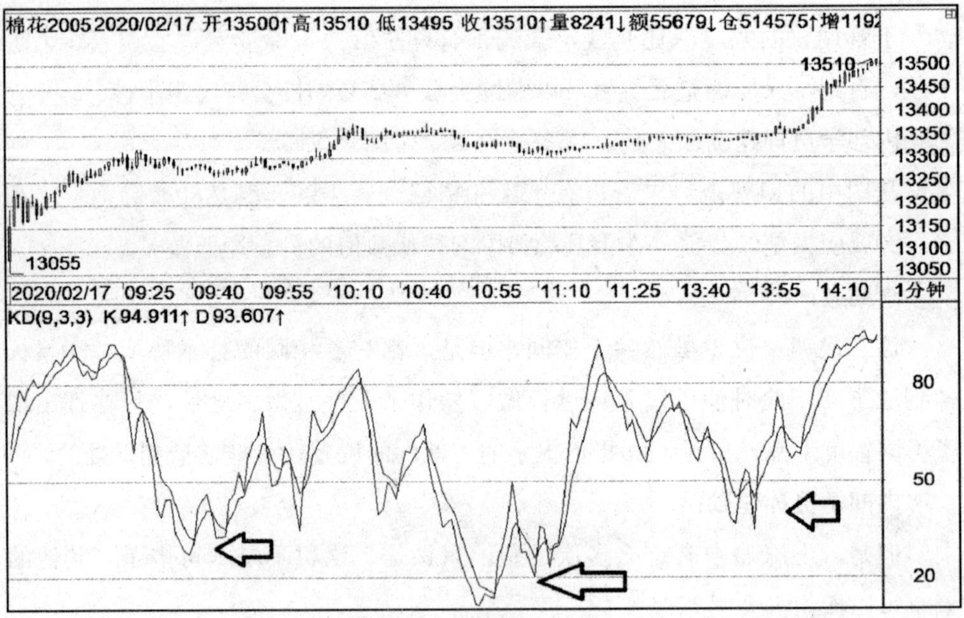

图2-16 棉花2005合约2020年2月17日1分钟K线走势图

内部学员孙建勋：

共性是调整回落的幅度都不大，而区别就是棉花的调整时间非常长，这么长时间的调整不是好事吧？

李助教：

在调整幅度一致的情况下，调整时间长肯定不如短的好。但是，调整时间长短只起辅助作用，主要的还是调整幅度。如果调整幅度比较小，但只是时间长了一些，并没有什么问题，要分清主次。

内部学员孙建勋：

调整时间长了，如果开仓之后见到价格一直不涨也够闹心的。不过由于回落的幅度小，也赚钱倒是没问题，就是得忍得住煎熬。

李助教：

图中，在调整过程中，只有一次符合技术要求，KD指标到达了20，在这个区间做多之后，需要持仓等待，而后便可开花结果了。另外两次调整，KD指标虽然低了，但并没有达到20，这个时候，经验不多的投资者就不要做了。

内部学员孙建勋：

对于有较多操盘经验，以及风险管控得当的投资者来说，由于KD指标低不下来，可以使用其他的方法操作，而不会完全错过行情。可见真是需要多学习啊，每多学一种操盘方法，便等于找到了一条通往盈利的新路。

李助教：

KD指标是一个平常得让人不愿意多用的指标，但只要掌握了它的真谛依然可以发挥强大的作用获利。KD指标使用时一定要切记：大上升趋势中逢20值区间择机做多，这是逢低做多的操作；大的下降趋势中逢80值区间择机做空，这是逢高做空的操作。只这一个指标，哪里是调整低点，哪里是反弹高点的问题就解决了。

第五节 指标背离留意风险

陈助教：

MACD指标最大的用处是，使用顶背离往往可以在价格下跌之前便提示投资者下跌的风险，在底背离出现时则可以提前提示持有空单的投资者价格后期可能上涨。在顺势持仓时参考一下顶底背离的提示，则可以最大程度保全收益，回避风险。

内部学员周明：

我做交易并不久，倒是听说过顶底背离的说法，但并不知道怎样用于实战操作，那什么是顶背离或底背离呢？还麻烦您详细讲解一下。

陈助教：

底背离是指在价格连续下跌之后，价格的低点继续创出新低，但MACD指标形成的波动低点却呈现上升趋势，价格方向向下，指标方向向上，因为出现于价格下跌的低点区间，所以称之为底背离。

内部学员周明：

听您的意思，底背离应当是在价格连续下跌之后。若价格跌幅比较小，就不能视为底背离吧。

陈助教：

“底”有大底和小底，小底只能引发小幅度上涨，大底才可以引发大规模上涨，而我们要抓的就是大底。大底自然需要有足够的下跌时间与下跌空间才会形成，在进行日内操作时，最基本的要求就是价格要至少下跌两波。下跌的波数越多，底背离形成之后，对顺势空单造成的影响也就越大，这是因为价格未来上涨空间可能较大，会导致空单利润大幅回吐，若是开仓位置较低，甚至还会引发较大亏损。

内部学员周明：

那顶背离是不是和底背离一样，也应当是在连续几波上涨后出现才更加可靠，引发价格下跌的可能性才会更大？

陈助教：

大顶大底都是如此。小上涨之后往往是小下跌，大上涨之后往往对应大下跌，级别是对等的。小的波动不好把握，但大级别的波动与风险一定要用正确的方法识别。

下面结合具体案例来看一下价格与MACD指标是如何形成背离，如何引发顺势操作风险的。

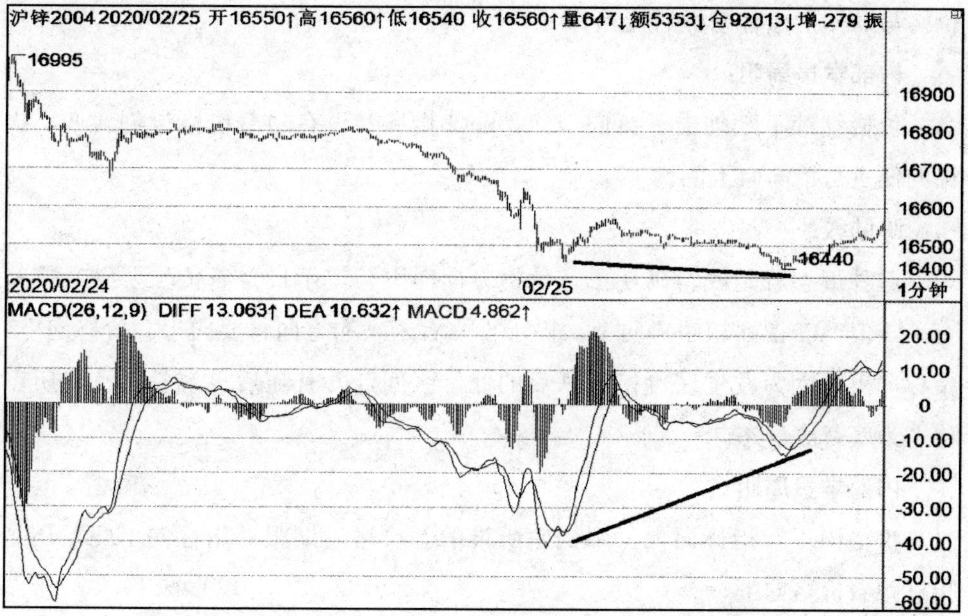

图2-17　沪锌2004合约2020年2月25日1分钟K线走势图

沪锌2004合约2020年2月25日1分钟K线走势价格出现了连续下跌（图2-17），在下跌幅度不大的情况下，一定要坚持顺势交易，只要坚决顺势交易，便可以轻松实现较大的收益。

内部学员周明：

我之前就曾赶上过一回大行情，有不错的收益，可由于不懂什么时候该出局，在价格见底之后还拿着。转为上升趋势之后看着收益一点点减少，在受不了的情况下忍痛出局了。还好出局早，要不然所有赚的钱一分都留不住，一直拿着还要亏不少。顺势交易做好只是第一步，我觉得还得会在合适的位置平仓，要不然风险还是有。

陈助教：

开仓是第一步，盈利后正确持仓抓住一个大波段这是第二步，第三步就是要在恰当的位置进行平仓，这样才可以回避未来价格反方向波动的风险以及锁定收益。

沪锌的价格跌到了2月25日时，整体跌幅已经不小了，这个时候可以继续顺势持仓，但也要开始随时留意是否出现底背离迹象。你仔细看一画线部分价格与MACD指标有怎样的特点？

内部学员周明：

价格继续下跌创出了新低，但是MACD指标并没有随着价格也创新低，指标的低点是抬高向上的。

陈助教：

这种形态就是底背离现象，价格方向向下，提示投资者依然要继续持有空单，但MACD指标却趋势向上，提示投资者未来的方向将要向上。价格向下，指标向上，因为发生在价格下跌后的低位区间，并且随后也容易上涨，所以称之为底背离形态。

内部学员周明：

价格向下，指标向上，那到底听谁的？价格后期跟着指标向上呢，还是指标跟着价格向下？

陈助教：

绝大多数时候，价格会跟随着指标走，所以才叫“底背离”，若非如此，也不可能叫这个名字了。只有少数时候，指标才会跟着价格走，但这种走势有着严格的技术要求及条件。

内部学员周明：

那形成底背离形态后价格一定会上涨吗？

陈助教：

并不能说一定会上涨，但底背离形成之后，价格大概率将暂停下来。下跌暂停了下来，好的横盘，这个时候可以继续持仓，但多数时候都会上涨，毕竟空方下完了这手棋，该多方了表现了，因此继续拿着空单就会有一定风险。所以底背离形成时，首先要做的就是先平仓空单，至于是不是一定上涨，能不能抄底，还要具体再看。

在白糖2005合约2020年2月28日1分钟K线走势图中(图2-18)，价格出现了连续下跌的技术形态，在下跌的初期阶段，也形成了一个底背离形态，但这个底背离出现后价格只是形成了一个小幅度的反弹便继续下跌，其中的原因是什么呢？

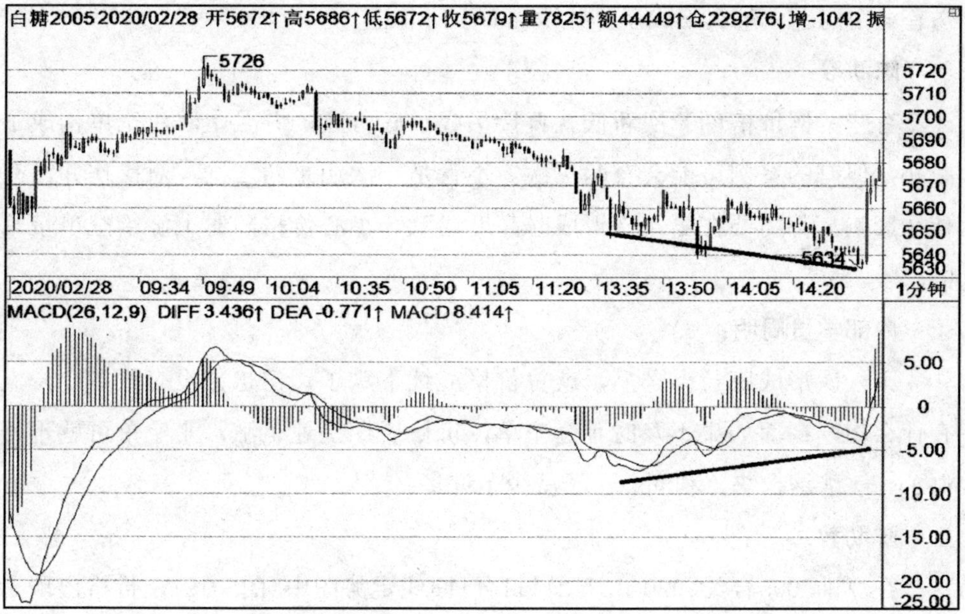

图2-18　白糖2005合约2020年2月28日1分钟K线走势图

内部学员周明：

之前说过这个问题，现在我明白了，这是因为价格跌幅不够大，所以就无法形成大级别的底部形态。

陈助教：

价格整体跌幅不够大是主要原因，跌得不多便意味着还有进一步下跌的空间，只有出现大幅下跌透支了空间之后才可能形成底部。此外，便是下跌的周期不够长，这是另一个问题。

内部学员周明：

要跌得幅度大，还要跌得时间长，这个时候出现的底背离迹象才值得重视。

陈助教：

价格下跌到底部之后又有什么样的技术特征，这一次可以看出来了吧？

内部学员周明：

在底部区间，价格继续创出新低，但是MACD指标的低点却形成了抬高迹象，价格向下，指标向上，形成了标准的底背离迹象。不过这样的底背离形态有一个问题，怎么形成了好几次呢？

陈助教：

有些案例价格创一次新低就直接形成了底背离，并且上涨对空单构成了威胁，但有的案例可能会有两三次。不管是一次还是两三次，对操作并没有什么影响，都需要在第一次形成时高度注意，小心价格随时上涨给空单带来的风险。

内部学员周明：

第一次形成底背离之后，就算价格继续下跌了，但也并没有跌多少，没有什么肉吃；而如果不及时平仓空单，价格后期快速上涨，平空单可就不好办了——涨这么快，利润一下子就少了许多。

陈助教：

在豆油2005合约2020年2月21日1分钟K线走势图中（图2-19），价格出现了震荡上涨的走势，在初期上涨的阶段，价格创新高时，MACD指标也创出了新高，这是同步的走势，没有任何背离现象。

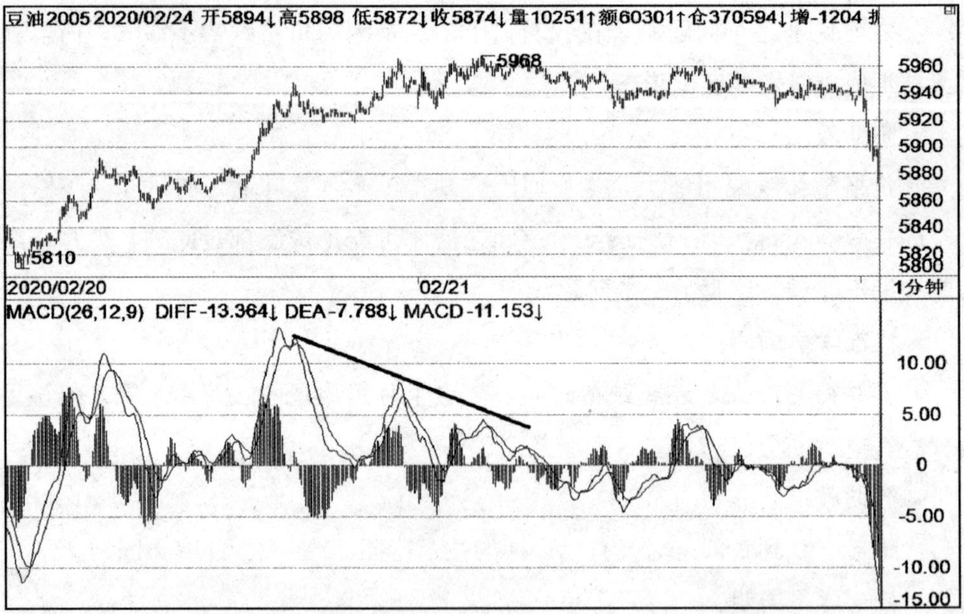

图2-19　豆油2005合约2020年2月21日1分钟K线走势图

内部学员周明：

既然没有顶背离迹象，是不是就可以继续找机会做多呢？

陈助教：

是的，因为那个时候整体涨幅并不大，并且上涨周期也不够长，所以，自然要继续做多与看多，而再次经历了一轮上涨后问题来了，价格继续上涨，MACD指标有什么表现？

内部学员周明：

MACD指标形成了高点降低的走势，价格高点向上，但指标却高点向下，最终价格将会服从指标的方向形成下跌走势。顶背离对多单来说是有风险的，所以，在较长时间、较大涨幅之后出现这种现象一定要小心。

陈助教：

顶背离形成之后，价格并没有急着下跌，而是继续保持着高点降低的弱态势，而后才形成了快速下跌的走势。如果在这个时候不回避风险，认为价格跌得慢没什么关系，随着时间的推移，这些缓慢的下跌也会吞噬掉不少利润。

内部学员周明：

这个案例比较复杂，MACD指标先后形成了多次高点降低的迹象，不过通过您的讲解，现在有经验了。其实不必管后续出现几次顶背离，只要第一次形成了顶背离，就要多留意了。形成次数越多，越要留意风险。

陈助教：

在螺纹2005合约2020年3月10日1分钟K线走势图中(图2-20)，价格出现了震荡上涨的走势，在上涨初期指标与价格基本上都是同步创新高的。在价格没有经过足够长时间与足够大幅度的上涨之前，不必理会MACD指标。指标虽然有用，但也要分清什么时候才适用，不分场合，反而容易自己吓自己。

内部学员周明：上涨初期顺势交易，足够高、足够长时间的上涨之后，再看指标提示，就不会乱了。

陈助教：

指标虽好，但一定要用好，可不是说拿来就用，用了就能赚钱，任何指标都做不到这样。会用，再加上好的工具，这样就会提升赚钱概率。

图2-20　螺纹2005合约2020年3月10日1分钟K线走势图

上涨到了高位之后，价格继续上涨创出新高，但指标高点降低形成下降走势，这是非常标准的顶背离形态，这个时候，多单就要考虑出局了。

内部学员周明：

但是这个案例有一个问题，顶背离形成之后价格并没有怎么下跌，而后还涨了上去，这样岂不可惜？

陈助教：

通过这个案例可以看出：形成顶背离之后价格将会暂停上涨，有一定幅度的回落，并且这个过程持续的时间很长，虽然回落幅度不大，但这么长时间不涨，利润还在回吐，又有多少投资者能承受得了？

内部学员周明：

的确是这样，碰到这样的走势早把耐心磨没了。

陈助教：

如果在顶背离区间出场，打个时间差完全可以在价格长时间调整时寻找其他机会操作，这样资金利用率就提高了。

内部学员周明：

通过这几个案例明白了。以后高位再看到价格创新高或创新低，就不能再入场了，此时的新高或新低很可能就是风险。难怪我以前在高位操作时都容易亏钱，原来是在该平仓的风险点位我入场了，这个错误以后不能再犯。

陈助教：

顶背离或底背离形成后，不管后期怎么波动，都会中断之前的波动方向，至于中断之后再延续还是转变方向，存在变数。“君子不立危墙之下”，在这区间出场是明智的选择。如果后期方向转变，这个风险就彻底回避了；如果延续之前的波动方向，再次入场就行了。风险全可以回避掉，机会一个也不落，这多好。

第六节　涨跌力度识别

内部学员彭洋：

最近一直在想一个问题：涨跌力度是怎么判断的，它对操作有什么样的指导意义呢？

陈助教：

先说涨跌力度对实战操作的指导意义。后面一一介绍涨跌力度判断的多种方法。

涨跌力度的技术指标主要用于持仓，对于开仓基本上没什么帮助因为等你发现涨跌力度变大或变小时，买卖点早就错过了。而开仓之后的持仓过程中，可以发现力度变大或变小的迹象，从而便为当前如何持仓提供技术上的支持。

内部学员彭洋：

您这样一讲就明白了——涨跌力度用于持仓。我开始以为是用于开仓的，应当在涨跌力度大的时候操作，原来理解错了。那涨跌力度的识别都有哪些方法呢？

陈助教：

涨跌力度变大或变小是必须进行对比的，得出来的数据必须有严格的要求。比如传统分析方法里有这样的说法：上涨角度大于四十五度角的称为强势上涨，小于则是弱势或常态上涨。这种说法之所以成立，是因为在手绘K线图的年代，计算机不普及，需要手工绘制K线图，这种情况下，K线的坐标都是不变的，所以，在坐标统一的前提下大于四十五度角的确实是强势上涨。但随着计算机的普及，现在早没人手工绘图了，手指一点K线的坐标就完全可以改变，同样的上涨，如果压缩K线图，之前的四十五度角在视觉上就可能变成七十五度角；如果放大K线图，原来的四十五度角可能就变成三十几度了。这样一来，再用固定角度的方法判断涨跌力度就不靠谱了。

所以，现代的分析方法中，必须要用对比的方法来识别涨跌力度，只有对比出来的结果才是合理的。

内部学员彭洋：

原来是这样，怪不得在实践中发现死用某个角度有时准、有时不准，原来只要改变了坐标，固定角度的方法就失效了。

陈助教：

角度其实也可以进行对比，但对于经验不足的朋友来讲，初期使用效果不好。所以，对于经验不多的朋友，一定要优先使用可以统一理由的对比方法，这一讲就交流如何使用MACD指标来识别价格的涨跌力度。

内部学员彭洋：

MACD指标不是趋势类指标吗？它居然也可以识别涨跌力度？

陈助教：

那是自然，它的作用可不止于此呢。MACD指标有柱体，对比的时候就是看这些柱体的变化。简单来讲：当前上涨或下跌的柱体比之前的柱体长，那就说明涨跌力度变大了；如果当前涨跌的柱体比之前的体柱短，那就说明力度减小了。涨跌力度变大会怎样？减小又会怎样？你回答一下。

内部学员彭洋：

如果涨跌力度变大，那么价格波动的幅度就会加大，这个时候，持仓可以“贪心”一些。如果涨跌力度变小，价格波动幅度就会减小，这时持仓就要谨慎一些，做好随时出场的准备。

陈助教：

非常正确。力度大，则价格当前上涨或下跌的幅度将会超过前一波；力度小，就会短于前一波。这样一来，大概能赚多少钱在价格波动过程中就可以做出判断了。下面结合具体案例进行讲解。

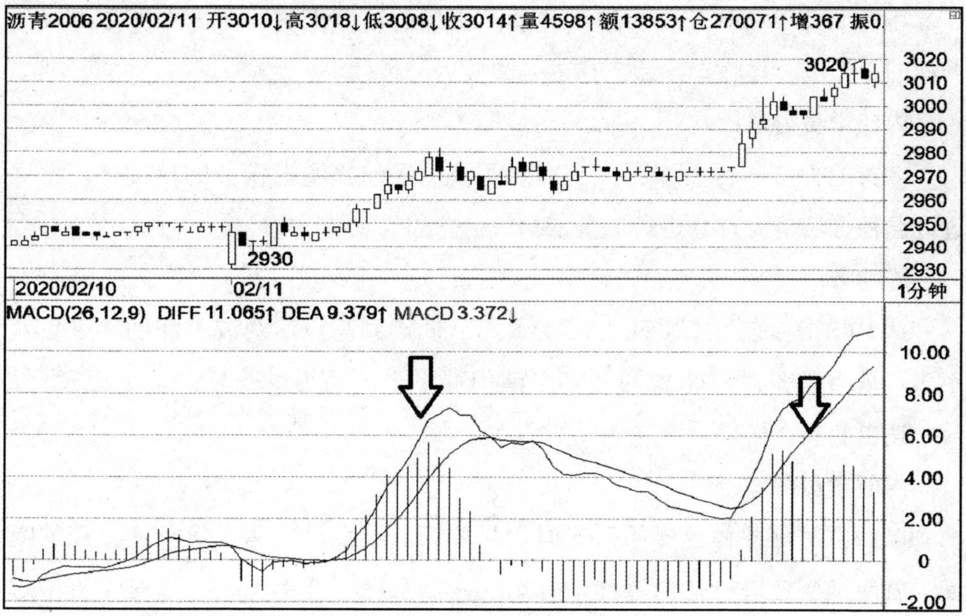

图2-21　沥青2006合约2020年2月11日1分钟K线走势图

既然价格涨跌力度需要使用对比的方法来识别，那么，价格必须要先走出一波上涨行情才可以，这第一波上涨就是参照物。而后拿下一波上涨的情况与之前进行对比。

内部学员彭洋：

沥青的价格开盘后不久出现了一波上涨(图2-21中第一个向下箭头对应位置)，那这一波就可以做参考物了，接下来应当如何进行具体对比呢？

陈助教：

第一波上涨的时候，MACD指标柱体形成了一定高度的峰值，这一波上涨对应的峰值就是参照物了。然后在价格后期继续上涨的时候，拿第二波上涨的峰值跟这一波对比就可以。从第二波上涨时指标柱体的情况来看，两者的对比可以得出怎样的结论呢？

内部学员彭洋：

第二波上涨时MACD指标柱体的长度跟第一波上涨时柱体的长度差不多，这是不是意味着这两波上涨的进攻力度基本一致呢？

陈助教：

正是如此，柱体长度一致，说明从指标的角度来讲，两波上涨的力度是一样的，力度一样将会导致怎样的结果呢？

内部学员彭洋：

多头的力度一样，那么，前后这两波上涨的幅度也将会比较接近，您讲过，这种方法是为持仓进行服务的。

陈助教：

从MACD指标来看，多头力度一致，从低点到高点这两波上涨的幅度也差不多，就好像是同样车型的两辆车油门踩下去的马力是一样的，毫无疑问，其车速也必然一样。

内部学员彭洋：

以后再碰到柱体一样的情况时，只要第二波还没有达到第一波上涨的幅度，就应当坚定进行持仓操作，什么时两波涨得一样多了，什么时候再考虑出局。这个方法果然是好，再持仓里心里就有底了。

陈助教：

在甲醇2005合约2020年3月10日1分钟K线走势图中(图2-22)，价格出现了第一波上涨走势。对价格涨跌力度进行对比必须要找到前一波的上涨或下跌走势，并将其视为参照物，这一点很重要，若只是一波上涨，用这种对比的方法是无法识别涨跌力度的，对单独一波涨跌走势需要用另外的方法来进行判断。

内部学员彭洋：

价格第二波上涨的时候，MACD指标柱体的长度比前一波上涨时高，这说明价格此时多头的力量有所增大。

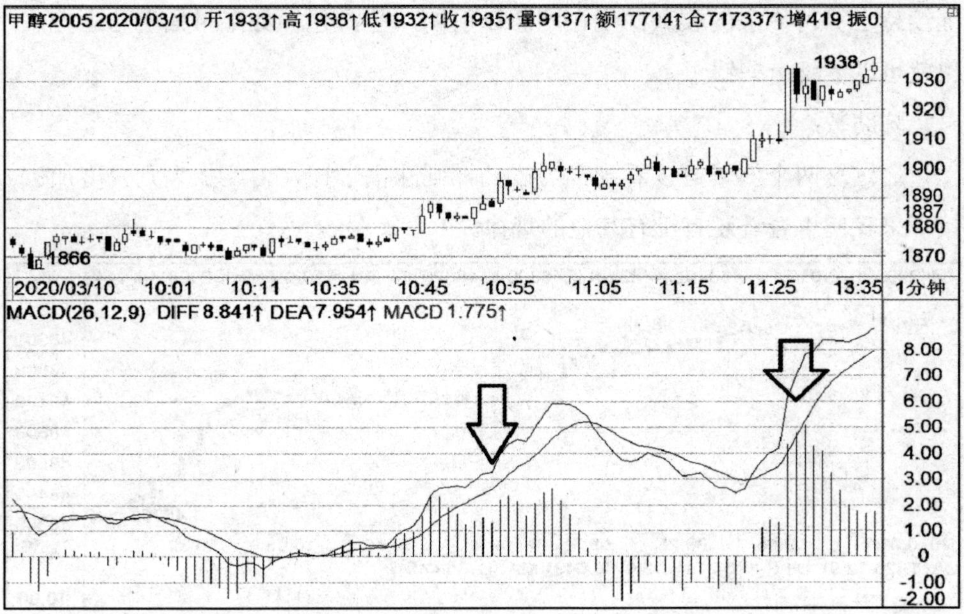

图2-22　甲醇2005合约2020年3月10日1分钟K线走势图

陈助教：

多头力度的增大意味着当前这一波上涨幅度将会比之前上涨幅度大，所以，只要当前这一波的上涨还没有达到前一波的幅度，便可以在盘中继续进行持仓，不要因为赚了钱而过早地平仓出局。

内部学员彭洋：

从图中的走势来看，发现两波上涨柱体达到一致高度的时候，第二波的上涨已经走到了差不多一半的位置，正如您所说，价格涨跌力度果然对开仓没有帮助，因为不可能用这样的方法在上涨的中途去追进。

陈助教：

用于持仓的方法不能用于开仓，同样，用于开仓的方法也不能用于持仓。开仓与持仓是两种不同的操作方式，是独立的，只不过操作时我们需要结合开仓的点位，并根据价格不同的波动情况，灵活地将持仓与开仓组合运用，使其融合成完整的操作环节。

内部学员彭洋：

发现第二波上涨到一半恰到好处，可以准备平仓出局，力度大了便可以继续持仓等待更多的收获。现在回想以前的一些操作，如果早知道这个方法，也就可以多赚一些钱了。

陈助教：

通过这两个例子可以看到，力度一样则涨幅一样，力度加大则幅度加大。接下来我们再看看还有没有其他的规律。

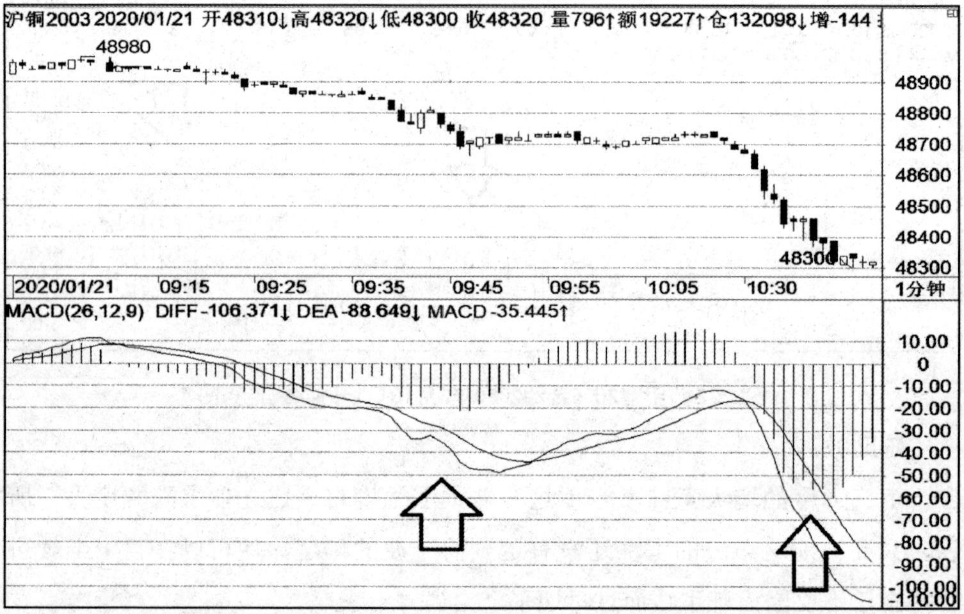

图2-23　沪铜2003合约2020年1月21日1分钟K线走势图

在沪铜2003合约2020年1月21日1分钟K线走势图中（图2-23），价格先出现了一波下跌，如果还要继续下跌，那么，这一波行情就是错过也没什么可惜的，抓住下一波行情照样可以实现不错的盈利。

内部学员彭洋：

第一波的下跌打下一个基础，这样便于我们更好把握住第二波行情。第一波下跌时MACD指标柱体较短，说明虽然空头占优势，但是力度并不是很大；但第二波就不一样了，MACD指标柱体非常长，说明下跌的力度加大了，力度加大的情况下，第二轮下跌行情的跌幅也非常大。

陈助教：

MACD指标柱体先是与之前的行情一致，这个时候就要意识到，两波下跌的幅度将会一致。随后MACD指标柱体将会超过前一波，这个时候就要意识到，第二波下跌将会比第一波下跌幅度大，此时，就要耐心地进行持仓了，千万不要平掉空单。

内部学员彭洋：

这样的分析结论都是在价格下跌的三分之一或中途才可以发现的，并不能在下跌的初期阶段发现，这是对比MACD柱体判断涨跌力度时需要注意的。

陈助教：

虽然你的经验并不多，但这个方法已经非常轻松学会了。大道至简就是这个道理。但凡看了半天没看明白的方法，都不值得浪费时间去学习。

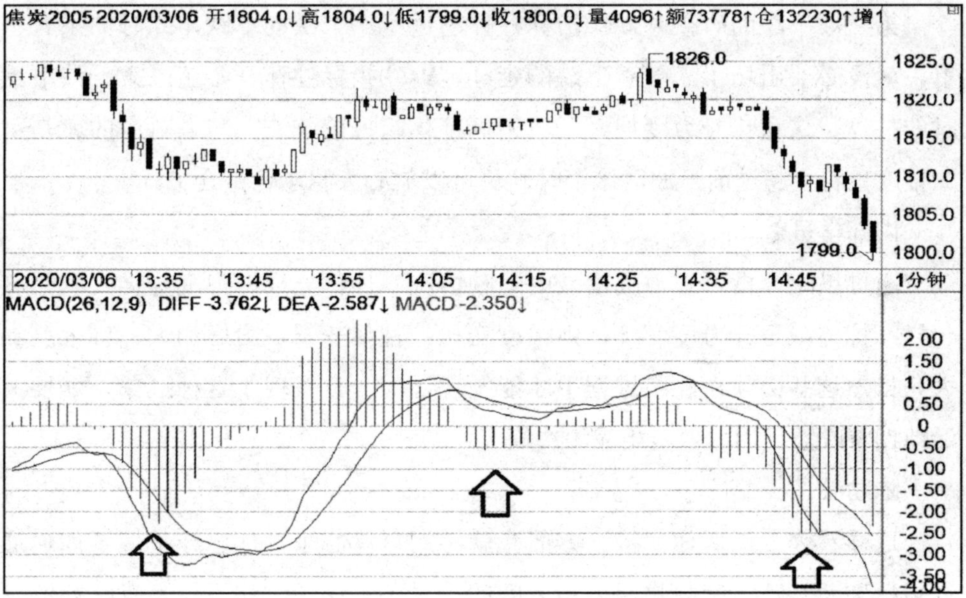

图2-24　焦炭合约2020年3月6日1分钟K线走势图

在焦炭合约2020年3月6日1分钟K线走势图中(图2-24)，价格整体趋势是向下的，其中有三波下跌的走势。两大波明显的下跌比较好识别，中间夹杂着的一小波就容易引发争议了。不管它是什么性质的走势，都是下跌，这是确定的。

内部学员彭洋：

从走势来看，这一波好像是上涨之后的调整，当然，调整也是下跌，只是性质不同而已。

陈助教：

第一次下跌MACD指标柱体成了参照物，第二次下跌的时候，MACD指标柱体明显短了许多，这说明空方的力量非常虚弱，这也是为什么上涨后调整的原因。既然柱体短力度小，那价格就不可能像之前一样跌得比较多。

内部学员彭洋：

从这个案例又发现了一个规律，如果MACD指标柱体相比之前变短了，那就意味着力量变小了，力度变小了，则意味着当前这一波的幅度也会减小，这个时候如果拿着空单，就要小心了，不能再抱有大的预期。

陈助教：

第三波下跌的时候，MACD指标柱体超过了第二次的下跌，此时如果有空单，就没必要出场了。随着下跌的延续，MACD指标柱体开始超过第一波下跌时的柱体，这意味着力度加大了，指标柱体超过前一波，与之对应的就是下跌幅度也将会超过前一波，这个时候更可以放心大胆进行持仓了。

内部学员彭洋：

通过以上分析可知力度增减的三种情况：柱体一样、力度一样，则幅度一样；柱体减短、力度变小，则幅度变化；柱体变长、力度加大，则幅度加大。虽然这些必须在涨跌过程中才能发现，但一旦发现了这种迹象，就要灵活地调整收益预期并做出相应的决策。

陈助教：

这样看来，以后你在持仓方面我就不用再操心了，你已经掌握了如何通过指标判断涨跌力度与收益大小之间的关系了。这种方法不管是有经验的老手还是基础较差的新手都可以使用，并且实战的效果也非常棒，大家可以在实战中体验一下它的威力。

第七节　震荡涨跌交易技巧

陈助教：

在正常的波动情况下，价格大部分时间会在布林线指标通道内保持震荡，只有在价格波动比较激烈的情况下才会溢出布林线指标通道，但是这种走势持续的时间并不会太长，价格还会在后期回归到布林线指标通道之内。一阳老师在公开培训以及内部培训中经常提示学员们，一定要对震荡涨跌形态高度重视就是这个原因，因为震荡波动形态是大概率事件，是最常见的技术形态之一。

内部学员孙文涌：

进行期货操作追求的就是大概率，只有大概率的技术形态才是保证持续性盈利的根本，对于极少见的波动形态则应当忽略。通过向老师学习，我已经认识到了把握那些常见形态的必要性了。

陈助教：

本节为大家讲解的是布林线指标中轨支撑做多点及中轨压力做空点，用这种方法一阳老师不仅在股票上取得了非常不错的战绩，在期货上更是硕果累累。

内部学员孙文涌：

那就请老师赶快讲解一下吧，既然一阳老师都喜欢用，那它大概也适合我们。

陈助教：

在价格下降趋势中，布林线指标的压力有两个位置，一是布林线指标的上轨压力，这是下降趋势过程中最后一道压力位，另一个位置是布林线的中轨压力，这是最常态的压力形式。逢高做空之中，高点的含义其实就是反弹高点受到压力，因此，当价格运行到了中轨时就可以开仓了。

内部学员孙文涌：

那为什么不能等到接触上轨时再做空呢，这样岂不是做空的位置更高吗？

陈助教：

价格能不能反弹到上轨，这是不得而知的，有的案例的确能够反弹至上轨；但是，价格反弹到达中轨则更容易见到的，所以，死等价格反弹到上轨再做空其实并不太适合。

内部学员孙文涌：

那形态反转过来，价格上涨后出现调整，调整低点回落到布林线指标中轨支撑处就要入场做多了吧，因为方向向上时，布林线指标下轨则是最后一道支撑位。

陈助教：

正是如此，这种做法就是紧紧围绕着中轨进行操作，上涨后调整到中轨做多，下跌后反弹到中轨做空。因为中轨的点位变化较为平缓，所以，买点的位置可以清晰地确定。

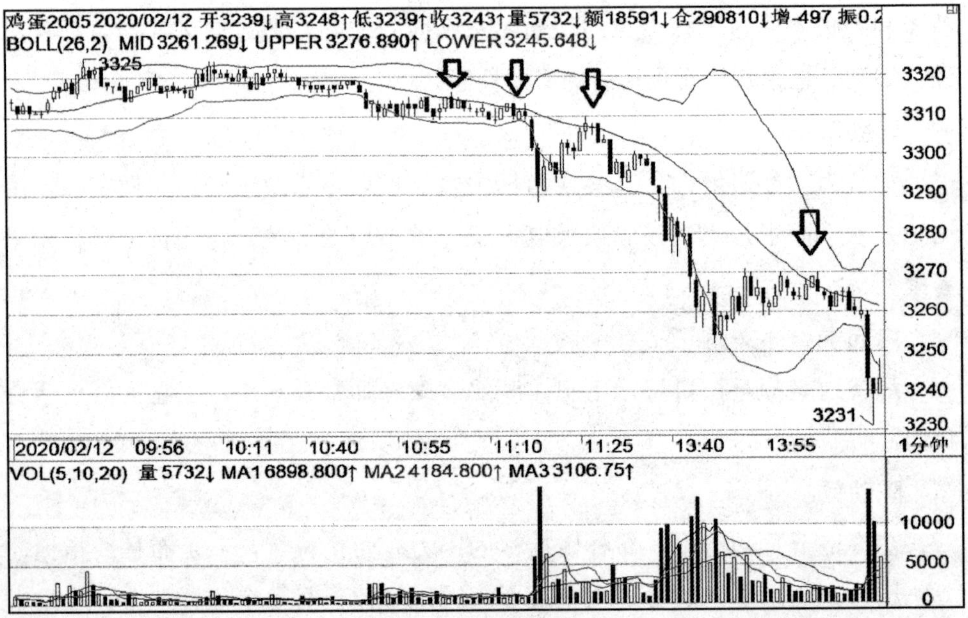

图2-25　鸡蛋2005合约2020年2月12日1分钟走势图

在鸡蛋2005合约2020年2月12日1分钟走势图中形成了明显下跌走势（图2-25），布林线指标中轨持续向下，在方向明确的情况下一定要坚决进行做空操作。在价格下跌的过程中您来说一下有什么样的技术特征？

内部学员孙文涌：

下跌的时候成交量明显放大，但是不管哪一次反弹形成时成交量则都是萎缩的，这说明一旦价格下跌，便有资金积极介入，而下跌途中的反弹无量则说明价格上涨并没有太多资金参与，价格在反弹的时候，多次触及布林线中轨，都受到了压力产生回落。

陈助教：

价格由于形成了下降趋势，说明空方占据市场的绝对主动，临时的反弹只是空方的休息。并且在下降趋势中，价格反弹容易受到压力而结束，利用这个规律，在价格触及布林线指标中轨的时候进行做空操作就非常适合了。价格运行到中轨已经产生了一定的反弹幅度，有继续回落的趋势。

内部学员孙文涌：

假如价格突破了布林线中轨的压力应当怎么办呢？

陈助教：

如果价格突破了布林线中轨，但是成交量依然比较少，这种突破的可靠性并不高，但如果价格形成连续放量突破，则不要急着在布林线中轨处进行做空，这是为了防止资金介入导致价格形成反转走势。

内部学员孙文涌：

除了价格有可能会突破布林线指标中轨以外，另外的可能就是价格并未接触中轨，而是上涨到中轨附近与中轨还有一点价位空间时便受到压力回落，这种情况下应当如何操作呢？

陈助教：

一般情况下，价格恰好接触到中轨再回落是我们希望的形态，但有时价格快要接触到中轨时便回落了，也就是与中轨还有一点价位空间时并未真正接触到。从实际走势来看，价格此时与中轨的差距并不会很大，因此，在操作中做空的位置合理的应当是布林线中轨的价位，或是在略微下浮一点的价位进行开仓，也就是人为扩大一点滑点，比如中轨数值5000，开在4999元或4998元都没问题。

内部学员孙文涌：

价格与中轨完全接触，以中轨的数值开仓是最理想的。但若价格看似马上就要与中轨接触但就是近而未触之时，也可以自行增加一两个滑点进行开仓，毕竟对于一个波段来讲，这一两点的滑点真的就不算什么了。

陈助教：

有的时候，价格只要到达了那个开仓点附近，在自己能接受的前提下，增加一点滑点是没问题，好多许投资者都应当有过这样的经历，就因为过于计较那一两个点而错过了一大波的行情。

内部学员孙文涌：

的确是这样的，开仓时因为贪图一两个点，而错过一大波行情；出局时因为还想再贪那一两个点，结果利润大幅回吐；止损时还因为计较那一两个点，结果大败而归。听了您的话以后便不会再刻意去计较这些了，能精确到某一个点的，最好；若不能，扩大一两个点也可以允许。

陈助教：

通过上面的学习，相信您已掌握了布林线中轨压力的卖出方法，下面我来提问您回答。图2-26中甲醇2005合约2020年2月12日1分钟走势中价格波动时的趋势如何？

图2-26　甲醇2005合约2020年2月12日一分钟走势图

内部学员孙文涌：

甲醇布林线中轨趋势向下，并且价格始终位于布林线中轨的下方，说明价格的空头性质非常明显，这种走势应当坚定地顺势进行做空操作。

陈助教：

那在下跌途中应当在什么位置开仓做空？

内部学员孙文涌：

如果价格在下跌过程中出现反弹走势，可以在价格触及布林线中轨的时候做空。正常情况下价格会保持下跌、反弹再下跌的走势，所以反弹到布林线中轨位置时是比较理想的做空点。

陈助教：

为什么要在布林线中轨处进行开仓做空呢？选这个卖点是什么原理？

内部学员孙文涌：

价格形成明显的下降趋势后，只要反弹出现，很容易受到压力产生回落，布林线中轨因为是平均化的持仓成本，因此具备压力与支撑的作用。一阳老师曾说过：凡涉及成本概念的，都会产生支撑或压力作用，虽然中轨并不直接体现成本，但也与成本有较为紧密的关系。所以在价格下跌的时候，一旦反弹到布林线中轨处，压力作用就会体现出来，促使价格出现回落。选择卖点的原理利用的是布林线压力作用。

陈助教：

在反弹出现时，价格形成什么样的特征会使下跌的概率增大？

内部学员孙文涌：

反弹出现时如果成交量明显萎缩，价格继续下跌的概率会增大。

陈助教：

这个方法看来您已经掌握了，开仓处的量能细节也都清楚。刚才谈的是只针对单一品种的操作方法，在实际操作过程中，我们不可能只关注某一个品种的变化，需要结合相关品种的变化以及整体市场的情况进行分析。假如相关品种当天都出现了下跌走势，或是整体市场是非常明显的空头市场，使用布林线中轨压力方法进行做空的成功率就会进一步提高。

内部学员孙文涌：

假如整体市场处于多头普涨状态，某一个品种形成下跌走势并在下跌时受到布林线中轨压力时，是不是最好放弃呢？我觉得这样操作可以避免整体市场上涨对目标品种的影响。

陈助教：

很正确。不过如果整体市场偏多普涨的时候，大家就不要逆当天的多头势头进行做空了，应当顺势做多。操作的多了，以后大家就会对此深有感受，有时一个很好的做空形态出现，开仓之后却要止损出局，很多时候并不是这个形态有问题，而是当时的市场整体氛围不对，这是我们在操作时需要注意的。

图2-27　黄金2006合约2020年1月21日1分钟走势图

在黄金2006合约2020年1月21日1分钟走势图中（图2-27），下跌彻底结束后，价格逆转为了上升趋势，一旦上涨形成，价格必然会在中途出现各种各样的调整形态，而每一次调整的出现对于空仓的投资者来说都是一次大好的介入时机。图中黄金的调整有着怎样的技术特征呢。

内部学员孙文涌：

价格调整时最明显的变化就是成交量相比之前下跌时的量能萎缩了，也说明此时做空的资金数量大大减少。失去了资金的推动，价格也就难以跌下来了。

陈助教：

在短周期K线图中，成交量的变化对价格的波动起到影响作用。上升趋势形成的情况下，调整的缩量是最为关键的，既然空方资金没有力量，那价格自然会延续当前的趋势向上。除了量能的因素，此时还有什么样的技术特征呢？

内部学员孙文涌：

价格的调整低点受到了布林线中轨的支撑，到中轨的点位正好停住了，由于下影线正好跌破了中轨，因此，投资者完全有机会于中轨的价位顺利成功开仓。

陈助教：

价格的波动多会保持三段式运行，即：上涨、调整、再上涨，当调整的低点明显受到支撑时，价格便会进入第三阶段——再上涨的环节，但如果价格涨不上去，那中轨的支撑也往往会失败。所以，当上升趋势形成时，价格一旦回落到中轨，暂且相信它的支撑能够成功；若中轨撑不住，再找机会进行止损就可以了。而一旦支撑成功，再上涨的环节往往会带来一波利润可观的行情，止损并不会很大，盈利却很大，所以，在中轨这个位置入场从盈亏比的角度来讲是有保障的。

内部学员孙文涌：

这个案例其实很有代表性。价格的下影线点了一下中轨便涨了上去，在操作时如果一时分了心，或是手慢了，这个机会就要错过了。

陈助教：

的确是这样的，当价格临近中轨的时候，一定要全神贯注，并盯紧中轨的价格，若价格距离中轨有一两个点的差距时也可以直接开仓，如果中轨没开成价格涨上去了，也可以在刚刚上涨离开中轨一两个点的时候入场。开仓时，最好是中轨处这个最精确的价格，也可以是中轨附近的某个小区间。

锰硅2005合约2020年2月4日1分钟走势形成了连续震荡上涨的走势（图2-28），通过之前的学习，这个案例的走势就由你来全程讲解吧。

内部学员孙文涌：

价格在调整之前形成了一波放量上涨行情，正常情况下，越是强势的上涨，后期上涨趋势的延续性越好，所以价格一旦出现调整，绝对不能轻易做空，而是应当积极地找机会做多，除非整体市场的上涨力度有减弱迹象，并且价格已经连续上涨好几波。

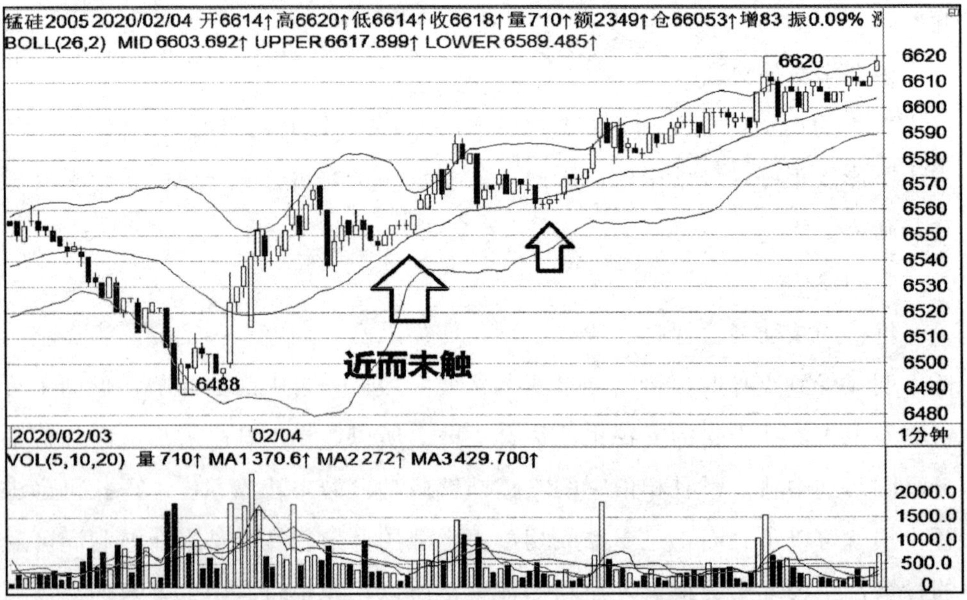

图2-28　锰硅2005合约2020年2月4日1分钟走势图

陈助教：

首先确定目标品种走势方向与确定操作方向，这是分析的第一步。

内部学员孙文涌：

价格上涨后会出现正常的调整。调整正常与否就看支撑是否可以发挥作用，那些上涨后持续回落的走势，支撑位都是失败的，因此，支撑有效与否决定后期是否会继续上涨。

陈助教：

用支撑的方法判断价格上涨真实性的思路，是正确的。上涨后价格如果转势回落，支撑位会变得非常脆弱。

内部学员孙文涌：

价格调整到布林线中轨附近时下跌便停止了，指标的支撑作用开始体现，因此，可以在这个点位进行做多操作。

不过有个问题，这个案例中价格调整只是碰到中轨而未跌破，此时能不能成功开成仓就得看运气了，不像上一个案例跌破中轨可以保证开仓成功。

陈助教：

对于这种正好碰到中轨的案例，中轨一旦开仓失败，就要马上撤单而后高挂一两个点再次进行开仓，这样就可以万无一失了。

内部学员孙文涌：

价格上涨的时候成交量连续放大，而调整时明显萎缩，量能状态支持趋势延续。第一次调整完毕后，价格突破前高点后第二次进行调整，成交量同样明显萎缩，而且布林线中轨支撑依然强劲，只要中轨方向不变，就存在再次做多的机会。

陈助教：

第二次价格碰到中轨时情况就不同了，K线围绕着中轨震荡了一下，并且低点还小幅跌破了中轨，因此，保证了可以顺利开仓。

内部学员孙文涌：

这种方法其实很容易掌握，并且非常实用，因为价格上升趋势形成之后必然会有调整，下降趋势形成之后也必然会有反弹，只要调整或反弹到达了中轨就可以开仓。此操作利用的是上升趋势中轨的支撑作用与下降趋势中轨的压力作用，真是顺势操作的典范。

第八节　双红双绿中途买卖技巧

内部学员董明哲：

我最近买了两本一阳老师2006出版的股票投资技巧的专著，发现早在2006年，老师就研发出了趋势监控指标，只不过那时老师是用这个指标进行股票操作的。

姚助教：

趋势监控指标如果我没记错，老师2004年就研发出来了，2005年正式用于实战操作了。2006年，老师出版的股票书中为大家介绍了这个好方法。如今，趋势监控指标不仅可用于股票交易，还可用于选股确定买卖点、持仓，以及期货操作。

内部学员董明哲：

真理放之四海而皆准。我记得一阳老师曾说过，他的方法不管是做股票还是期货，不管是国内的交易品种还是国外的交易品种都适用。方法能适用，指标也就自然适用了。并且这个指标经受了市场15年的考验，至今依然可以很好地发挥作用。

因为我刚刚使用，所以，还需要熟悉一下它的使用技巧。所以，想让您教我一下趋势监控指标的实战使用技巧。

姚助教：

趋势监控指标在软件图示中有两种颜色，红色与绿色，红色是多头状态，在指标K线第一次翻红时应当做多，持续保持红色状态则是持仓信号，翻绿后应止盈出局。绿色是空头状态，在指标K线第一次翻绿时应当做空，持续翻红则持续持有空单。同时，指标还有一个通道，在趋势向上时，中轨持续保持紫红色状态；趋势向下时，中轨保持绿色状态。

不过，鉴于本书是单色印刷，显示不出颜色区别，所以，在此把红色的指标K线显示为空心K线状态，绿色的指标K线显示为实心状态，简而言之，指标K线空心就是多头，指标K线实心就是空头。

内部学员董明哲：

那指标K线的颜色与实际走势K线的阴线或阳线有关系吗？

姚助教：

没有任何关系。指标空心或红色是多头状态，不管价格是阴线还是阳线。同样，指标实心或绿色是空头状态，也跟K线到底是阴线还是阳线无关。指标反应的是价格多空状态，而不是涨跌，这一点一定要加以区别。

内部学员董明哲：

那能不能这样理解呢：指标翻红就做多，指标翻绿就做空？这样多空的机会都可以抓住，获利幅度岂不更大？

姚助教：

我们就是这样操作的，只不过大家刚用这个指标，要有一个熟悉过程，所以，指标翻红就做多、翻绿就做空的方法并不适合刚接触到它的朋友。对于刚接触到色的朋友来讲，应当使用双红买点与双绿卖点来操作，这种操盘方法更容易掌握，哪怕是什么都不懂的零基础新手，也可以马上上手实战操作。

内部学员董明哲：

那什么是双红买点与双绿卖点呢？

姚助教：

双红买点的要求是：中轨全程保持红色，任凭价格如何调整，中轨都一直是红色状态，绝对不能变色，这是一红；在中轨全程红色的前提下，价格结束调整后指标K线第一次翻红，此二红。一旦发现双红买点出现，便可以入场做多了。

双绿卖点的要求为：中轨全程绿色，价格反弹结束之后，指标K线第一次翻绿，此时双绿出现，便可以入场做空。

内部学员董明哲：

指标全程红色或全程绿色，说明价格已经形成了明确的上升趋势或下降趋势，这是顺势交易。确定了操作方向之后，指标K线第一次翻红或翻绿就应抓介入点吧。

姚助教：

正是如此。趋势向上，指标K线翻红便意味着新一轮上涨有可能出现，而指标K线第一次翻红就是起点，所以应当入场做多。做空也是这个道理。下面结合具体案例进行讲解。

在铁矿2005合约2020年2月20日2分钟K线走势图中（图2-29），价格出现了震荡上涨走势，只要不是突然性快速拉升，只要上涨中途出现调整，就会极高概率出现双红买点。

内部学员董明哲：

在这个案例中，中轨向上的方向还是很明显的，虽然在咱们书上单色印刷的图示中看不出中轨颜色，但看中轨方向就行了。

姚助教：

以前一阳老师讲课时，在演示图例中让中轨也带上颜色，就是为了在中轨平缓的时候，也可以从颜色上区别出当前价格的方向。如果中轨向上或向下方向明确，那么，颜色也就不太重要了，颜色就是为了视觉上好辨认。

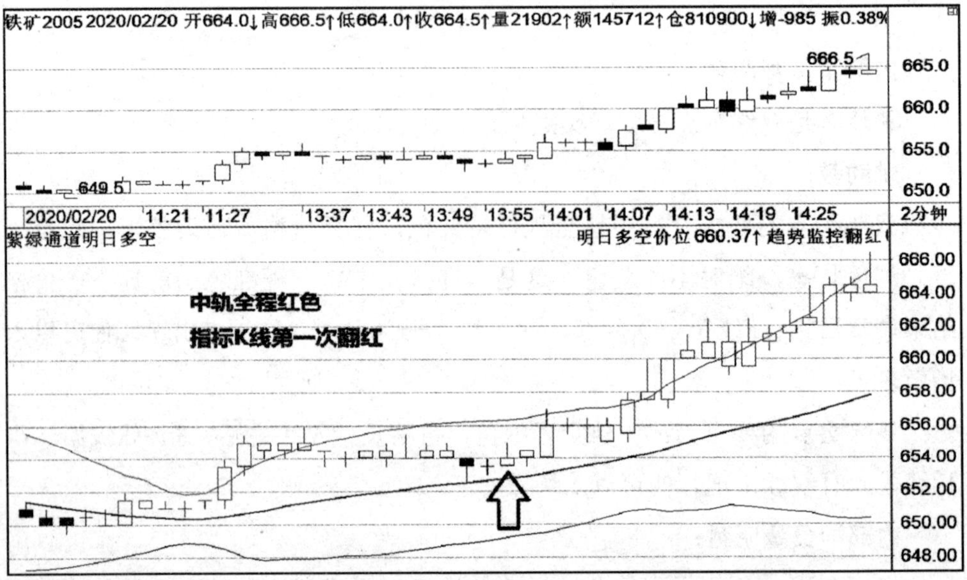

图2-29　铁矿2005合约2020年2月20日2分钟K线走势图

如果此时中轨全程红色多头状态，那么，随着价格的调整指标形成了实心的绿色空头状态，可以做空吗？

内部学员董明哲：

不行，因为在指标翻绿形成实心时做空就逆势了，中轨向上呈现红色状态时，一定要顺势做多。

姚助教：

中轨红色这是一红。价格调整会使得指标形成实心翻绿的状态，而后一旦调整结束，指标将会再次翻红，由于这是调整翻绿之后的第一次翻红，因此，就是买点，它意味着调整有可能的结束，以及未来有可能出现上涨行情，第一次翻红是起点，在此需要入场做多。

内部学员董明哲：

中轨全程红色，指标调整后第一次翻红，两红出现就可以做多了。既做到了顺势，又抓到了上涨的起点，这个介入点位真是好。

姚助教：

做多之后，如果指标一直保持空心红色多头状态，那就可以一路持仓，什么时候指标翻绿了，什么时候止盈出场就可以。

内部学员董明哲：

方向提示了，介入点提示了，怎么持仓提示了，怎么出场也提示了，实战必需的要素信息全部具备。并且方法如此简单，只看这一个案例就明白该怎么去操作了。

姚助教：

在橡胶2005合约2020年2月14日至17日2分钟K线走势图中(图2-30)，价格出现了多次调整的走势，其实，只要上升趋势确立，调整的出现不仅不是风险，反而容易给投资者带来中途入场的机会。

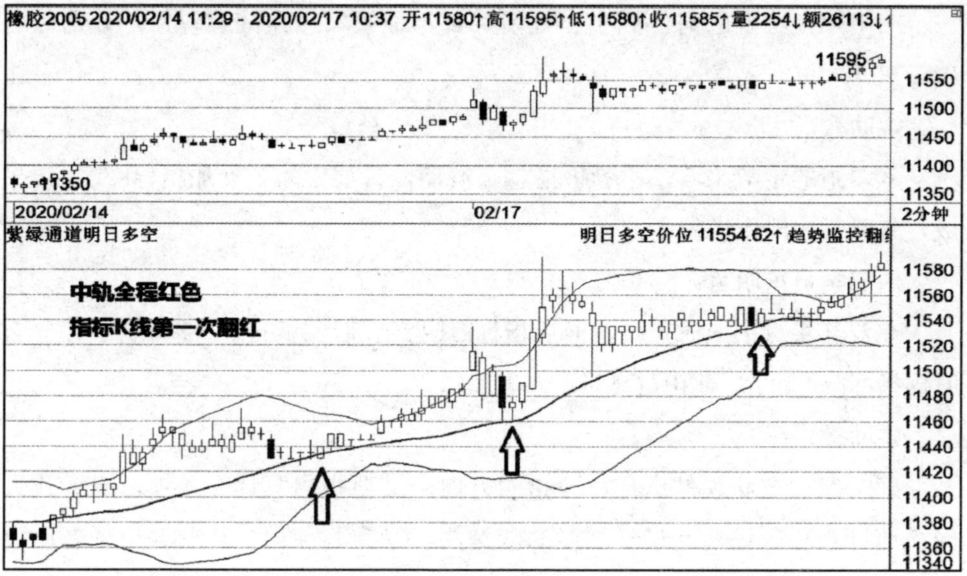

图2-30　橡胶2005合约2020年2月14日至17日2分钟K线走势图

内部学员董明哲：

我觉得我已经掌握双红买点的要领了，所以这一次由我来讲解案例吧。先说方向，在价格上涨时，通道中轨始终保持着上升趋势，不管价格如何调整，中轨向上的趋势都没有变。

姚助教：

在实战操作时，如果顺势都不能轻松赚钱，那其他方法更没可能了，所以，实战的第一要务就是判断操作的方向，始终跟着趋势类指标走肯定没错。

内部学员董明哲：

方向确定之后，就要确定介入位了，这个时候可以等待指标K线的第一次空心K线翻红。

姚助教：

价格的连续调整往往会使指标K线形成实心翻绿现象，这个时候的翻绿是不能做空的，因为与方向相背，所以，一定要顺势等待指标K线再次翻红。而此时指标K线翻红也给未来指标K线的第一次翻红提供了机会，只有翻绿才能对比出第一次翻红的买点。

内部学员董明哲：

在中轨全程红色时，图中三处箭头都形成了第一次翻红现象，分别对应着三次介入位。

姚助教：

从图中的走势来看，不管价格怎么波动，只要中轨一红加指标K线二红形成，就要坚定地入场做多。

内部学员董明哲：

在双红买点形成时入场，而后指标K线持续翻红就可以一路持仓了，什么时候指标K线翻绿，便止盈离场。

姚助教：

好的操盘方法就是这样，要指明方向，又要指出具体介入点，更要让人轻松地持仓和出场，而最最主要的就是易于学习与使用。相信各位读者朋友对什么是双红买点已经明白了吧，如果有机会，可以马上投入实战体会一下双红买点获利的威力！

在IF2004合约2020年3月18日1分钟K线走势图中(图2-31)，价格形成了持续下跌的行情，绝大多数的下跌走势都是震荡式下跌的，只要价格下跌中途形成了反弹，就要密切留意双绿卖点的出现。

内部学员董明哲：

通道中轨向上则使用双红买点抓多单机会，中轨绿色向下则要使用双绿卖点抓空单；始终与通道中轨保持一致，绝不要逆势操作。我想，老师在下降趋势时让K线始终保持绿色，就是为了更明确提示投资者别乱做多，视觉效果的提示作用真是很重要啊。

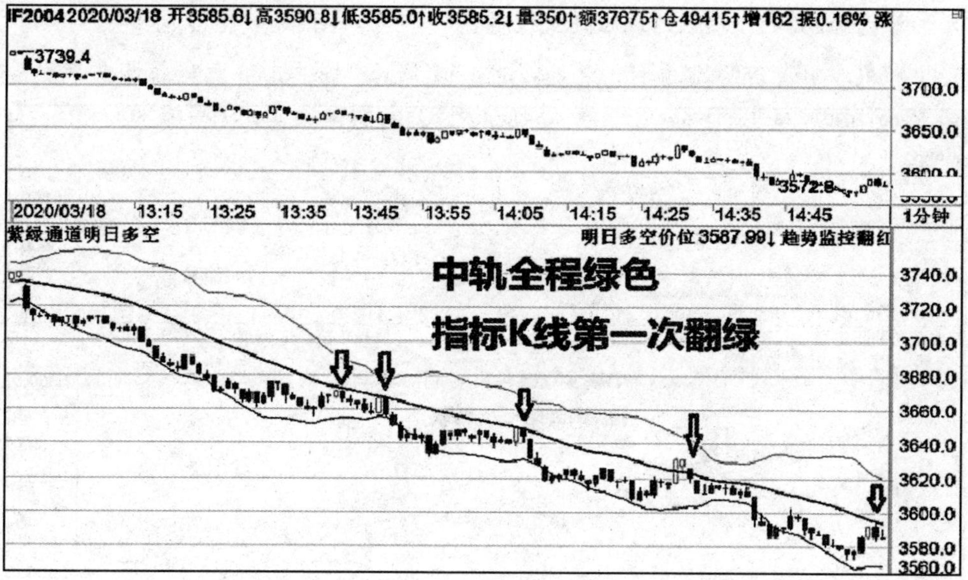

图2-31　IF2004合约2020年3月18日1分钟K线走势图

姚助教：

看到指标连续空心绿色状态，就不会因为价格收出阳线而想做多，视觉影响心理，进一步影响交易行为。在指标持续绿色时，你可以不做空，但绝对不能在一片绿色之中企图做多，这样一来，至少逆势的风险就大大化解了。

内部学员董明哲：

方向确定之后，价格反弹使得指标K线翻红，由于通道中轨是向下的，所以此时的翻红绝对不能做多，一定要等待指标K线重新翻绿时再入场做空。

姚助教：

一轮下跌的行情，从指标的角度来讲，做空点只有一个，那就是第一次实心翻绿的点位。连续翻绿是持仓信号，而不是介入信号，这一点大家一定要注意。

内部学员董明哲：

从图中的走势来看，只要学会了双绿做空的方法，就不愁下跌过程中没有机会入场。先后五次做空的机会一直提示到了收盘，不管价格位置怎样，卖点都有着统一的技术特征：中轨全程绿色，指标K线第一次翻绿。

姚助教：

苯乙烯2005合约2020年3月18日2分钟K线走势(图2-32)与前几个案例有一致的形态，也有着明显的不同之处。先来说一下一样的走势意味着什么吧。

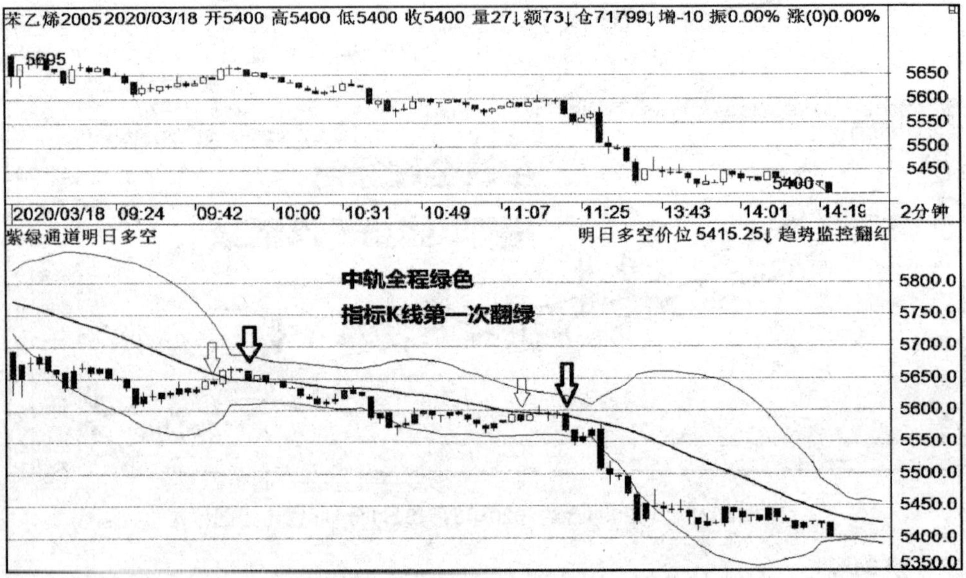

图2-32　苯乙烯2005合约2020年3月18日2分钟K线走势图。

内部学员董明哲：

价格下跌的时候，通道中轨始终保持着向下的态势，这就要求投资者一定要顺势进行做空操作，在中轨持续绿色的时候，任何做多操作都是错误的。

姚助教：

只要方向不错，便不会有大风险；只要方向不错，就更容易抓住大的盈利机会。

内部学员董明哲：

在中程绿色的时候，两处大箭头处形成了标准的双绿卖点：中轨全程绿色，一旦指标K线反弹结束后第一次翻绿，便可以入场进行做空操作。

姚助教：

两处大箭头的双绿卖点想必大家都应当可以理解其技术特征了，而两处小箭头是什么样的意思呢？应当如何操作？

内部学员董明哲：

两处空心箭头也是双绿卖点，只不过它们并没有成为一轮下跌行情的起点，实心绿色的指标K线只保持了一根的形态走势价格便继续反弹了，这两处小箭头是两次失败的双绿卖点。

姚助教：

中轨全程绿色的情况下，指标K线第一次翻绿做空后，一旦价格反弹形成了翻红的走势，就需要进行止损操作了。从图中看，风险大吗？

内部学员董明哲：

并不大。也就是一根小K线的亏损空间而已，而这样的风险就算是满仓也完全可以承受。

姚助教：

一阳老师一直提倡用小亏损换大收益，而双红买点与双绿卖点恰恰体现了这种思想精髓：抓就抓价格再次下跌的起点，一旦形态成功就是一大波行情，即使形态失败也只是一根K线的亏损，用一根K线的亏损换一大波十几根几十根K线的收益，这样坚持下来又怎会不盈利？

内部学员董明哲：

虽然刚刚接触这种趋势监控指标，但已明白了双红买点与双绿卖点的操作技巧，现在非常有信心——双红双绿，真是顺势交易的典范！

第九节　突破战法

姚助教：

突破走势是K线变化过程中必然见到的技术形态。价格想要不断上涨，就要不断向上创新高形成突破；想要持续性下跌，也必须不断向下创新低形成突破。所以，突破是价格波动过程之中绝对绕不过去的一道槛。

内部学员朱欣颖：

我比较喜欢做突破，因为我觉得这是最明显的顺势行为。虽然逢低做多也比较好，但总是过不了心理这一关，价格上涨中途看着出现回落，总担心调整最后演变成下跌。而突破就不一样了，本身趋势向上，再创新高说明价格要继续上涨，这个时候心理负担比较轻。

姚助教：

一阳老师曾说过：交易是技术+心态，如果价格走势符合要求的操作形态，但是却过不了心理这一关，不敢操作，或是下单时心里没底，那就不要开仓了。什么时候技术形态符合要求，同时，心理上可以完全轻松接受，此时就是绝佳的操作机会。

您喜欢做突破，那就没必要使用别的方法，以免自己交易时背负沉重的心理负担，把精力放在突破上就可以了。

内部学员朱欣颖：

通过老师团队开设的内部学员账号，我获得了赠送的趋势监控操盘指标，但我发现指标翻红或翻绿的时候，都不是突破位，那用老师的趋势监控指标可以进行突破的操作吗？

姚助教：

当然可以进行突破操作了，只不过运行原理不一样。双红双绿运用的是趋势监指标在方向明确时第一次翻红或翻绿的介入点，抓的是一轮行情的起点。而突破操作就不一样了，不管是谁进行突破操作，都肯定是在价格越过前高点的时候入场，所有突破操作的介入位都是绝对统一了。所以，在突破操作上，趋势监控指标并不针对买点发出信号，用的还是价格向上创新高越过前高点时入场多单，价格向下创新低时跌破前低点入场空单。

内部学员朱欣颖：

介入点不依靠趋势监控指标，那是不是可以用指标进行持仓呢？

姚助教：

正是如此。以多单为例，价格向上突破前高点之后，入场进行做多的突破操作，介入之后便可以盯着趋势监控指标了，只要指标一直保持空心红色状态，便可以一路持仓；一旦指标形成实心翻绿现象时，便可以止盈平仓多单了。

内部学员朱欣颖：

那如果多单突破操作之后形态失败，价格出现了下跌，又该如何进行止损操作呢？

姚助教：

止盈使用趋势监控指标实心翻绿的信号，止损当然也是一样了。在突破点介入多单之后如果价格没有上涨，只要趋势监控指标形成实心翻绿现象，就可以进行止损操作了。

内部学员朱欣颖：

也就是说，在突破点介入多单之后，只要趋势监控指标形成实心翻绿的现象就要出场。如果价格涨起来了就是止盈出场，如果价格跌下来了就是止损出场。

姚助教：

正确。虽然开仓点使用的是传统操作手法，但开仓之后的所有操作都可以跟着趋势监控指标信号走：突破多单介入后，只要指标实心翻绿就出场，此时可能是止盈出场，也可能是止损出场；突破点空单介入后，只要指标形成实心翻红信号就出场，此时空单可能是止盈出场，也可能是止损出场。

内部学员朱欣颖：

听了您讲解，觉得这个方法真不难，我已经听懂了，请您结合具体案例再讲解一下，以便加深印象。

姚助教：

在黄金2006合约2020年2月13日1分钟K线走势图中(图2-33)，价格出现了一轮震荡上涨走势，绝大多数情况下，震荡上涨出现时，有利于投资者寻找双红买点的介入机会，但在该案例中，价格调整时间短并且回落幅度很小，所以，中途的两次调整根本没有给出双红买点机会。如果没有逢低做多的机会，该怎样操作呢？

内部学员朱欣颖：

一阳老师在公开课中讲过：如果没有逢低做多的机会，就要使用突破操作了。

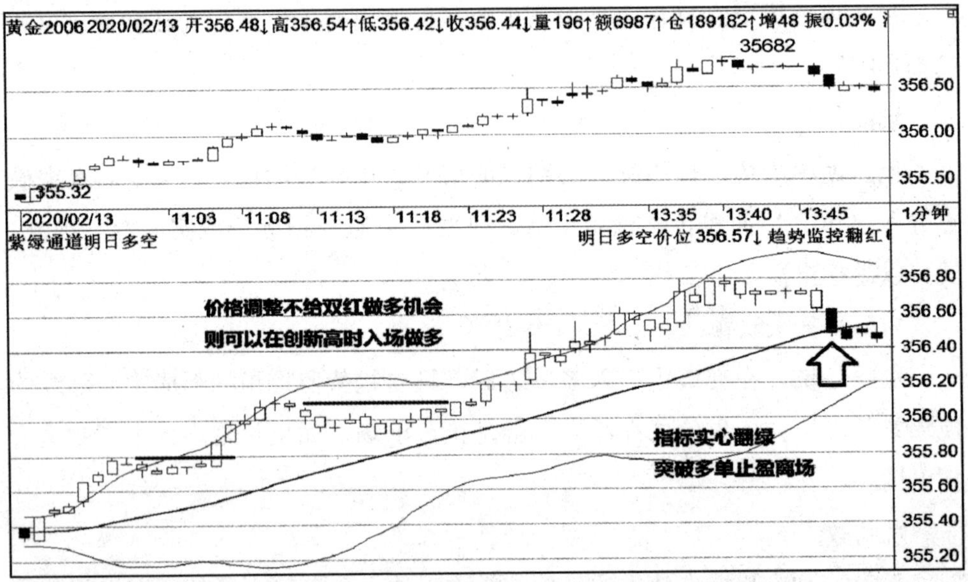

图2-33　黄金2006合约2020年2月13日1分钟K线走势图

姚助教：

在顺势交易的时候，有三类操作手法，一是逢低做多，这是在趋势形成以后捉调整低点的；二是突破，它是抓调整结束的起点涨的；三是追涨，但不建议大家这样做，因为很容易把心态搞乱，追来追去没有章法。其中，逢低做多形态属于常见形态，经常会见到，但并不是必见形态，所以，有时价格虽然调整了，但并没有好的介入机会，在没有逢低做多机会时，就需要使用突破战法。

内部学员朱欣颖：

从图中的走势来看，两次调整暴露出了两个高点，在价格突破这两处高点的时候就可以入场开多单了。

姚助教：

入场开多单之后，趋势监控指标全程保持着空心红色状态，这意味可以一路持有多单。第一次突破点入场后，在第二次突破时指标依然翻红，所以，此时要继续持有，并且还可以加仓操作。而后一次到了次高点位置时，趋势监控指标形成了实心翻绿走势，这个时候就需要平仓多单。不管是在第一次突破位进行的操作还是在第二次突破位进行的操作，都应当在指标实心翻绿时出场。

内部学员朱欣颖：

也就是说不管在什么位置开多单，虽然开仓价格可能不一样，但是出场点位是一样的，都是在趋势监控指标翻绿时出场。这种方法果然简单，一学就会。

姚助教：

在原油2005合约2020年3月19日1分钟K线走势图中(图2-34)，价格上涨虽然是震荡式的，但是由于调整都很小，所以，趋势监控指标一直保持空心红色的持仓状态。这对于持有多单的投资者来说非常好，持仓没有任何压力，指标不翻绿一路拿着就可以。但对于还没有开仓的投资者来说，这样的走势就难受了，因为没有双红买点的做多机会。

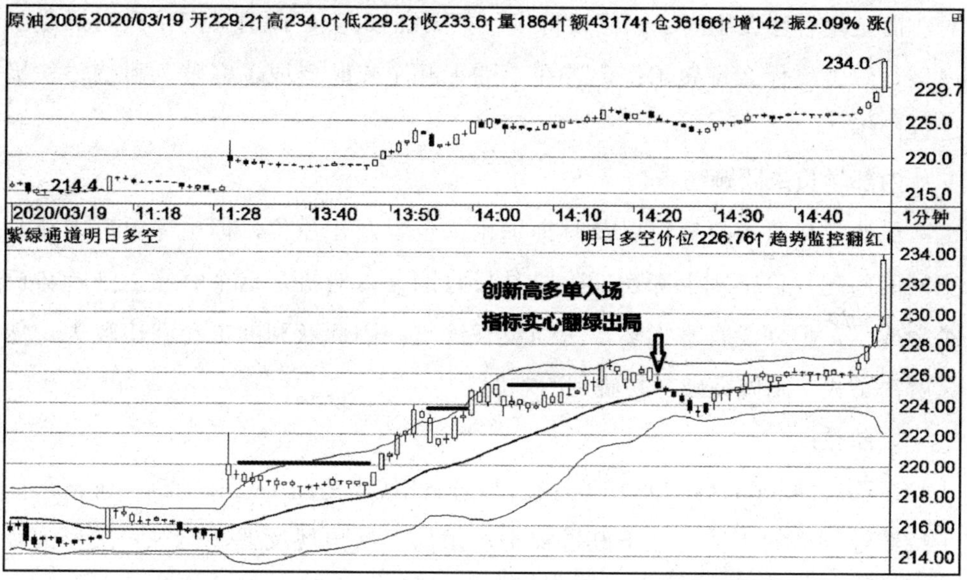

图2-34　原油2005合约2020年3月19日1分钟K线走势图

内部学员朱欣颖：

虽然没有逢低做多的双红买点做多机会，但完全可以使用趋势监控指标的突破战法进行操作，这样一来，价格调整就在低点抓住它，价格若要上涨，就在刚创新高的起涨点抓住它。

姚助教：

突破操作有一个特点，那就是之前的高点是事先存在的，不会随着时间的推移而变化，这是追踪趋势类方法所不具备的优点，比如双红买点指标就不可能事先知道买点在那里，只有形成了才可以发现。因此，根据这一特点，在价格还没有突破之前，便使用条件单提前设置介入点位，一旦价格到该点位，就可以自动完成开仓操作。

内部学员朱欣颖：

进行突破操作的时候，是不是不用管价格怎么走，只要形成突破就做，然后指标形成实心翻绿信号便出局呢？

姚助教：

理论来讲可以这样，但在实际操作时，价格上涨肯定会有尽头，所以，对价格已经有了好几波上涨之后再形成的突破，还是不做为宜，不是形态不对，而是没有什么空间了。假设价格一共要涨100点，此时在95个点时形成了突破，做就没什么意思了；但若在上涨十几个点时形成了突破，那就要积极进行操作。

内部学员朱欣颖：

虽然趋势监控指标可以及时提示止损位以及止盈位，但也需要考虑获利空间的问题，价格刚上涨初期阶段是最好的介入时机，这个时候上升趋势已经形成了，但并没有涨太多，空间没有透支，因此获利的机会就比较大。您又解决了我一个做突破容易碰到的难题。

姚助教：

在乙二醇2005合约2020年3月12日1分钟K线走势图中（图2-35），价格形成了持续性下跌的走势，在下跌过程中，虽然多次出现反弹，但每一次反弹幅度都非常小，这就让想逢高做空的投资者很难下手了。

内部学员朱欣颖：

价格反弹幅度小是不是意味着多方力量弱，因此，后市继续下跌的概率将会比较高？

姚助教：

反弹幅度小说明多方力量弱，下跌之后无力与空方相抗衡，多弱则空强，因此，继续下跌的概率较大。如果手中有持仓的，则可以放心大胆继续持有；但若手中没有持仓的，这种形态除了使用突破战法外，没有其他好的介入位。

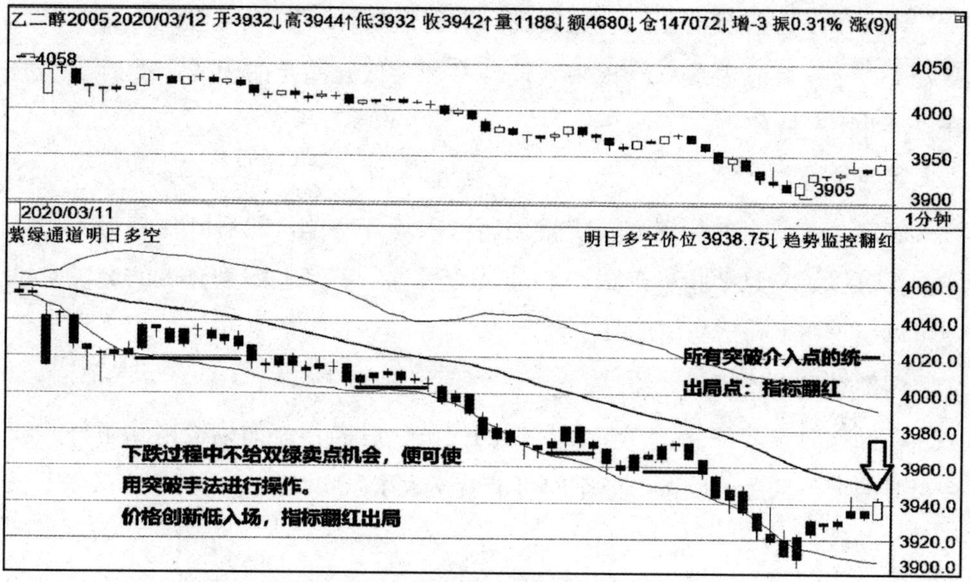

图2-35　乙二醇2005合约2020年3月12日1分钟K线走势图

内部学员朱欣颖：

所以说，价格想要继续下跌，就要创新低，突破操作就是最后一道拦截网，让机会跑不掉。

姚助教：

由于前低点事先存在，因此，盯住价格向下创出新低的那一刻入场就可以。

内部学员朱欣颖：

突破的时候，前低点有的时候是一根阴线，有的时候是一根低开的阳线，有的K线还带有上影线，这该怎么取值呢？我看有的地方说下影线也可以，想听听您的建议。

姚助教：

在确定前低点突破位时大家要注意，下跌趋势中，找出来的最后那一根阴线，它的收盘价就是突破的取值点；上涨时则要找出最后一根阳线，它的收盘价就是多单突破的点。影线就不要看了，有的长，有的短，不仅对操作没有参考，有时还会增加干扰。

内部学员朱欣颖：

明白了。之前我的取值就比较乱，有时取实体，有时取值线，看来以后要统一：下跌就盯着最后一根阴线，不必理会低开高走的阳线，此时阳线的开盘价并不是取值点。

姚助教：

确定了前低点的位置后，价格创新低入场开空单，然后盯住趋势监控指标就要可以了。只要指标形成空心翻红的信号，不管在哪里介入的突破空单便可以统一在平仓信号出现时出场。

内部学员朱欣颖：

在操作时也要注意，尽量在早期的突破位时操作，如果价格跌了好几波后形成的突破虽然可以做，但空间可能就不大了。

姚助教：

在PTA2005合约3月12日2分钟K线走势图中(图2-36)，价格的反弹就比刚才几个案例要好了，反弹的幅度在合理的范围内，又略微点高，从而下跌过程中有了好几次双绿卖点的机会，这样就给投资者提供了极好的逢高做空卖点。

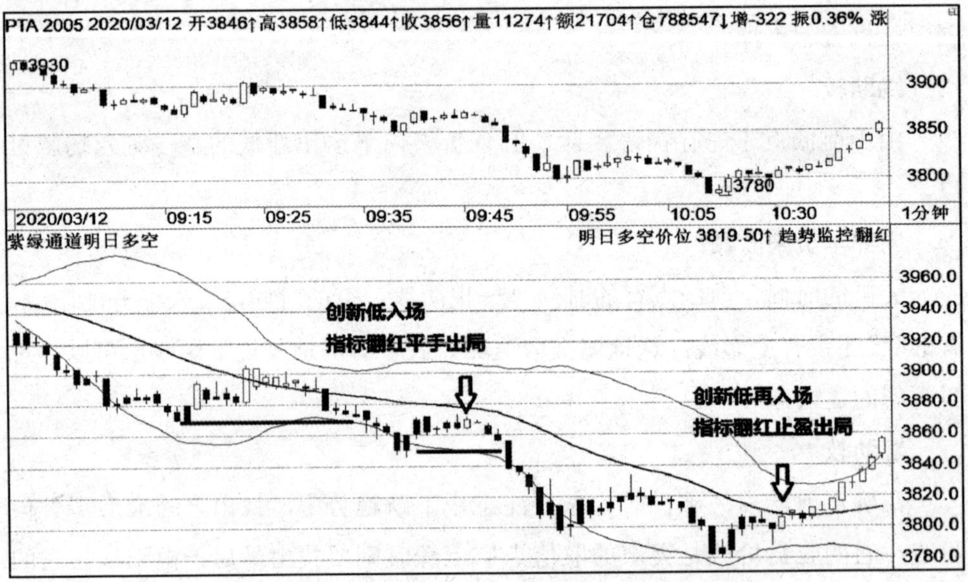

图2-36　PTA2005合约3月12日2分钟K线走势图

内部学员朱欣颖：

从图中的走势来看，逢高做空的介入位的确比突破的介入位低，只可惜我就是克服不了心理关，总害怕反弹不断延续从而转为上升行情。

姚助教：

有了指标的帮助，其实你可以尝试一下双红买点或是双绿卖点的操作。假如价格一直会反弹并转为上涨，那指标肯定不会翻绿给出做空点啊，这个时候，你也就不会提前入场做空，何来风险？反之，价格调整时，指标会一直保持实心绿色状态，这种情况下你也不会入场做多，就算它转成下跌，也不会给你带来亏损。这就是好工具带来的巨大帮助。若没有好工具的帮助，那就不好确定在哪里操作，也存在介入过早的问题，才会发生你担心的事情。

内部学员朱欣颖：

您说的的确有道理。以前没有一阳老师提供的指标做帮助，进出都没有统一的，介入点是散乱的。现在来看，有了指标的帮助，进出信号都统一了，交易理由也一致，行为就不会乱了，看来，在继续练好突破的前提下，我也可以尝试一下逢高做空、逢低做多的双红双绿操盘技巧了。

姚助教：

假如双绿卖点做空之后又碰到了突破做空点，则可以继续加仓，开仓之后就简单了，只要趋势监控指标没有形成空心翻红迹象，不管在哪里开仓都可以继续持有。

内部学员朱欣颖：

从图中走势来看，第一次反弹时有双绿卖点，而后有突破卖点，到第二次反弹位置时，指标翻红了，这个时候，第一次双绿卖点是有盈利的，但突破操作因为持仓成本低，所以平手出场。

但出场后很快又形成了双绿卖点，继续入场操作，之后价格下跌形成了第二次突破，也可以入场操作。然后便可以一直持仓到低位指标再次翻红时，这一次不管什么卖点全部是止盈出场的。

姚助教：

价格第三次反弹之后其实也形成了突破走势，这个位置的突破形态是标准的，只不过由于之前价格已经跌了不少了，未来还能有多少下跌空间就不好说了，所以，因为位置不好就需要主动放弃了。不是所有的形态都适合操作，位置是第一因素，好的位置加好的技术形态，盈利概率就会大大提升。

内部学员朱欣颖：

以前做突破，介入点的参考点会乱，形态失败后的止损也乱，一会止损大了，一会止损小了；持仓更乱，操作起来完全没有章法。通过学习，解决了突破操作的许多问题，介入点统一了，怎么持仓、怎么止损、怎么止盈全部都统一了。趋势监控指标起到的作用就是统一持仓与入场、出场的交易理由，交易理由不乱，我相信未来的操作情况肯定会大大的改观！

第十节　抄底摸顶技巧

姚助教：

之前为大家交流了两个如何使用趋势监控指标进行顺势交易的技巧，无论是双红双绿买卖技巧还是突破技巧，都非常简单。如果您是有经验的老手，在好工具的帮助下，可以极大地简化分析压力，快速确定出介入点位；如果您是经验较少的新手，依靠好的工具也可以提高自己交易的能力。如果说综合投资素质是经验较少投资者的获利上限，那么，好的工具就是经验较少投资者的获利下限。有了好的工具，可以将您的获利下限与其他投资者拉开很大差距。

顺势交易的方法有了，接下来再为大家讲一个逆势交易方法，也就是如何使用趋势监控指标进行抄底与摸顶操作。

内部学员曹东升：

关于抄底摸顶操作一阳老师在周二、周四的公开课中曾经提到过：任何抄底摸顶操作都要结合MACD指标，加上这个指标便可以回避一些假底部，虽然并不一定次次都指示出真正的底部，却可以极大程度降低投资者逆势抄底摸顶的风险。

姚助教：

的确如此，使用趋势监控指标抄底摸顶的时候，MACD指标的作用就是寻找底部区间的，而趋势监控指标则是用以提示介入点、持仓与出局点的。这样的结合堪称完美，可以在很小风险的情况下帮助投资者抓住底部的起涨机会，而如果不是真正的底部，指标又会及时提示投资者出场，等待真正的底部到来时抓住大机会。而若底部形态失败，则只会亏损一笔小钱。

内部学员曹东升：

那具体如何使用这两个指标进行抄底与摸顶呢，还请老师详细讲解一下。

姚助教：

MACD指标的作用就是寻找底部或顶部区间，在价格连续下跌之后，MACD指标要求形成低点抬高迹象——是抄底要点；上涨之后，要求MACD指标形成高降低点迹象。如果一来就找到了顶部的区间所在，在MACD指标低点抬高的时候，对价格形态不做要求，价格可以是同步低点抬高的，也可以是破位形成底背离的。MACD指标高降低点时也是如此，不对价格形态做要求，只看MACD指标线是不是形成了高点降低。

内部学员曹东升：

指标找到顶底区间之后，该如何寻找介入点？

姚助教：

进行抄底做多的时候，一旦MACD指标形成低点抬高走势时，只要趋势监控指标出现空心翻红信号便可以入场做多，一旦指标翻绿便可以止损或止盈出局，或者可以结合一阳老师的持仓策略进行持有。

在摸顶做空的时候，一旦MACD指标形成高点降低迹象时，只要趋势监控指标出现实心翻绿信号时便可以入场做空，一旦指标翻红便可以离场。

内部学员曹东升：

听您一讲感觉抄底摸顶好像很简单，先找到底与顶的区间，然后再根据指标的信号入场，减少了操作的盲目性。以前抄底摸顶都靠猜、靠感觉，觉得差不多了就入场，赚了也容易早早离场，亏了也不知道该怎么处理。现在要开始按您讲的尝试规范性的操作，请老师结合几个案例进行讲解以便更详细地了解如何正确地抄底摸顶。

姚助教：

在螺纹2005合约2019年7月至12月K线走势图中（图2-37），价格连续下跌之后于低位形成了一个略微左低右高的W底形态，如果使用其他的抄底方法，这种走势仅依靠KD指标也可以操作。不过，在咱们交流的方法中，价格如何波动不必理会。你来说一下MACD指标在价格低位区间形成了怎样的走势。

图2-37　螺纹2005合约2019年7月至12月K线走势图

内部学员曹东升：

MACD指标在低位区间形成了低点抬高迹象，指标的低点抬高较价格更为明显，帮助我们找到了适合抄底的区间。

姚助教：

MACD指标低点抬高提示了适合关注的底部区间，而后就要看趋势监控的表现了。从图中的走势来看，指标第一次翻红时便是入场的时机，只不过这一次的入场盈利空间并不大，随后指标便翻绿了，为了防止风险，必须要先行离场。

内部学员曹东升：

很快指标便又形成了翻红走势，这个时候就要继续入场开仓是吧？

姚助教：

是的。在MACD指标低点抬高的区间——请记住，在这个区间之内，只要指标翻红便可以入场。趋势监控就是追随趋势多空变化的，底部区间到了，只要价格波动具备了多头性质，那自然要及时入场。

内部学员曹东升：

有的底部形成时，价格就直接涨了上去，这种情况下，指标形成空心翻红的信号入场就会收到立竿见影的效果。但是，有的底部可能会震荡，翻红后不久就会翻绿，此时可能进出几次才可以抓住一波底部行情。

姚助教：

的确是这样的。进出几次其实并不是什么问题，关键要看进出几次的代价有多大，如果这几次进出都是很小幅亏损，或是者平手出场，别说进出几次了，就是进出几十次也无所谓。获利的基础就是代价足够小，只要代价很小，一旦一波行情启动便可以马上实现巨大收益。

从后期走势来看，第二次介入后价格便走出了一大波行情，即使在底部数次进出，其盈利也绝对可以覆盖所有成本，依然可实现大的盈利。

内部学员曹东升：

看来抄底就是试错，因为抓的就是一轮行情的起点，所以，为了把握住这个起点，就需要付出一些代价，而这个代价是市场造成的，形态简单则没有代价，形态复杂就会有代价，但在正确方法的指导下，小亏这个核心是不会被动摇的。

姚助教：

焦炭2005合约2019年7月至12月K线走势跟螺纹有很大差别(图2-38)，但是也有相同的共性，你能看出这些技术细节吗？

内部学员曹东升：

焦炭的价格形成了创新低走势，而螺纹的价格并没有创下新低，这是两者的区别。而两者的共性就是MACD指标都形成了低点抬高的走势。

姚助教：

螺纹价格与MACD指标形成了一致的走势，两者都是低点抬高的形态。而焦炭价格与MACD指标则是形成了底背离的迹象。在抄底的过程中，其实螺纹的形态是要优先操作的，你能说出其中的技术依据吗？

图2-38　焦炭2005合约2019年7月至12月K线走势图

内部学员曹东升：

价格低点抬高说明多方力量大一些，空方无力再把价格打落下去，因为空方力量弱，所以更适合进行做多操作。

姚助教：

你回答得很正确。从多空力量的对比角度来讲，螺纹的确更适合操作。不过在咱们讲解的操作方法中，是不挑选走势，因为操作细节中并没有对多空力量的变化进行要求。只要符合MACD指标低点抬高的细节要求都可以操作。MACD指标形成低点抬高之后该如何介入呢？

内部学员曹东升：

只要趋势监控指标形成空心翻红信号便可以入场做多，而后指标形成实心翻绿信号便要离场。

姚助教：

图中指标第一次给出买入信号之后，很快便翻绿了，这个时候为了防止底部有可能的震荡或是下跌，必须要离场，因为这个时候，若脱离MACD指标只看形态，很容易形成双绿卖点，所以一定要小心。翻绿后很快又再度翻红，价格重新恢复多头形态，这个时候就要再度入场了。

内部学员曹东升：

与之前一样，价格震荡了一下之后便产生了一波大的上涨行情，若是因为第一次翻红信号很快出场而没有按接下来的信号去做，就会错过一大轮行情了。

姚助教：

底部是下跌终结与上涨开始的信号，所以，这个区间很多时候震荡的确会比较多，非常考验人的耐心，绝对不能因为一次操作没有成功，下一次就放弃了或是不敢做了。MACD指标就是找区间的，只要在这个区间之内，都可以在价格形成多头形态，指标出现空心翻红信号时入场做多。我们无法左右价格在底部如何震荡，但要想抓住后期的上涨行情，就必须执行底部区间见信号就做的原则，这样才可以抄到真正的底部起涨点。

图2-39　锰硅2005合约2019年9月至2020年3月K线走势图

在锰硅2005合约2019年9月至2020年3月K线走势中（图2-39），价格并没有形成多大的上涨便出现了下跌，由此可见，顶部是否形态跟上涨的幅度并没有什么关系，有的行情涨了一大波都不见得形成顶，有的行情就行锰硅一样没涨多少就见顶了。所以，大家在操作时一定要认准形态，虽然幅度越大形成顶部的概率也会随之提高，但这并不是必然，符合要求的形态出现是我们操作的唯一标准。

内部学员曹东升：

从锰硅的走势来看，好像也形成了标准的五浪结束，五浪走完正好见顶。

姚助教：

在五浪出现的时候，MACD指标高点形成了降低态势，价格与指标形成了顶背离的形态，顶部区间找到了，接下来该怎么做呢？

内部学员曹东升：

此时就要等趋势监控指标形成实心翻绿的现象了。一旦指标翻绿，便可以入场进行做空操作。

姚助教：

锰硅的走势比较简单，价格见顶之后就出现了下跌，走势干脆利落，这种走势摸起顶来是最舒服的，就算是价格震荡一下也没关系，因为代价是很小的，一轮行情中随便一根K线就足以抵平震荡过程之中数次进出成本了。

内部学员曹东升：

以前摸顶都是靠运气，运气好、价格下跌就赚了，但多数运气都不太好，逆势操作赔了不少钱。这可能也是通常所说的逆势交易风险大的原因吧，现在来看，没有正确的技术指导又会不亏钱呢？

姚助教：

逆势操作并不见得是错误，只不过是要在正确的位置进行操作才能盈利，投资者在摸顶时其实是在摸高，见到价格高了就想做空，这是要不得的。“高”不等同于“顶”，因为“高”不见得有MACD指标的高点降低，而“顶”才会有这种走势。所以，在摸顶的时候，一定要首先看一看MACD指标有没有出现高点降低，有了这种形态，指标形成实心翻绿信号便入场，指标翻红便出场。按这种方法操作，就算你是新手，学会正确抄底摸顶的操作也不难。

在棕榈2005合约2019年10月至2020年3月K线走势图中出现了一大轮的上涨行情(图2-40)，不管是涨得少的品种，还是涨得多的品种，摸不摸顶的前提就是看符合要求的技术形态有没有出现。只要不符合形态要求，就一定要耐心等待，千万不能主观认为价格涨得多了就去做空，许多投资者爆仓甚至穿仓都是因此而产生的，一定要引以为戒。“不见形态不出手”必须成为交易的准则。

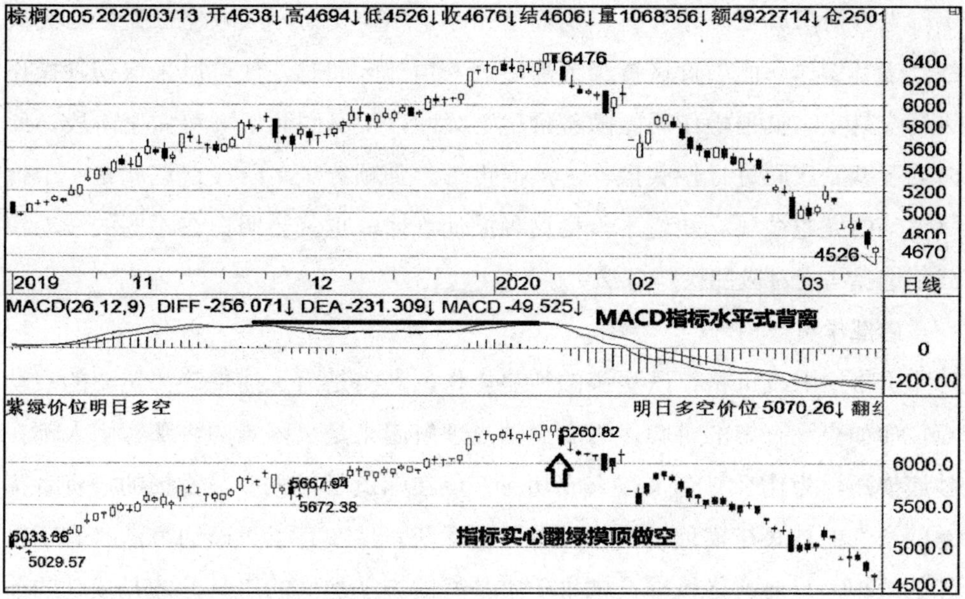

图2-40　棕榈2005合约2019年10月至2020年3月K线走势图

内部学员曹东升：

价格上涨到高点区间时，MACD指标已经有了微略降低的形态，虽然降低并不太明显，但相比价格连续上涨，两者之间背离的态势是非常明显的。MACD指标的高点降低为我们找到了摸顶的区间，接下来就要看一下趋势监控指标有没有发出实心翻绿的信号。

姚助教：

在顶部区间，价格继续上涨时，指标始终都保持着空心红色状态，没有提前翻绿给投资者带来风险，而是在价格将要开始下跌的时候才开始翻绿，提示摸顶做空机会的到来，很多时候，恰到好处并不是所谓的巧合，这是按标准执行操作的必然结果。

内部学员曹东升：

棕榈的价格顶部形成实心翻绿信号时，又是一个简单的走势，翻绿之后价格便出现了连续下跌，中间的震荡过程较少，并且在后期出现了大幅下跌行情，在下跌的过程中，指标始终保持着实心绿色状态，不断提示投资者应当坚定地持有空单。

姚助教：

当价格形成上升趋势时，我们首先应当顺势交易，采取逢低做多与突破战法进行操作，而当价格持续上涨后进入顶部区间时，便可以采取摸顶操作进行交易了。摸顶操作后，随着价格连续回落，又回到了顺势做空阶段，此时若下跌到底则进行抄底操作，从而再进入到顺势做多阶段，这就是一个价格波动的完整循环。知道了价格这种波动规律，也就会明白在不同的波动模式下选择与之对应的操作方法。

内部学员曹东升：

价格上涨或价格下跌尽头的逆势操作，其实是为了捕捉趋势转变的启动点，而如果没有您的讲解，这个启动点理解起来是很困难的。那么多人都在抄底摸顶，为什么只有少数人成功呢？现在知道了，大多数亏损的投资者都是随意性的抄底与摸顶，操作没有任何章法。现在有了正确的方法，有了操作的规矩，只要严格执行，未来一定是好的方法加好的工具，才是成功的前提。

姚助教：

每一个技术指标都可以向投资者如实地反映一些市场信息，通过加工与分析这些信息，便可以服务于实战操作。指标好比是拐杖，依靠双腿可以行走，但加上一把拐杖，则可以走得更稳。

第三章　分时绝技

进行期货投资机交易，除了经常要对分钟K线形态进行分析以外，对分时走势的研究也是必不可少的。分钟K线分析方法和分时技术有什么不同呢？其实彼此间相同的地方要更多些。分钟K线可以结合各种指标进行判断，而分时技术则无法结合指标进行分析，除非软件有可以叠加指标的功能，从这个角度来说，分钟K线分析可结合的因素多，比较适合水平初级的投资者使用。而对于高水平的投资者来说，只要看一下分时线就会知道分钟K线的形态和其他一些指标的相应变化，这样可以节省时间，特别是在价格变化较快的情况下。

分时线相比分钟K线没有那么多影响的干扰，界面更加简洁，有时一种技术形态在K线图中可能由于影线或是指标线体的干扰形态不清楚，但在分时图中却可以一目了然，特别是一些强势波动形态在分时图中的流畅度表现更完美。既然分时图是每种软件中都有的技术图，投资者一定要掌握相应的分析方法。

第一节　如何判断价格继续上涨或下跌

彭助教：

当价格形成上升趋势以后，要判断价格是否还有上涨的可能。如果已经进行了做多操作，判断价格是否还会上涨，对扩大盈利有参考作用；如果还未开仓做多，判断价格能否继续上涨则可以帮助把握后期上涨机会。而那些不利用技术指标判断价格趋势能否延续的操作往往是盲目的。

内部学员姜志广：

我以前一看到价格出现了上涨就会冲进场中追涨，经常买在价格上涨的高点，这种操作是不是就是因为没有用科学的指标判断价格走势而导致的？

彭助教：

是的，买在价格上涨波段的高点往往都是由于对未来价格上涨趋势判断不清，看到价格当前在上涨便耐不住性子，胡乱进行追涨。若对上涨普遍性规律了解，自然就会深思熟虑，而不是急匆匆地追在高点了。

内部学员姜志广：

看来判断价格是否继续上涨不仅对扩大盈利、如何确立做多点位有帮助，还可以避免乱追涨的风险。

彭助教：

判断价格是否还会继续上涨有好几种方法，本节要讲的技巧是通过价格上涨中途的调整走势判断后期价格是否会上涨。其他的方法有机会我们将继续与大家交流。

内部学员姜志广：

判断价格上涨为何要看调整的走势呢？难道调整可以决定价格后期的上涨？

彭助教：

是的。分析价格能否上涨就好像是两军打仗一样，实力强大的一方会取胜。价格上涨时，若没有空方进行对比，则上涨的力量到底有多大很难判断。价格调整时，双方的力量有了对比的机会，也就容易判断出哪一方的力量更为强大。价格出现调整时，预测后期是否继续上涨的方法如下：

(1) 调整幅度的深浅。调整幅度深说明空方力量大，价格后期继续上涨的难度增加；调整幅度浅，说明多方力量强大而空方力量虚弱，后期价格上涨的可能性增大。

(2) 在调整幅度相同的情况下，调整的时间越长价格继续上涨的难度越大，调整的时间越短价格后期上涨的可能性越大。

内部学员姜志广：

那么如何判断价格调整的幅度是深还是浅呢？

彭助教：

这也需要利用对比的方法。将上涨波段与调整波段进行对比，如果调整幅度位于上涨幅度的三分之一以内，就把这种调整幅度称为小幅度调整，价格后续上涨的概率大。价格调整幅度是上涨幅度二分之一左右的，称为中等幅度调整，后期价格是否上涨就要再结合其他技术指标分析了。如果调整幅度超过上涨幅度的二分之一，称为大幅度调整，后期价格上涨的难度比较大，可以放弃对该目标品种的关注，寻找其他操作机会。

内部学员姜志广：

按老师的说法，是不是调整的时间也需要进行对比？

彭助教：

是的。将价格调整所用的时间与价格上涨所用的时间进行对比，如果调整的时间远短于上涨的时间，这种调整形态就是短时调整，形成短时间调整的走势最容易在后期继续上涨。如果上涨时间和调整时间基本一样长，就是等时调整，需要再结合其他因素分析价格是否可以继续上涨。如果调整的时间远长于上涨的时间，就是长时调整，除非价格形成强势横盘走势，否则以下跌方式形成的调整很难在后期继续上涨。当然，有一种情况除外，那就是价格回落幅度很小，但调整时间很长的走势。相比之下，幅度比时间更重要。

内部学员姜志广：

那最有可能上涨的形态就是形成小幅度调整和短时间调整的走势——调整幅度小并且调整时间短说明多方依然占据着主导地位，所以价格上涨的概率就会很大。

彭助教：

你所说的的确是最完美的将要上涨走势。但价格能否上涨还要结合其他形态，相信大家只要每天认真复盘，都会有自己的答案。本节内容我们将主要围绕小幅度和短时间调整形态讲解，下面请大家看具体案例。

在沪镍2004合约2020年2月18日走势图中(图3-1)，价格早盘下跌，而后形成反转上涨的走势，价格一上涨便有成交量放大的现象配合，这说明上涨的稳定性比较高，面对这种走势，要做好价格还将会继续上涨的准备。

内部学员姜志广：

在价格上涨初期时，我总担心还会回落，所以不敢买入；等价格涨上去后又害怕调整，还是不敢买入；经常错过机会。就像沪镍走势一样，虽然价格放量涨了，但由于上午一直在跌，做多的时候心里总是发虚的。

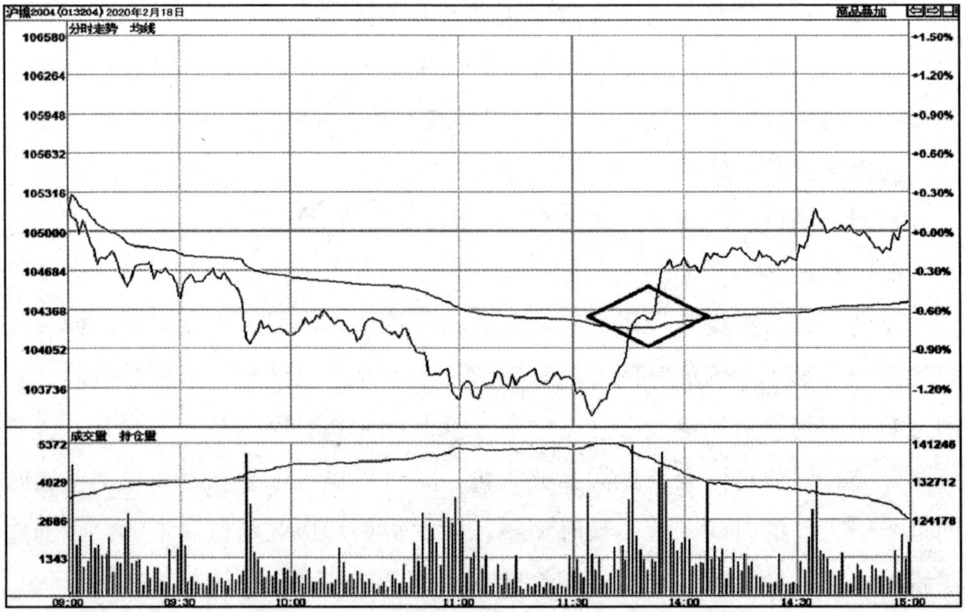

图3-1 沪镍2004合约2020年2月18日走势图

彭助教：

有这种心态只是因分析能力略有欠缺。其实有的时候，如果对价格初期上涨趋势判断不准，完全不必急于操作，让价格再去涨一涨，把上升趋势进一步巩固后再择机操作也不迟。虽然买点可能会高了些，但这样做却比较安全。

内部学员姜志广：

比如像沪镍的案例，在价格上涨途中应当于什么位置进行做多操作呢？

彭助教：

价格在上涨的过程中，必然会出现正常的调整走势。调整可以理解为多方的暂时休整。正常的调整，价格将会继续展开上涨；而如果调整并非标准的，投资者最好不要介入做多，正常的调整结束后，在再次突破的位置进行操作便可以。

内部学员姜志广：

那什么样的走势算是正常的调整呢？

彭助教：

正常的调整要求价格回落时依然可以体现多方的强势，这就要求价格回落时下跌幅度非常小，并且调整时间很短。下跌幅度小说明空方虚弱而多方强大，调整时间短进一步确定了多方的强大。如果空方力量大，价格怎么可能小幅回落？

内部学员姜志广：

根据这个原理，沪镍在上涨途中出现过短时间小幅度的调整，这意味着空方力量小，所以后期继续展开上涨的概率会很大。那么当调整走势出现时，调整的低点也就可以择机做多了吧？

彭助教：

如果可以确定价格必然上涨，在低点买自然好，但在实际操作中，我们并不能提前知道价格到底会回落多深，只有结果出现后才知道调整的深浅，在调整过程中是无法具体得知的，所以，在调整时买入的风险就是万一价格调整由浅至深，就要亏损了。好的买入方法是在调整结束后，价格再次突破调整高点时介入，此时一方面突破的形成标志调整的结束，另一方面突破的形成标志着新一轮的上涨行情将会由此展开。

内部学员姜志广：

老师说的买入方法的确安全性比较高，对价格趋势进一步确立时开多仓的操作非常适用。看来以后我不必担心价格上涨以后买在高点了，只要形成这种走势就可以及时操作。

彭助教：

价格继续上涨的走势很常见，不管是在强势上涨行情中，还是在下跌后的反弹过程中，或是空翻多行情中，只要价格出现上涨行情，十有八九都会提供这样的做多机会。

内部学员姜志广：

苹果2005合约2020年2月17日形成了整体震荡上涨的走势(图3-2)，既有大的调整形态，又有许多小的调整形态。大的调整形态指示了大方向，小的又对局部的走势产生了影响。

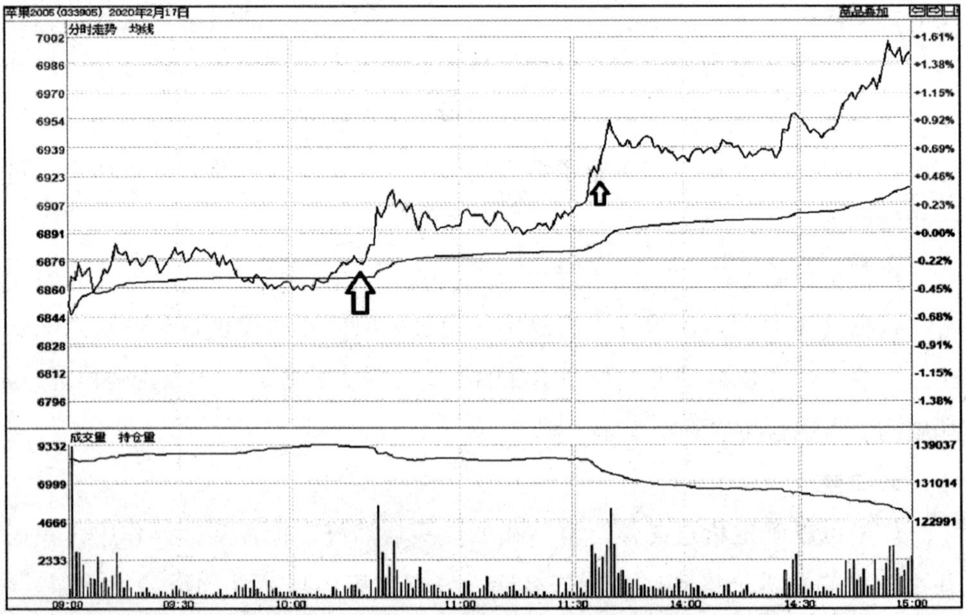

图3-2　苹果2005合约2020年2月17日走势图

彭助教：

调整有多种形态，但无论价格如何波动，其核心思路是不变的。请问，图3-2中，苹果上涨过程中，箭头标注的两处调整形态有怎样的技术特征呢？

内部学员姜志广：

调整幅度相比上涨波动依然非常小的，说明多方力度强大；调整时间比较短，说明多方非常急切地想让价格涨上去。

彭助教：

在具体分析时，时间的重要性排在第二位，首先是确定价格调整的幅度。调整幅度小，就算价格调整时间再长，价格依然存在较大的上涨概率。在调整区间内价格怎么小幅波动不必理会，关键是看回落的幅度。

内部学员姜志广：

这种方法对空仓的投资者来说是好的介入机会。但假如已在低位开了多单，面对这种走势应当如何分析呢？

彭助教：

如果投资者是持仓状态，就涉及止赢的问题。如果价格回落幅度超过上涨幅度三分之一，失去了明显的强势特征，就不属于强势调整，需要结合其他技术指标考虑何时出场。但如果价格回落的幅度小于上涨幅度的三分之一，那就不要理会短时间价格波动，因为强势调整出现之后价格上涨的概率极大，这时自然要继续持有。

内部学员姜志广：

这种短时间、小幅度的调整形态也是一种可以继续持仓的信号吗？

彭助教：

对，我们不能要求价格不停地上涨，上涨途中总会有正常的调整，只要回落幅度不超过上涨幅度三分之一，都算正常的。所以，在持仓时，价格产生调整时注意上涨幅度三分之一的位置是否可以守住，如能守住，短暂的调整后价格将会继续上涨；如守不住，调整的幅度可能会更大些或调整时间会延长。

内部学员姜志广：

价格大幅上涨以后又出现这种走势是否也可以操作呢？

彭助教：

大幅上涨并到达高位区间后出现这种技术形态，理论上还会有一定的上涨空间，但是，高位使用这种方法进行操作获利的空间就会减少了，长时间大幅度的上涨后会耗尽多方的动能，因此，不建议在绝对的高位使用。当然，整体市场处于明显强势状态除外。

如何判断价格还会继续上涨的要点已给大家做了详细讲解，下面再为大家讲解一下如何判断价格将会继续下跌。判断下跌的方法与判断上涨的方法是互通的，其实就是将技术图形反转过来。

内部学员陈国富：

上涨时我们利用价格的调整走势去分析空方的强弱，在价格下跌时，则可以利用反弹去判断多方的强弱，从而对比多空双方到底谁的力度更强大。哪方力量强大，价格后期就会向哪个方向波动，对比出双方力度后，确定的操作方向可靠性会高很多。

这种对比分析的方法我还真是没有用过。现在听了讲解，感觉这种对比方法的确有效，以此思路，对比相关品种的涨跌幅、对比相关品种某个指标的变化等，很多都可以运用这样的思路。

彭助教：

比如一阳老师的另一种绝技：一阳锁套利，就是需要经常使用对比的方法进行操作。通过之前的讲解，我来问您，什么样的反弹出现价格继续下跌的可能性比较大？

内部学员陈国富：

小幅度反弹和短时间反弹出现后价格继续下跌的可能性较大。小幅度反弹是指价格反弹的幅度小于下跌波段幅度的三分之一，短时间反弹是指价格反弹形成的时间远短于下跌波段所形成的时间。

彭助教：

什么样的反弹后出现价格继续下跌的可能性将减小？

内部学员陈国富：

大幅度反弹以及长时间反弹出现后，价格继续下跌的可能性将减小。大幅度反弹是指价格反弹的幅度超过下跌波段幅度的二分之一，并且超过的幅度越大，后期继续下跌的可能性就越小；长时间反弹是指数价格形成反弹的时间远远长于价格下跌所形成的时间。

彭助教：

假如价格的波动形成了小幅度反弹，但反弹时间却较长，这种走势如何分析？

内部学员陈国富：

价格的波动幅度指标应当比时间指标更重要些。这种走势类似该涨不涨的技术形态，因此，价格继续下跌的可能性比较大。

彭助教：

那么，价格出现大幅度反弹，但是反弹时间比较短，又如何分析？

内部学员陈国富：

这种变化形态就不太清楚如何分析了，请老师讲解一下。

彭助教：

这种情况出现后，价格有可能出现趋势反转的迹象，但要求必须形成一个低点不破的走势，否则在价格大幅下跌而后又大幅反弹的情况下，最好别轻易入场。因为价格波动较大，方向并不是非常明显，应当等有明确止稳信号出现后再入场操作。

内部学员陈国富：

看来价格在反弹或是调整时，有多种变化形态，每一种变化形态都有不同的含义，突然感觉学起来又比较吃力了。

彭助教：

变化形态较多是很正常的，如果价格变化总是非常有规律，谁还会亏钱？不管出现什么样的变化形态，只要把握住核心思路就可以——每一回合都去对比多空双方的力量，谁的力量大就跟随谁操作。就像下棋一样，谁能赢对方谁就强，所以，可能刚接触这种变化形态觉得有点难，以后看得多了，自然熟能生巧。下面我们还是结合具体案例来进行讲解。

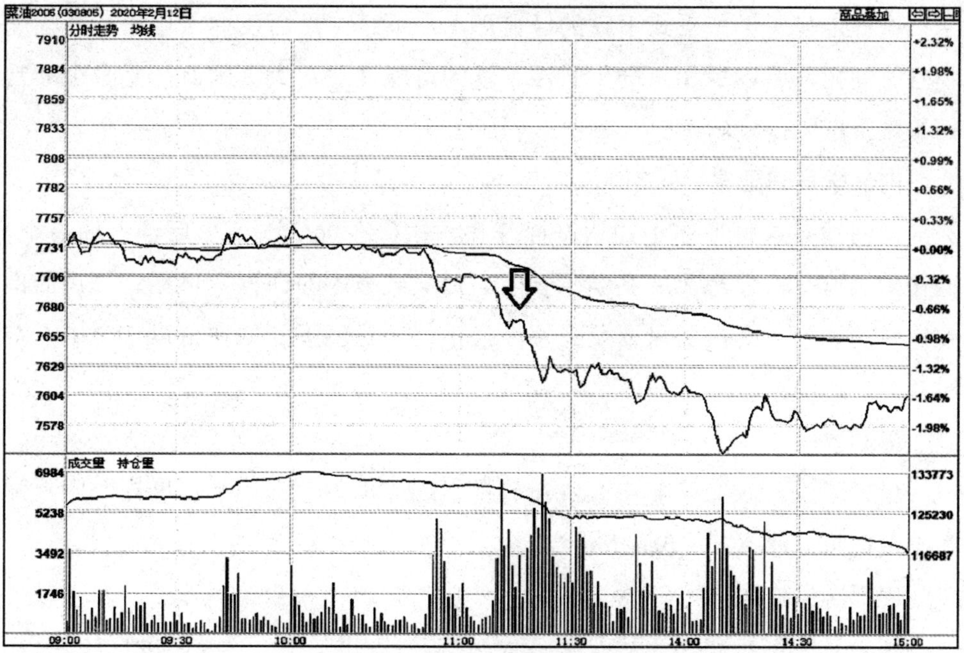

图3-3　菜油2005合约2020年2月12日走势图

菜油2005合约2020年2月12日开盘之后价格经过了长时间的震荡(图3-3)，而后在成交量放大的推动下突破了横盘震荡的箱体区间，随后价格第一次形成的反弹有一定技术难度，主要体现在反弹时间略长。不过从持续萎缩的成交量以及并不是很高的反弹幅度来看，价格继续下跌的概率还是比较大。之后第二次反弹时，技术特征就简单了，你来说一下此时有什么样的技术特征吧。

内部学员陈国富：

反弹的幅度非常小，这说明盘中空头力度很强大，这是反弹分析中的重中之重。

彭助教：

除了反弹幅度小以外还有什么特点？

内部学员陈国富：

反弹的时间非常短，远短于之前下跌的时间。当然，时间指标不如幅度指标重要，只能起到辅助分析的作用。

彭助教：

这种走势属于三段式下跌的经典形态：下跌，然后反弹，由于反弹幅度小且时间短，所以后面再产生一波下跌的可能性非常大。因此，是一个非常好的做空点位。

内部学员陈国富：

之前面对这种形态不知该怎样开仓，往往在价格跌下去后再入场追空，操作效果非常不理想，现在学了一阳老师突破战术的课程，再结合你讲的调整反弹的识别，明白了只要反弹幅度很小，一旦创下新低便可以在突破点及时介入。

彭助教：

价格下跌时成交量非常大，在放量下跌过程中，出现小幅度短时间反弹是不是价格继续下跌的可能性更大？

内部学员陈国富：

那是肯定的。价格下跌如果连续放量，说明资金做空的态度比较积极，这种情况小幅度短时间反弹最容易继续下跌；如果反弹形成时成交量明显萎缩，价格下跌的概率就更大了。

彭助教：

对比下跌与反弹的幅度和时间，可以看出多空双方的力度。始终跟随市场资金的操作方向顺势而为，亏损的可能性就小多了。

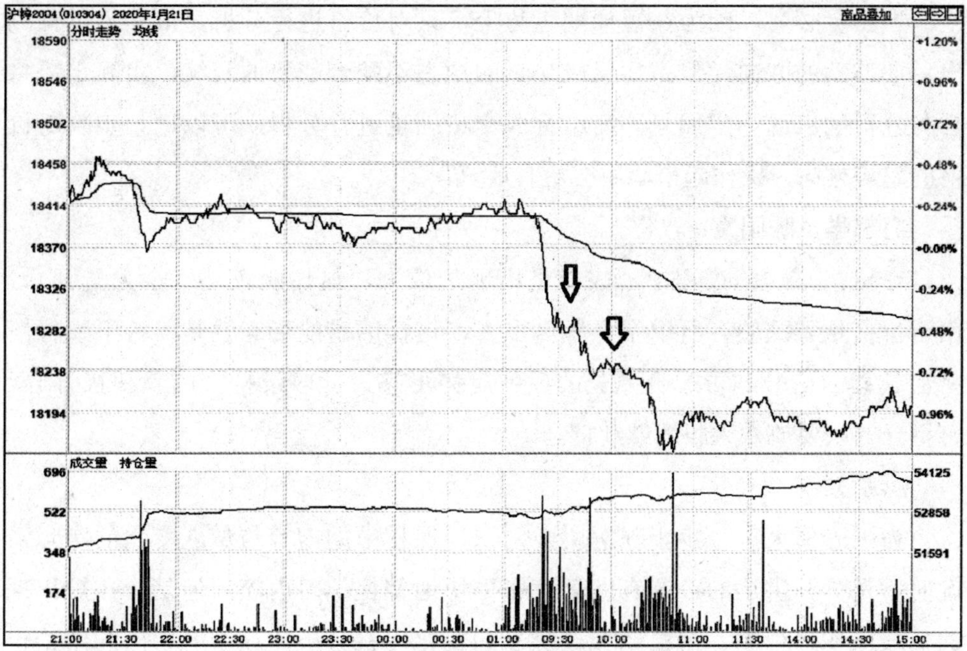

图3-4　沪锌2004合约2020年1月21日走势图

与上一个案例相比，沪锌2004合约2020年1月21日走势就要相对复杂一些，沪锌这种走势是比较见常的经典形态，因此大家要将这种形态牢牢记住(图3-4)。

内部学员陈国富：

从时间角度来说，这个案例价格反弹时形成的时间也比上一个案例长一些，但是核心并没有变：价格下跌幅度大，而反弹幅度小，说明了空方的强大。

彭助教：

在进行对比分析时，大家要记住一点，只要大致能判断下跌和反弹形成的时间，以及下跌和反弹的幅度就可以了，不必浪费时间去精准测量，因为这是没有意义的，而且好的介入点位很可能在你测量的时候就错过了。

内部学员陈国富：

价格在反弹形成时，成交量非常少，而在下跌时成交量却比较大，这种方法有没有必要结合成交量的形态进行分析呢？

彭助教：

当然有必要。因为在短周期走势上，只对价格进行分析，虽然可以预测出后期波动的方向，但是如果成交量的形态不配合趋势的延续，实际走势将会与分析的出现一定偏差，而结合成交量因素进行分析，可以进一步判断价格的趋势方向，操作起来心中会更有底气。

内部学员陈国富：

在价格下跌的过程中，成交量出现了放大，这说明场外资金大量开仓，由于价格是下跌的，所以空方压倒多方，这样的量能形态就是一种下跌行情将会延续的信号，再配合完美的反弹走势形态，此时没持仓的就积极开仓，有持仓的则要放心大胆地继续持仓。

彭助教：

为了方便大家一步步理解所学知识，课程中的内容与量能变化的实际情况时常是分开讲述的，这有助于大家尽快地掌握学习内容。但是，在短周期的实战操作过程中，需要结合成交量的变化因素分析，这样所得出的结论也更贴近市场的真实波动。

内部学员陈国富：

长周期看形态；短周期既要看形态，也要结合成交量。技术形态的重要性要排在成交量之前。

第二节　高点不过做空点

彭助教：

价格如果可以连续上涨，将会向上突破一个又一个压力，不断创出新高；而当价格上涨将要告一段落时，新高便不会再出现。根据这个价格波动的正常特点，便可以总结出一种在上涨高位进行做空的方法：高点不过做空点。

内部学员董斌全：

我曾在价格的高点区进行过做空操作，但是感觉实际效果并不是太好，总是亏多赚少，很难把握趋势的转折点，逆势操作赚钱果然很难。

彭助教：

不管任何逆势操作的方法，肯定是要比顺势赚钱难一些，但逆势交易之所以吸引人，就是因为一旦在恰当的点位入场，收益将会是最高的，因为它是在上涨和下跌转换的区间进行的操作，对应的是上涨的末期和下跌的初期。

内部学员董斌全：

那相比价格已经明确下跌时进行的做空操作，这种交易方式是不是风险略大些呢？

彭助教：

单次操作的风险其实与顺势交易失败时的止损幅度差不多，不过逆势交易有可能失败几次后才能抓住那个最终的转折点，所以，它的风险虽然不大，但是总代价要比顺势交易多一些。所以，我们应当尽量在可靠性更大一些的转折点位进行操作。而本节讲解的内容则刚好针对这一要求，这种方法的技术特点大家还是有必要掌握的。

内部学员董斌全：

请老师详细讲解一下高点不过做空点的技术特点。

彭助教：

高点不过做空点的技术特点如下：

(1)在形成高点不过走势之前，价格必须经历至少三波连续上涨，以此消耗尽多方的能量。

(2)价格在上涨的高点要出现明显放量，高点放量说明资金有所分歧，这有利于调整或下跌的形成。

(3)整体市场当天上涨的强度越小越好，因为外部上涨力度较弱的环境，可以限制目标品种延续性强势。

(4)价格在高位运行时，K线图中若能同步形成顶背离走势，形态的可靠性将会更高。

(5)两个高点相距的时间不宜过长，也不宜过短，否则形态要么彼此脱勾，要么过于杂碎。且第二个高点一定要低于前一个高点，但两个高点间的相差幅度不宜过大。

内部学员董斌全：

老师所讲的这些方法是不是最好不要在单边多头强势市场中使用？

彭助教：

这种方法属于是做空的方法，很显然，在市场单边上涨的情况下要小心使用。这是因为价格有可能在盘中形成调整，但是由于整体状态不断向上，所以做空的风险比较大，价格也经常会突然出现大幅上涨，因此，单边市场要慎用。而在价格触及重要压力，或是下降趋势中形成的反弹上涨高点使用，效果则不同了，因为价格受压力回落可能性较大，而下跌趋势中的反弹虽然暂时上涨，但最终还会下跌，在这种环境下使用，安全系数就高很多了。

内部学员董斌全：

看来这个方法还是要服从大环境，不能乱用，不能认为价格涨得多了就轻易用。

图3-5　橡胶2005合约2019年11月22日走势图

彭助教：

不仅这个方法不能乱用，任何方法如果不看外部环境而随意使用都很容易引发风险。学一种方法，首先要看它在什么情况下适用，然后再因地制宜好，下面我们结合具体案例进行讲解。

橡胶2005合约2019年11月22日开盘后价格出现上涨走势(图3-5)，上涨时形态并不复杂，投资者在此时做多没问题。从价格上涨的过程中可以看到，如果上涨可以延续，调整时留下的高点会很快被突破，不断创新高是上涨行情最明显的技术特征。

内部学员董斌全：

原来听过一句话——能不断创新高，价格就会不断上涨，可自己总是把握不好，总是担心出现调整演变成为下跌。

彭助教：

趋势的扭转是需要时间的，正常情况下，价格要下跌肯定会在高位出现一些明显的技术特征，虽然有时价格快速上涨而后快速下跌，但这种现象毕竟是少数，大概率的事情还是价格上涨结束和下跌之前都会有一个转势的波动过程。

内部学员董斌全：

这种将要转势的波动过程有什么特点呢？

彭助教：

您刚才说了，能创新高价格就会不断上涨，那什么情况下价格将停止上涨呢？

内部学员董斌全：

就是价格不能再创出新高时，上涨就有可能停止。

彭助教：

是这样的，我们看橡胶的走势，价格快速上涨后出现调整，从调整的形态来看，调整的时间比较短，并且价格回落的幅度也非常小，属于是正常的调整。但是，问题就出现在了后边的上涨过程。

内部学员董斌全：

价格调整后再次上涨时没有突破前面的高点，两个高点形成了降低的迹象，没有延续前面不断创新高的走势。

彭助教：

这种走势就称之为高点不过。价格在连续上涨以后无法再创出新高，说明多方的力度明显衰竭，如果持有多仓应当考虑平仓操作，如果空仓则可以考虑开仓做空。

内部学员董斌全：

假如开了空仓价格并没有下跌怎么办？

彭助教：

如果高点不过走势后，价格要么出现下跌，要么继续调整，而此时的调整以经验来看容易演变成为横盘走势。开了空仓价格下跌自然盈利，如果价格拒绝下跌，那么，如果没有经历一定时间的震荡价格并不会很快突破高点，所以，就算价格不下跌，风险也并不会大，一发现并非按预期下跌而是一直横盘的情况，将止损做好后可以暂时进行持仓。止损位设在前高点处为宜，不满足止损要求，价格就有可能下跌；如果满足止损要求，说明调整已结束，新的上涨将开始，必须平仓。

内部学员董斌全：

看来，就算价格跌不下来，风险也并不会很大。

彭助教：

风险大的方法我们也不可能教给大家。一阳老师非常注重风险的控制！

我们来总结一下橡胶高点不过的技术特点吧：价格形成高点不过之前出现了连续上涨，两个高点相距较近，第一个高点形成了巨大的压力。价格调整后反弹力度非常弱，分时线也比较曲折。两个高点都出现了明显的放量现象，高点异常放量容易导致价格反方向回落。

内部学员董斌全：

结合案例，清楚了很多。

彭助教：

好，下面我们再来看一个案例，这个案例与上一个案例可是有着明显的不同。

图3-6　沪镍2004合约2020年2月14日走势图

沪镍2004合约2020年2月14日形成了震荡下跌走势(图3-6)，高开略上冲后价格一路回落。这个案例中没能形成上涨后高点不过走势，这种波动能否用高点不过的方法做空呢？

内部学员董斌全：

我觉得应当可以。上一个案例中的高点是价格上涨后没有能力再突破新高出现回落的信号，高点不过体现了多方力量的衰竭。在价格震荡回落时，多方本来就处于弱势，加上价格无法突破前高点，下跌的可能就更大了。

彭助教：

你说出了要点。之所以要求价格在高位出现高点不过，就是为了说明多方的动能已经消耗完，价格回落的可能性加大，体现的是多方由强转弱而空方由弱转强的变化。但是，假如价格本身的趋势就是弱势波动，空方略占优势，一旦出现高点不过价格就更容易形成下跌走势。下面您来说一下沪镍价格波动有什么特点吧。

内部学员董斌全：

沪镍的价格出现反弹时，并未突破前高点，形成了高点依次降低说明多方无力反抗，所以在反弹但没有突破前高位时，可以择机开仓做空。后面的反弹同样也形成了高点不过，且高点降低特征更明显，因此价格继续下跌的可能性很大。

彭助教：

前方的高点压力压抑着价格后期的上涨。分析价格三种波动形态——上涨、横盘和下跌的可能性，上涨是不会了，因为最基本的突破都无法形成；横盘有可能，这是做空操作最大的风险；因此，总体上价格下跌的风险大于上涨的风险，高点不过区间进行做空比较适合。

内部学员董斌全：

假如价格没有下跌而是上涨，此时应当如何设定止损？

彭助教：

如果并未下跌也没有横盘，而是出现了上涨，此时可以将前面的高点设置成为止损点，一旦突破高点就出场。高点的突破说明价格无法继续下跌，这个时候继续持空仓会有一定风险。

内部学员董斌全：

用前高点作止损点倒是很直观，也很容易判断价格的波动性质，在高点之下就等待下跌，突破高点就平仓，防止价格进一步上涨。

彭助教：

下面再来讲一下前低不破做多的操作技巧。价格形成下跌走势后，新低将会不断地出现，因为只有新低出现空方才可以不断增加收益。当空方做空力量耗尽之时，新低也将很难再出现。根据这个特点，在价格连续下跌以后，可以使用前低不破做多点的方法进行操作。

内部学员李建功：

根据一阳老师讲解的有关内容，分时走势都具有很强的时效性特点，新低不破方法是不是也只能保证较短时间内价格不会下跌而会反弹或是上涨，但不能保证未来较长一段时间价格的上涨？

彭助教：

是的，前低不破说明价格此时失去了下跌的动能，所以无法创新低，但这并不意味着经过一番调整后依然不破位，同时也不能保证价格价格的确形成逆转。价格是否破位或是形成逆转，还需要通过后边的波动来一步步的推测。所以，正是因为时效性问题，所以说这两种方法都属于是投机性操作方法。只有随着时间的推移价格形成前低不破做多点后上升趋势越来越明显时，才可以进行趋势性操作。

把高点不过操作的方法反转过来就是做多的方法，因此我们直接结合案例进行讲解。

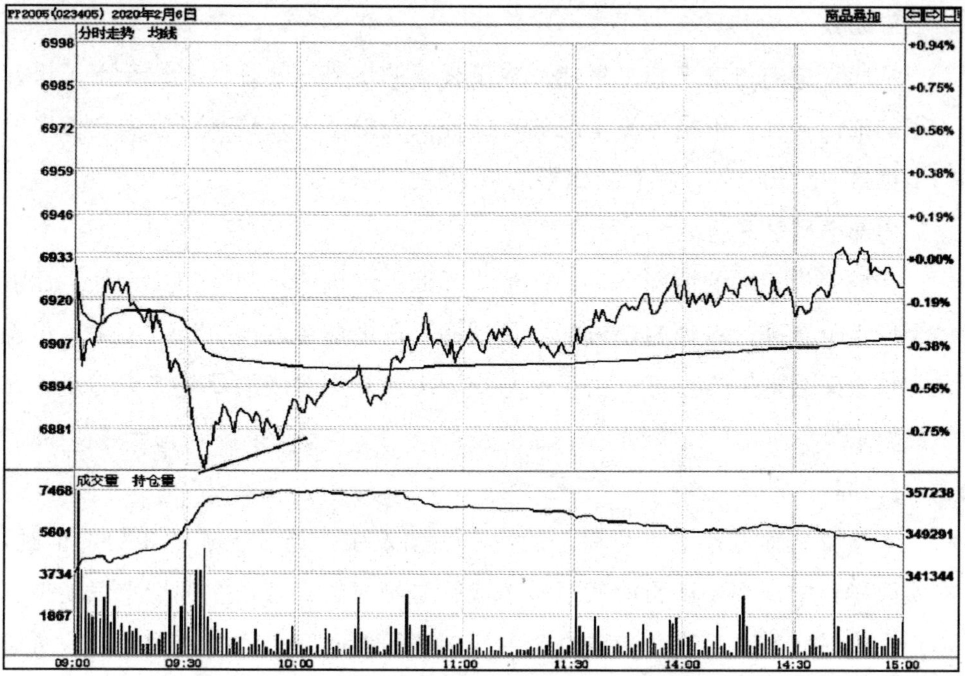

图3-7 PP2005合约2020年2月6日走势图

在PP2005合约2020年2月6日走势图中（图3-7），开盘后略做震荡价格便一路快速下跌，在下跌过程中成交量出现了明显的放大迹象，在这种量能配合的情况下可以入场做多吗？

内部学员李建功：

成交量放大说明资金做空的行为更加主动，这个时候肯定不适合做空。

真想做得等机会，要么形成下跌缩量，要么形成上涨放量，只有这两种现象出现才可以考虑做多。

彭助教：

若放量杀跌之后价格出现一定幅度反弹，而后价格再次回落，此时的回落有什么样的技术特征呢？

内部学员李建功：

在价格再次准备回落时，成交量出现了萎缩的迹象，说明资金做空的积极性大大降低了，下跌得不到资金的认可，便很容易出现反弹或是上涨的行情。

彭助教：

从成交量的角度来看，量能形成了衰竭的走势，就好像突然一下子松开了车的油门一样，价格再度下跌的可能性大大降低了，这是可以考虑做多的一个信号。除此之外，还有什么样的技术特征呢？

内部学员李建功：

在成交量萎缩的情况下，价格形成了低点不破的走势，第二个低点比前一个低点位置高，这说明空方的力量减弱了，之前可以把价格打下来，但现在却再也无力把价格再打下去了；与空方力量衰竭对应的就是多方力量正在悄然增长。

彭助教：

价格形成前低不破走势后，的确在后面发生了连续上涨的走势，但是，在实际操作中，不要认为前低不破形成就是绝对的底部，在预期上只能把它当作是临时底部，是否会形成真正的底部还需要时间去演变，因此，有所盈利并且价格波动有向下回落迹象时，最好平仓止盈。

内部学员李建功：

这种方法并不是用来抄大型底部的，而是在下跌过程中，在某个恰当的位置进行的短线反弹操作。如果价格未来上涨的趋势越来越明显，才有可能进行长时间的持仓，否则操作的周期一般不会太长。

彭助教：

这种方法的定义就是投机，既然是投机自然就是要求有所盈利后就择机出局。把这种技术形态认为是底部的到来这是比较危险的，所以一定要把它看作是临时的反弹底，而不是中型底。虽然是抄底，但我们千万不要有入场就得抓一把大行情的想法，要以摸着石头过河的心态进行操作，走一步看一步，若每一步都走得很好，那就长时间持仓，一旦有风险信号出现，就要随时出局。

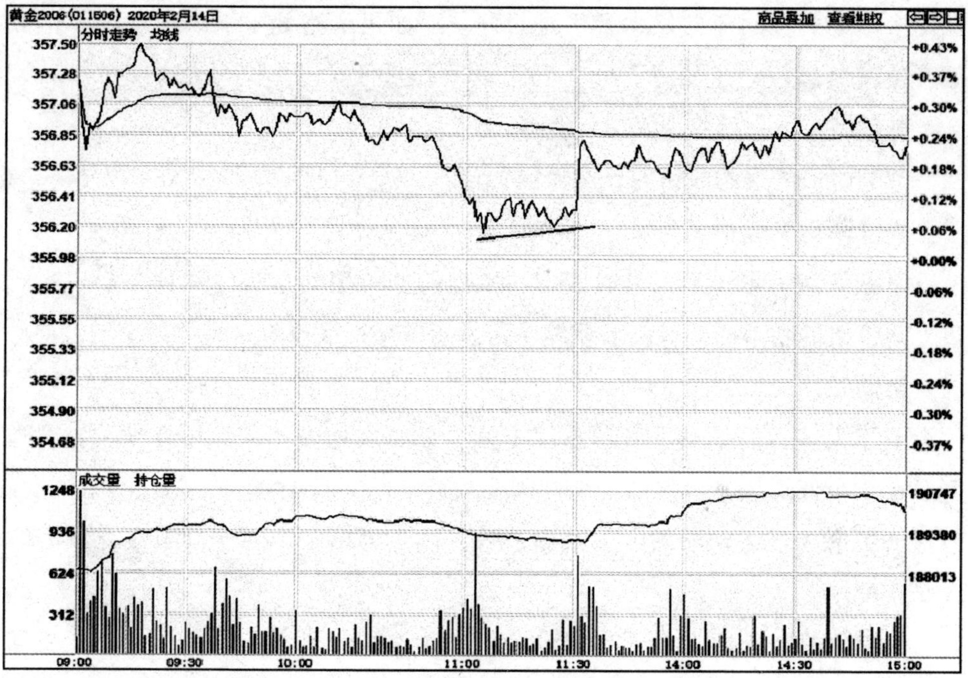

图3-8 黄金2006合约2020年2月14日走势图

在黄金2006合约2020年2月14日走势图中(图3-8)，开盘后略做冲高便形成了下降的趋势，下跌过程中分时线形成了高点降低的迹象，对于这种走势需要引起注意，在很多时候下跌就是由于价格高点不断降低而累积引发的。

内部学员李建功：

这种走势是不是可以看作两个高点幅度较大的高点不过？

彭助教：

是的。我们要求高点不过，两个高点之间的落差不要太大，主要的原因就是过滤掉止损大的形态，因为做空之后是要拿前高点进行止损的，若两个高点落差大便意味着止损大。但从技术形态来讲，落差越大其实越说明价格容易继续跌，这种形态只是不适合操作，但却可以作为分析类的形态起到判断价格波动性质的作用。

价格连续下跌以后，在低点处形成了那些迹象？

内部学员李建功：

杀跌低点首先出现的就是明显的放量迹象，不管是平仓的还是开仓的，在这个区间资金的流向发生了明显的分歧，如果价格处于下跌状态，将有可能产生反弹。

彭助教：

从分时线的形态来讲有什么特点？

内部学员李建功：

下跌低点大量过后，分时线形成二次前低不破的走势，并且在抬高的低点处，价格的回落成交量明显萎缩，这说明资金彻底没有了继续做空的意愿。

彭助教：

对于大多数的低点不破形态，在第二个低点处成交量都会萎缩，如果碰到了第二个低点依然放量的走势则需要放弃，因为只要有资金仍在不断推动，价格就很容易形成再次破位下跌的走势。低点不破加第二个低点成交量萎缩才是绝配。

内部学员李建功：

我发现价格形成低点不破并且上涨后有一个特点，一旦上涨到重要压力位时，便会出现上涨结束的现象，利用这种现象卖出效果应当不错吧？

彭助教：

若价格无法形成趋势的逆转，压力作用就会非常明显，所以你说的利用压力卖出的方法是非常合适的。从黄金的走势来看，价格上涨到均价线的压力处时，便形成了长时间的震荡，这说明均价线的压力发挥了作用，阻止了价格的上涨。

内部学员李建功：

这种方法是抄底进行反弹操作，所以，如果当时的市场空头气氛非常浓重，最好不要进行这样的操作，一来价格反弹空间小，二来在空头环境中做多本身就存在风险。

彭助教：

这种方法在大环境偏多时使用效果是最好的。完全的空头市场中，价格很容易形成短暂反弹后大幅下跌的走势，所以风险较大，此时不宜逆趋势而为，而是应当择机进行做空的操作。

内部学员李建功：

通过学习，以后在价格上涨过程中找下跌的拐点，以及在下跌的过程中找上涨的拐点，应当不是什么难事了，符合技术要求的坚决操作，不符合要求的一律放弃。在多头力量弱的环境中运用高点不过做空，在空头力量弱的环境中运用低点不破做多，一阳老师的这种操作思路真的是实战的精华！

第三节　局部高低点的技术特征

彭助教：

掌握价格上涨高点的技术特征对投资者会有以下帮助：

(1)避免错误的买在上涨高点区间，从而减少做多的亏损。

(2)有助于做空的投资者选择适当的时机开仓做空。

内部学员孙庆祥：

刚进行期货操作时，我常会买在上涨高点和卖在杀跌低点的，那时很纳闷为什么高低点总是跟我对着干，现在操作时我谨慎多了。不过，对高低点的一些技术特征了解得还不够，你讲的能补上我的短板。

彭助教：

对于当天上升趋势明确的行情，这种方法有一定的适用性，因为利用这方法可以在高点形成时判断出来，但是，受到大环境上涨影响，此时的高点仅是阶段性高点，做空的机会并不大。当然，作为一种判断方法，还是必须要掌握的。而对上升趋势并不明显的上涨行情或是下跌行情，这种方法不仅可以判断出高点，便于多仓的平仓，还可以提示做空点的位置。

内部学员孙庆祥：

也就是说，在震荡或是下跌途中的反弹行情中，这种判断价格上涨高点的方法才最适用。

彭助教：

在价格强势上涨过程中，资金不断介入并大力度推高价格，虽然会有高点产生，但上涨行情的特点就是不断创出新高，你不可能知道哪一个高点才有真正做空的机会。而在上涨力度一般的情况下，价格持续上涨的动力不足，所以上涨过后较容易出现一定幅度的回落，这才会提供做空的机会。

内部学员孙庆祥：

看来外部环境非常重要啊。强势市场的高点并不会大幅回落，所以应当继续找机会做多；只有弱势时价格有了高点才容易出现回落。真是什么样的市场会出现什么样的技术形态。

彭助教：

这种方法主要针对平仓而用，并不是完全的逆势摸顶，这一点一定要明确。不管当天上涨的力度强不强，只要满足了技术要求，进行减仓或是清仓都是正确的，因为摸顶需要综合分析，而绝不只是某种方法。当然，若价格形成了顶部形态，又满足了识别局部高低点的技术要求，那完全可以摸顶操作；但若只满足识别局部高低点的要求，那就只能减仓或清仓了。虽然它能提示高点所在，但有的案例形成了最高点，有的案例只是上涨中途的局部高点。

内部学员孙庆祥：

首先顺势减仓，而后根据具体的环境以及大的技术形态再决定是否摸顶，而不是仅依靠技术要点。关键是，要将其作为减仓的信号——你的告诫已明白。

彭助教：

识别价格高低点的方法可以用于分时图以及3分钟以内的K线图，长周期的K线图不宜使用，因为这个方法更多是从成交量进行判断。具体的判断方法为：价格上涨到一定程度后，在高点处成交量急剧放大，形成最近一段时间最大的成交量柱体，而后成交量迅速萎缩，重新回归到之前的量能水平，在成交量急剧放大后又急速萎缩时，应当进行减仓或是清仓操作；若整体形态有明显的顶部迹象，也可入场进行摸顶做空。

内部学员孙庆祥：

量能突然放大，然后又突然萎缩，是否意味着资金交易出现了矛盾，资金的不稳定性将会导致价格的反方向波动？

彭助教：

正是这样。若成交量萎缩，则价格波动也会稳定；但若成交量出现了混乱，当前的趋势方向也就很难再延续了，所以，在上涨高点一旦形成放量后又快速缩量时，便可以确定这是一个重要的高点了。

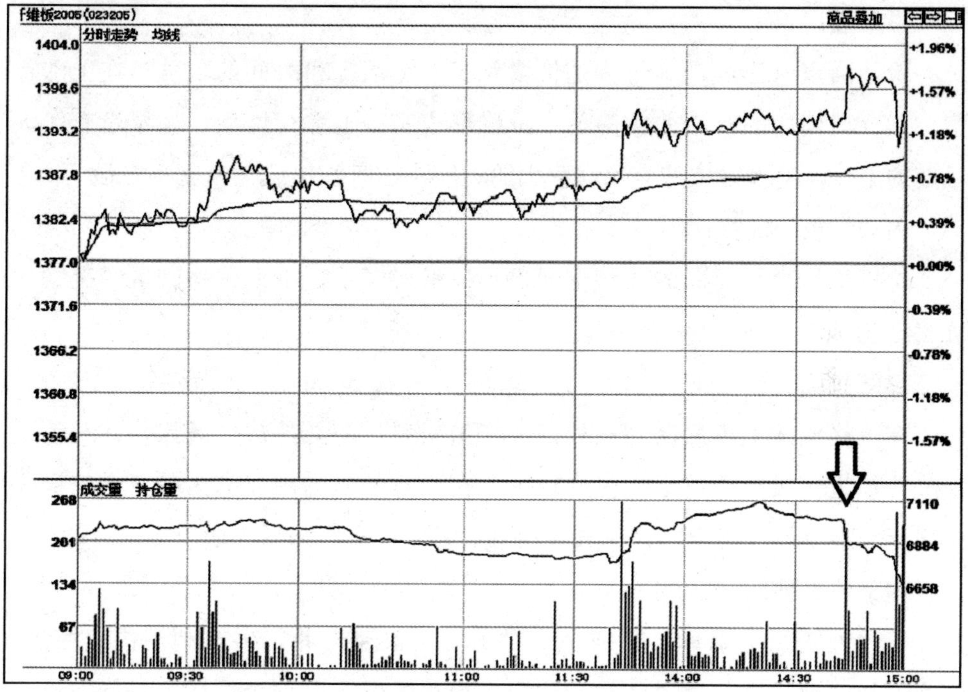

图3-9　纤维板2005合约2020年2月20日走势图

在纤维板2005合约2020年2月20日走势图中(图3-9)，出现了较为曲折的上涨走势，价格在午盘期间形成了一个大形态的低点不破，随之展开了连续上攻。价格形成了上涨将会面临一个问题，该在哪减仓或是清仓呢？

内部学员孙庆祥：

价格上涨时，我平仓操作做得不好，很多时候平多仓后，价格还会继续上涨。

彭助教：

这种情况不仅你遇到过，其他人也遇到过。应当这样看待问题：第一，在操作时获利预期如何？如果价格上涨达到了获利预期，那就可以随时平仓，而不必计较价格后期的波动，因为已经觉得赚够了，就应当知足常乐。第二，是否有技术判断出价格的高点，价格波动没有明显高点特征时可以继续持有多仓，如果高点特征明显，最好进行平仓操作，以保全盈利。

内部学员孙庆祥：

那就麻烦老师结合纤维板的案例详细讲解一下如何判断价格波动高点吧。

彭助教：

价格高点的形成，第一步是价格有了一定幅度和时间的上涨，在上涨行情中，就此问题的判断非常简单：价格形成明确上涨行情后，如果没有较大幅度的上涨，但多方依然有足够强大的动能，这时卖出或做空就不合适了。

内部学员孙庆祥：

价格涨得少，后面的回落空间也小；涨得多了，以后价格回落的空间才会大一些。

彭助教：

在价格连续上涨后的高点处，成交量出现了明显的放大迹象，此时的量能成为最近一段时间的最大量，这说明在很短的时间内，有大量资金的操作出现了明显分歧，资金操作的分歧很容易导致价格上涨后形成反方向波动。

内部学员孙庆祥：

价格在连续上涨后，形成高点时出现了快速上冲，多方利润快速增加，空方亏损快速扩大，所以才会导致分歧出现，是不是这个原因容易导致价格回落呢？

彭助教：

在价格连续上涨后，这种再次快速上涨可以称之为多方的最后挣扎，在看到明显的巨量出现时，不必马上平仓，万一后边会连续放量怎么办？平仓一定要在巨量过后又迅速萎缩时进行。切记，放量不平仓，但急速缩量一出现就要马上出场。

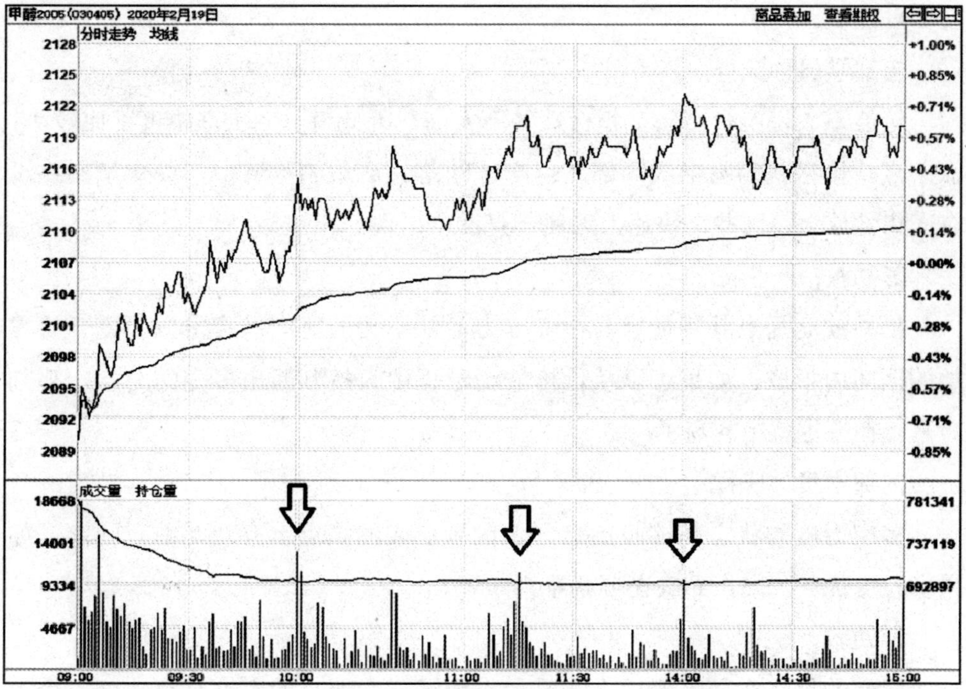

图3-10 甲醇2005合约2020年2月19日走势图

在甲醇2005合约2020年2月19日走势图中(图3-10)，形成了较为曲折的震荡上涨走势，像这种走势虽然价格在不断地涨，但是每一次涨的都不多，因此，只要形成了符合要求的技术性高点，就有必要赶紧先撤出来，要不然价格虽然不会大跌，但暂时性的持续回落也足以让持仓的心态变得混乱。

内部学员孙庆祥：

以前碰到这种走势的时候就经常出现亏损，看到价格涨了便冲进去做多，可是还没怎么赚钱价格便马上跌了回来，于是赶紧止损，结果刚止了损价格又涨了上去。虽然价格不断上涨，但在这种来来回回之中却亏了不少钱。

彭助教：

一阳老师曾经说过：在分时线位于均价线上方的时候，只做多单而不要考虑空单，面对这样的走势只要坚定做多，赚钱其实并不难。力度弱的就尽量逢低点做多，力度大的时候，逢低点与突破都可以做多。从早盘的走势来看，成交量没有怎么放大，从而使得价格涨得也不快，因此可以得出这样的结论：如果未来价格上涨时成交量无法密集放大，那么，大幅度的上涨行情便难以出现。

内部学员孙庆祥：

量能不大说明资金做多积极性并不太高，因此每一回上涨幅度都比较小，涨一点，价格就容易形成局部高点产生回落。后边的行情中，成交量始终没有密集性放大，因此，快速上涨便一直没有出现。

彭助教：

价格波动高点其实最容易在多方力量并不大的区间以及空方力度开始增加的区间内形成，如果可以从价格波动过程中直接判断出多空的力度，那判断高点在哪里就更容易了。

内部学员孙庆祥：

多空力度的状态是核心，空方占优势形成的高点十有八九都会回落，如果多方占优势，高点到底在哪就难判断了。

彭助教：

甲醇的价格在震荡爬行上涨时，出现了三个明显的上冲高点，这三个上冲高点都有一个相同的技术特征，你知道是什么吗？

内部学员孙庆祥：

成交量在价格的高点位置都出现了明显的放量现象，这是资金出现分歧的信号。

彭助教：

在强势上涨市场中，由于多方人气压倒一切，价格形成放量高点后，有可能出现调整，但调整的幅度往往比较有限。而如果在弱势市场中，多方并不是非常强，形成高点后价格回落的幅度往往比较大，就有必要进行减仓或是清仓操作了。

内部学员孙庆祥：

我来试着总结一下甲醇的走势特征吧：

(1)当天价格波动的性质是过程曲折的爬升波动，所以，适合的操作是寻找低点做多而不适合进行突破或是追涨操作。

(2)因为多方力量并不是很强，所以价格虽然形成了创新高的上涨，但涨不了多久便会形成高点产生回落，特别是高点形成明显的巨幅放大现象资金的进出出现了矛盾，这种情况下价格就容易形成反方向的波动。

(3)在进行多仓持仓操作时，价格出现这种放量不必急于平仓，因为大量之后可能还会有更大的量，一定要等到巨量之后成交量快速萎缩之后再平仓，从图中走势来看，价格的回落都是在成交量萎缩之后发生的。

彭助教：

看来价格局部高点识别方法的要点你已掌握了。价格波动有涨就有跌，上涨高点可以帮助我们避免买在阶段性高点，同时有利于把握做空点。而对下跌低点则可以起到以下作用：

(1)避免错误地在下跌低点区间进行做空，从而减少在不恰当的位置做空的风险。

(2)有助于做多的投资者选择适当的时机开仓做多。

内部学员韩赤心：

按老师以上讲解，上涨高点的技术特征应当和下跌低点的技术特征类似吧？

彭助教：

基本没有什么大的区别，只是趋势的方向不同。下面我来提问，你来回答：下跌低点的技术特征什么时候不能用于抄底做多操作？

内部学员韩赤心：

在当天整体趋势向下、价格近期有明显连续下跌迹象时不宜用，否则很容易被套在价格下跌中途，虽然有可能形成局部低点，便对当天整体趋势而言，更可能形成下跌中部反弹形态。并且，如果价格下降趋势明显，就算形成局部低点，后期反弹的空间也太大，难以实现做多盈利。

彭助教：

那怎样的价格波动才适合使用这种方法进行操作？

内部学员韩赤心：

价格至少出现两轮下跌，并且下跌持续时间比较长，可以使用这种方法操作。价格下跌时间越长，下跌幅度越大，反弹的可能性与空间就会越大。

彭助教：

当天什么样的市场状况用这种方法效果最好？

内部学员韩赤心：

当天整体市场处于上涨状态，或是下跌力度很弱时，使用这种方法最好，整体市场拒绝大幅下跌或是上涨，将会抑制价格出现大幅回落，上涨概率大于下跌概率。

彭助教：

请说明一下下跌低点成交量特征。

内部学员韩赤心：

下跌低点成交量出现明显放量，量能越大越好；若超过之前下跌时的量能，说明在低点处资金分歧较大，而后成交量要迅速萎缩，这样一来，价格就容易形成反方向波动。

彭助教：

看来这些技术要点你已经掌握了。下面我们结合两个下跌的案例进行讲解。

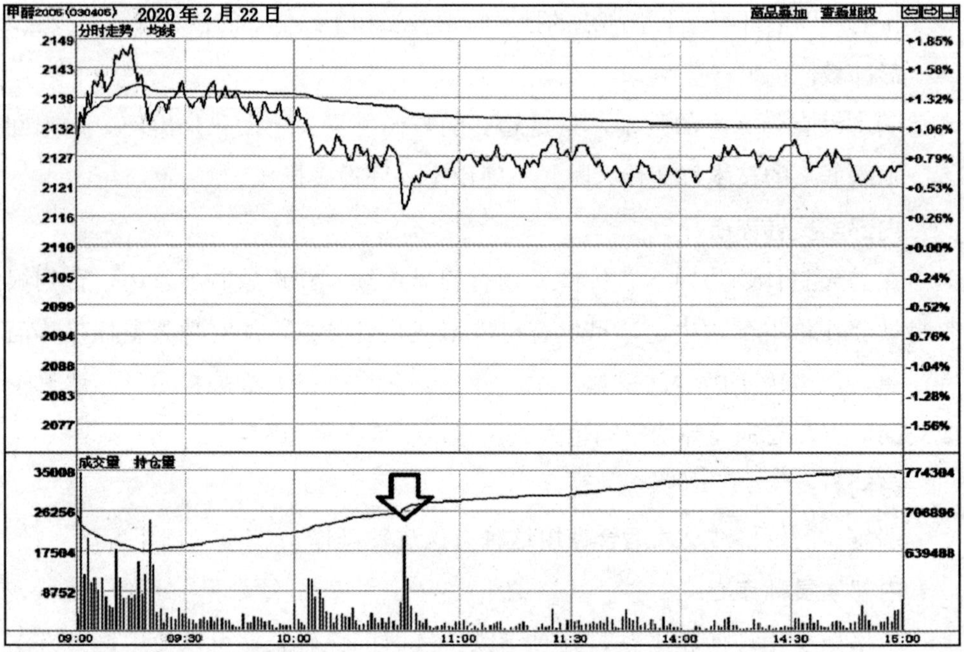

图3-11　甲醇2005合约2020年2月20日走势图

在甲醇2005合约2020年2月20日走势图中(图3-11)，价格早盘上冲后便出现连续下跌的走势，虽然价格连续回落，但其实这个品种是不适合做空的——如果连涨幅为正的品种都在下跌，那盘中肯定有大幅下跌的品种，那些跌幅靠前的品种才值得去操作。

内部学员韩赤心：

以前就做过这样的品种，有时会有盈利，但更多会遇到价格跌得并不多，并且很容易重新形成上涨的走势。参加了一阳老师《21天实战训练营》后，通过连续的实盘学习，发现一阳老师永远只对上涨居前的品种做多，对跌幅靠前的品种做空，这样做起来，盈利的效果就好很多了。

彭助教：

这样操作符合了价格的波动性质，翻红的品种虽然在跌，但它仍具有多头属性；想做空一定要做翻绿具有空头属性的品种，它们又翻绿又下跌，肯定比翻红下跌的品种跌起来更靠谱。

内部学员韩赤心：

价格跌破了均价线后出现了下跌的走势，一阳老师曾经说过：均价线是分时线的多空分水岭，分时线在均价线上方则容易上涨，而一旦分时线位于均价线下方，更容易下跌，甲醇的走势恰恰体现了这点。

彭助教：

甲醇的走势大方向虽是下跌，但因为其波动属性并不是做空的最佳对象，所以，在价格下跌的低点如果出现明确的技术信号，则是可以再抄底做多的。

内部学员韩赤心：

通过分析上涨时的高点，我发现价格在形成局部低点时都会出现一次杀跌走势，这个案例中的甲醇下跌低点同样也是出现了一次杀跌走势，而后形成了反弹。

彭助教：

在价格连续下跌后，再次形成杀跌有助于释放空方动能，价格快速波动容易导致资金操作分歧加大。价格连续下跌后再次短线跳水看似下跌很凌厉，但只要成交量异常放大，价格就很容易形成反方向波动。

内部学员韩赤心：

低点反弹时，下跌低点的成交量非常大，是最近的最大量，这些技术走势满足了下跌低点的放量技术特征。

彭助教：

当价格波动符合了下跌低点技术特征后，并不意味着直接就可以进行做多操作，还要看一下当前市场的整体变化，如果市场空头力量强则需要放弃，这个位置的低点可能只是阶段性的，后续还会有新低出现。

内部学员韩赤心：

是不是也可以这样理解，如果当天行情是多头略强的状态，就不应当关注下跌的品种，而应当做强势上涨的；如果行情震荡，价格上涨不多，下跌空间也不大，就可以运用这种技术找低点进行投机性抄底操作？

彭助教：

你说得非常正确。另外补充一点，如果当天市场是绝对的空头态势，用这种方法抄底做多就不可取了，正确的操作是找高点做空，而不是找低点做多。我们再来总结一下甲醇下跌低点的特征：

(1)价格开盘上冲后一路震荡下行，下跌时间比较长，在整体行情空方力量不是太强的情况下，下跌时间越长越容易引发反弹。

(2)价格下跌到低点时出现短暂的杀跌走势，在连续下跌后进一步耗费做空的动能，有利于价格反弹。

(3)下跌低点成交量非常大，资金分歧严重，而后成交量又急速萎缩了下来，因此价格反方向波动可能性加大。

内部学员韩赤心：

这样的低点技术特征并不难掌握，以后再碰到类似的低点放量后又缩量，就知道该如何正确操作了。

彭助教：

在橡胶2005合约2020年2月20日走势图中（图3-12），开盘后略上后便出现了震荡下跌的走势，但随后又出现了完全反转，这种走势经常会在什么时候出现？

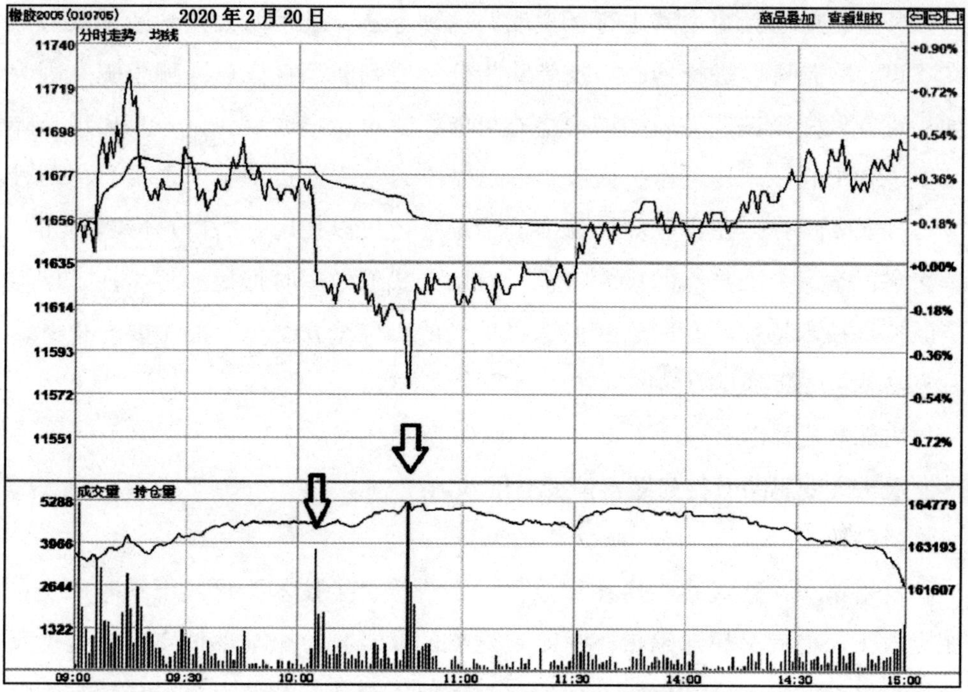

图3-12　橡胶2005合约2020年2月20日走势图

内部学员韩赤心：

空翻多的走势容易在价格处于绝对顶部区间和下跌过程中出现。底部区间价格随时有翻转的可能，所以出现这种下跌后再上涨就很正常。同时，在震荡区间也容易出现此种走势，因为这个区间价格没有一致的波动方向，所以，总是上下反复。

彭助教：

在价格形成空翻多时一定要注意，如果日K线形态价格整体的下跌并不大，最好不要在价格下跌中使用低点方法抄底做反弹，这样风险很大，此时外部环境不满足这种方法使用条件的。使用一种方法不能仅看技术形态，要结合外部环境分析才行。

内部学员韩赤心：

我觉得下跌低点的技术特征并不难把握，只是在操作时面对价格放量下跌之前还是比较担心，万一逆趋势做多，就容易亏损了。

彭助教：

其实之前已经为大家进行了说明，这种方法一是帮助大家判断杀跌低点在哪里，二是可以进行抄底做反弹。为什么要判断杀跌低点在哪里呢？因为如果进行做空操作，必须知道价格有可能在哪里会形成反弹，一旦出现反弹就要进行平仓，这样可以扩大收益，这是学习杀跌低点的重中之重。用这种方法抄底做反弹，在市场环境偏多的情况下才可以使用。所以，应当转扭一下思路：学习上涨高点的技术特征，有助于我们做多时把握卖点所在；学习下跌低点技术特征，有助于我们选择恰当的点位平仓空单，而不要一提到这种方法就首先想到反方向的操作。

内部学员韩赤心：

看来转变思路看待问题，能受益匪浅。

彭助教：

价格第一次直线跳水后在低点处的走势符合了技术要求，下跌时成交量明显放大，而后又快速缩量，只不过这次的低点是一个局部低点，小幅度反弹后价格便又来了一波下跌。而第二次的低点与前一次低点是一样的技术特征，成交量急剧放大，而后又快速萎缩，从而再度形成了一个低点，只不过这个低点构成了当天的最低点。

内部学员韩赤心：

从这个案例看，形成低点技术特征后应当先平仓，若是抄底操作，第一次肯定是要亏损的，第二次才有可能盈利。但问题是，第一次亏损后，第二次还敢不敢再去抄底？万一不敢抄底了，也就错过机会了。所以，这种方法最好不要单独使用；有整体性底部迹象时，用它寻找更加准确的介入点位是可以的；用它平仓则再好不过，就算没有平在最低点，但至少也是盈利的，心态也会好很多。

第四节 穿线介入点

王助教：

使用分时图进行分析与操作，一定要注意分时线与均价线的关系，这是分时图表分析中的重中之重，能反映价格的多空性质以及一些介入机会。

内部学员章洪浩：

一阳老师其他的著作中曾说过这个问题：当分时线在均价线上方时，应当坚定做多，因为价格此时保持着多头性质的波动；而当分时线在均价线下方时，应当坚定做空，因为价格此时保持着空头性质的波动。按着老师总结的经验操作，提高了操作的成功率。操作一定要跟价格的波动性质一致，才是实现长久盈利的根本。

王助教：

分时线与均价线只是反映价格多空性质的技术指标。这一讲我们交流买卖介入点的方法，利用分时线对均价线的穿越进行操作讲解。

内部学员章洪浩：

这种穿线的方法是不是当分时线向上穿越均价线时做多，向下穿越均价线时做空呢？我曾经这样做过，有时做得不错，可以抓到一大波行情，但有时做得却不太好，感觉用这个方法整体收益好像并不太稳定。

王助教：

单纯使用分时线向上穿越均价线就做多，以及分时线向下跌破均价线就做空，整体效果的确不稳定，所以，必须加入一些条件，比如一阳老师曾说过：使用这种方法必须对当天波动非常活跃的品种以及涨跌幅前三名的品种操作，因为这些品种波动力度大，就算形态指标失败，也可以在穿线之后带来一定的收益机会；如果涨跌力度小以及涨跌幅排名靠后的品种，就不能用这种方法操作了，因为涨跌力度小，价格的波动幅度小，穿线后无法带来足以产生保护性的盈利。

内部学员章洪浩：

原来还有这样的要求，你这么一讲我就明白了。穿线出现后一定要大力度连续波动，这样价格在一进入空头性质区间才可以大力度下跌，在进入多头性质区间才可以大力度上涨。我以前做的一些品种的确是当天表现一般，看来这就是问题所在。

王助教：

今天交流的分时线穿线买点与之前接触的类似指标有相同之处：分时线从下往上穿越均价线时入场做多，分时线从上往下穿越均价线时入场做空。但也有不同之处：要对价格的开盘有要求。价格高开之后回落，因为高开价格具备了多头性质，回落出现有两种可能，一种是价格再也涨不上去了，这样一来，也就不会向上穿越均价线了；另一种可能就是回落只是高开后的正常调整，调整结束，价格还要上涨，因此会向上穿越均价线，这个时候便可以入场做多了。

内部学员章洪浩：

是不是应当在价格形成高开后反弹上涨，反弹结束价格重新下跌，分时线向下跌破均价线的时候入场做空？

王助教：

正是如此。看来这种方法你已经明白了，接下来我们结合具体案例讲解。

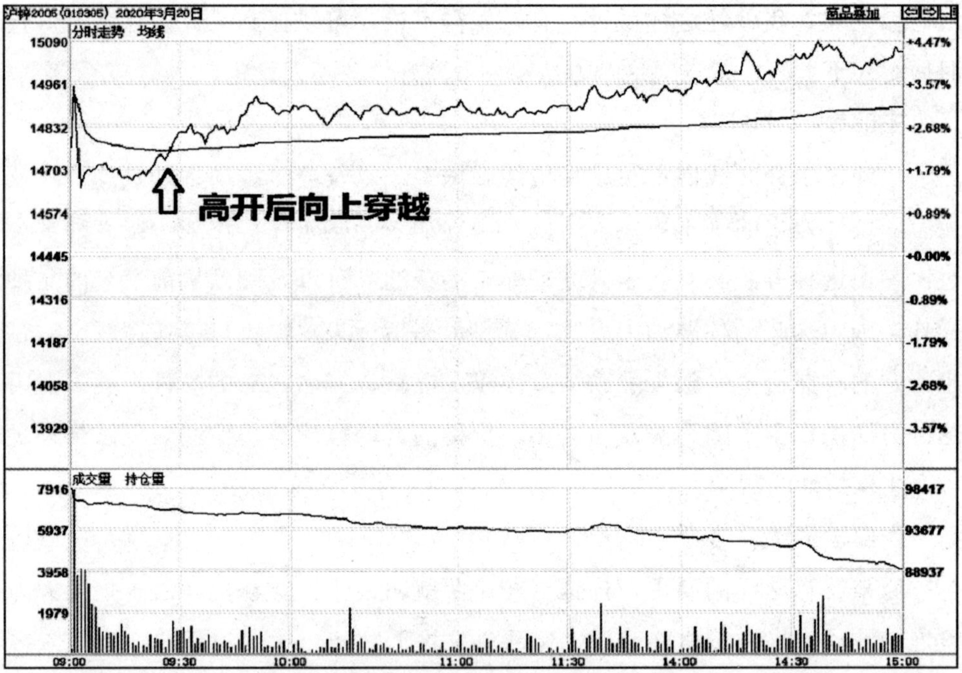

图3-13　沪锌2005合约2020年3月20日走势图

在沪锌2005合约2020年3月20日走势图中（图3-13），价格形成了高开的走势，不管什么原因的高开，都说明价格在此时具备了多头的波动性质，否则，又怎会有力量以更高的价格开盘呢？高开之后价格回落，这时该以怎样的思路操作呢？

内部学员章洪浩：

高开之后价格快速回落，一波杀跌后有所反弹，但反弹时价格上涨幅度很小，从这种走势看，多头力量不大，应当保持做空的思路。同时，分时线也在均价线下方，这个思路应当是正确的。

王助教：

保持做空思路肯定是对的，因为技术面绝对支持，一是反弹力度小，二是分时线在均价线下方，很正确。只不过能不能做空还要看当时整体市场多空状态，如果当时大多数品种都是下跌状态，那就可以坚定地做空了；若当时市场大多数品种是上涨状态，可以持有做空的操作，但不能下手进行做空的操作。

但如果进行了做空操作，根据分时线与均价线的关系，又该如何进行止损呢？

内部学员章洪浩：

在这种情况下做空后，一旦分时线向上突破均价线的压力，便需要止损操作了，这是空单止损的最后底线。

王助教：

分时线向上突破均价线意味着价格由空头波动性质转为多头波动性质，这个时候再持空单就不合适了，需要在分时线向上穿越均价线时止损空单。

同时，既然价格的波动转为了多头性质，那就应当在价格开始进入多头性质时入场做多，此时的操作可以直接进行反手，将原来的空单转为多单。

内部学员章洪浩：

价格向上穿越均价线入场做多的走势我之前学习过，只不过这里又加入了一个技术条件：价格必须是高开的。这样做是为了提高成功率。

王助教：

价格向上穿越均价线是进入多头性质的开仓，开仓方向也是多单，自然就需要有更多的多头迹象出现，而高开就是多头性质的一种体现，所以，更多的多头因素加入进来，就会使此时分时线向上穿越均价线的可靠性更高。价格波动性质是多头，操作的方向也是多头，并且做在了价格空与多的转折点，自然就更容易盈利。

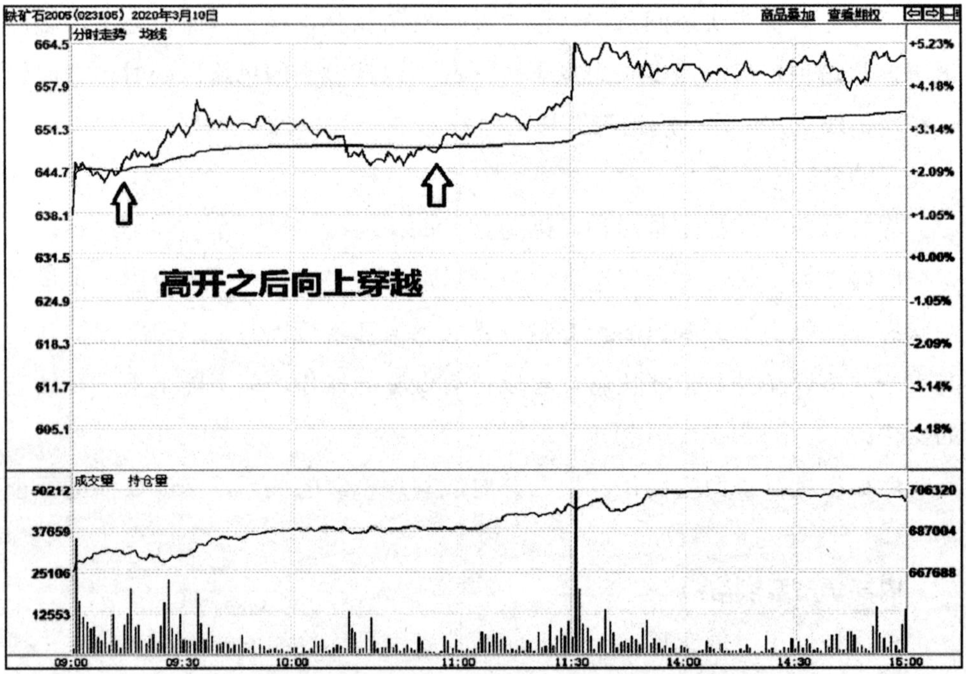

图3-14　铁矿石2005合约2020年3月10日走势图

在铁矿石2005合约2020年3月10日走势图中（图3-14），价格出现了高开走势，不过随后的走势跟沪锌不同：沪锌是快速向下回落的，并且幅度较大，空头时间较长；但是铁矿石高开后虽然也回落了，回落的幅度很小，分时线停留在均价线下方的时间也比较短。

内部学员章洪浩：

价格回落幅度越小说明多头的迹象越明显，空头的力度越弱，这种情况下价格继续上涨的概率就更大了。

王助教：

价格跌破了均价线后不久，再度向上穿越了均价线时便可以入场操作了，但这种形态又有着独特的技术要求，那就是在价格高开时进行操作，以便提高技术形态的稳定性。

内部学员章洪浩：

早盘期间价格第一波上涨之后，长时间的调整改变了上升趋势，价格跌回到了上涨的起点，未来的走势模糊不清(可能涨，也可能下跌)，因为跌回起点就说明空方也具备与多方大致相同的力量。

王助教：

其实操作思路是一样的。分时线在均价线上方回落时，肯定没有合适的买点，是等待机会的时候，并不会产生亏损。分时线跌到了均价线下方，应转换思路择机做空，就算此时做了空单，后续价格向上再次穿越均价线时再止损，风险也是很小的。

内部学员章洪浩：

在早开盘期间，价格高开回落之后再上穿，这是多头性质的波动，而在盘中的时候，还按早开盘的走势是不是就有些不太合适了？

王助教：

是这样的。时间越往后，价格当前的波动与早开盘时的高开越没关系，所以，盘中的时候，可以用类似的方法简单判断一下价格的多头状态。始终记住：我们是要做多的，因此，一定要找出来更多支持多头的技术特征，只要有了这些多头技术特征的支持，就可以在分时线向上穿越均价线时做多。

内部学员章洪浩：

价格回落时并没有跌破早开盘阶段调整的低点，属于低点抬高的走势，是明显的多头性质。

王助教：

除了你所说的这个技术特征外，还可以看一下盘中有多少品种在上涨，如果当时大多数品种都在上涨，就说明市场整体也是多头状态的，有了这些多头技术特征的支持，在价格向上突破均价线时就可以入场做多了。

内部学员章洪浩：

价格向上穿越均价线是空转多的信号，若同时又发生在价格得到更多多头技术特征支持的情况下，可以提高技术形态的可靠性，此时入场做多风险小而收益大。

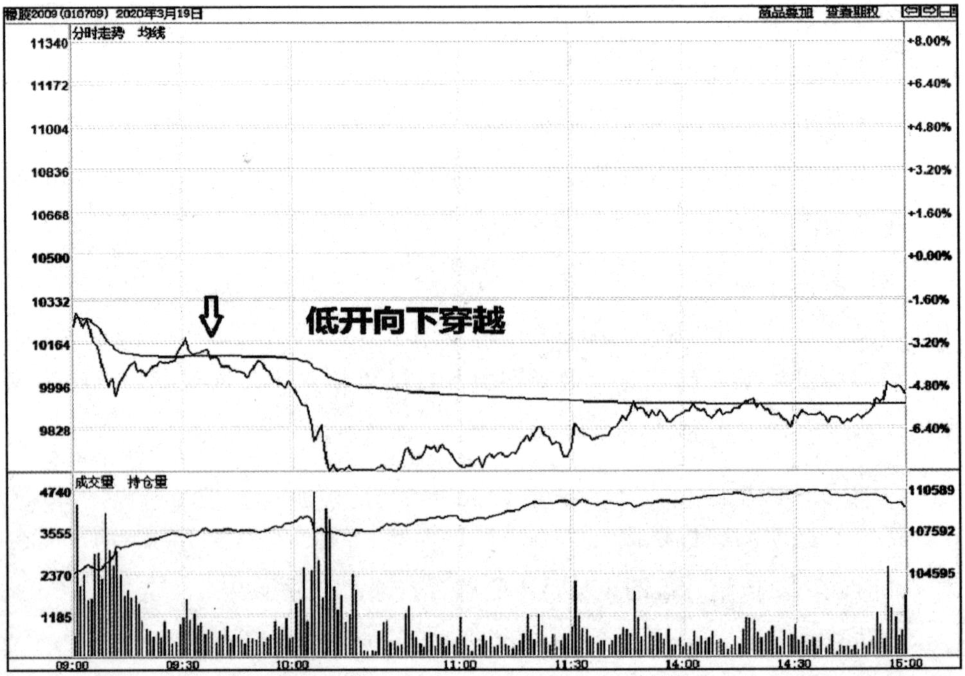

图3-15　橡胶2005合约2020年3月19日走势图

王助教：

橡胶2005合约2020年3月19日价格形成了低开的走势（图3-15），开盘之初价格就明显具备了空头的技术特征，一波放量杀跌之后价格形成反弹，此时该如何进行操作呢？

内部学员潘高峰：

应当在符合技术要求的反弹高点处做空。不过从后续的走势来看，反弹区间的空单都是要止损的，因为价格向上突破了均价线，触发了空单最后的止损底线。

王助教：

橡胶的价格在均价线上方后，可否转变思路找机会做多呢？

内部学员潘高峰：

不可以。因为它是低开品种，并且有三点多的跌幅，就算市场大跌，它也肯定不会是跌幅榜的最后一名，市场中总有比它跌得多的品种；而且，市场中也还有会保持正涨幅的品种，应当对那些涨幅大的品种做多。一阳老师说，做空一定要找跌幅前三的品种，做多一定要找涨幅前三的品种，中间的品种可不必理会。

王助教：

看来正确选择目标品种的方法你是真的领悟了。那些空头波动性质的品种不适合做多，既然不能做多，那就应当择机做空，而且，要以分时线与均价线的关系来做计划。

内部学员潘高峰：

对橡胶做空的时候，也不能在分时线位于均价线上方时进行，这是为了防止价格保持着多头的性质一直跌不下来，而顺势做空则需要等价格跌破均价线之后再说。所以，在价格位于均价线上方的时候，操作计划就是等分时线向下跌破均价线后进入场做空。

王助教：

价格形成了低开，满足了技术条件，使得价格波动具备了更多空头性质，而后价格经反弹后又再度向下跌破均价线，在分时线从上往下穿越均价线时，便可以入场做空了，由此，一波下跌行情的起点也就抓到了。

内部学员潘高峰：

价格低开之后寻找分时线从上往下穿越均价线的做空点，既然是做空，就要寻找更多做空的技术特征。空上加空自然就更容易促使价格下跌了。

王助教：

在沪镍2006合约2020年3月9日走势图中（图3-16），价格出现了低开而后又快速下探的走势，不过很快价格便反弹跌到了均价线的上方，此时，可以在向上穿越均价线时做多吗？

内部学员潘高峰：

不可以。因为价格并没有形成高开走势，所以，分时线向上穿越均价线时不能做多。同时，价格形成了低开是下跌走势，想要做多，应当寻找上涨的品种，而不是下跌的。

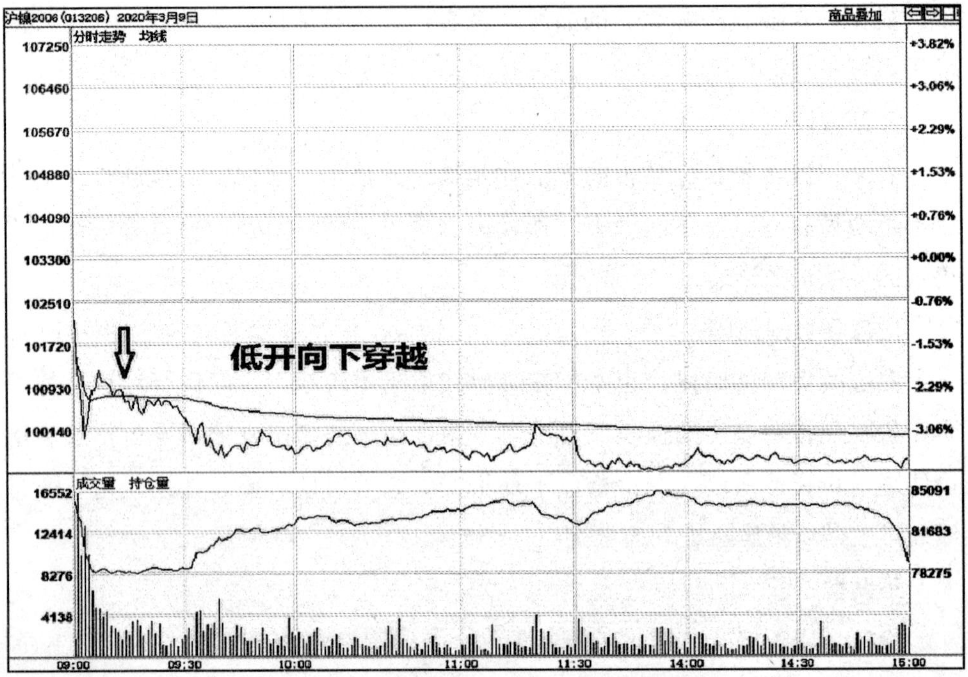

图3-16 沪镍2006合约2020年3月9日走势图

王助教：

既然不能做多，那就只剩下做空了。分时线在均价线上方时是绝不能做空的，因为价格此时还保持着多头的性质，做空与价格此时的波动性质不符。

内部学员潘高峰：

价格保持多头性质时永不做空，而在价格由多转为空的当口，则可以入场做空，这个时机就是分时线从上向下跌破均价线时。通过学习，以后再碰到价格保持空头性质，但分时线在均价线上方的走势，我就知道该怎样去抓获利机会了。

王助教：

低开使得价格具备了多头性质，随后价格从上往下跌破均价线，意味着价格又重新回到了空头性质的波动中，空上加空的形态出现自然就可以做空了。

内部学员潘高峰：

从后期走势来看，价格反弹时的高点到了均价线处便停下来了，这说明均价线保持下降趋势时对价格的波动有着强大的压力。以前见到这种走势就怕得要死，生怕价格涨上来；但现在不怕了，反而希望价格涨上来，因为一旦涨上来便可能又有了一次做空的机会，只要价格重新向下跌破均价线，便可以再度入场进行做空。

王助教：

均价线是多空分水岭。分时线在均价线上方，价格就是多头性质的波动；分时线在均价线下方，价格就是空头性质的波动。而在价格转变多空性质时，这个界线的点非常重要，因为它是价格波动性质的起点，抓住这个起点就等于抓住了一波行情。为了确保这个起点的准确性，就需要依靠更多的技术指标。高开与低开只是其中一个技术理由，大家一定要解放思想，因为技术指标有许多种，只要能有帮助，都可以拿来用。始终记住，多上加多形态与空上加空形态永远都是最值得介入的。

第五节 均价线支撑买点

王助教：

先来问你一个问题：支撑和压力发挥作用的原理是什么？

内部学员方志忠：

你的问题一阳老师在周二、周四的公开课中讲过。只要涉及成本概念的便会产生支撑与压力，所以，操作时要看一下什么位置聚积了成本，那这个位置就会产生对价格后期波动支撑或是压力的作用。

王助教：

一提到支撑位，就会想到前高点支撑，或是前横盘区间支撑，为什么这两个区间有支撑作用呢？这是因为前高点聚积了最高的成交价，并且高点区间往往成交量也比较大，所以，这是一个重要的成本区，因此，价格后期运行到此将会受到压力，而如果越过了这个高点，压力又会转变成支撑。

内部学员方志忠：

支撑和压力相互转换，支撑位被跌破了，就会变成压力位，后期价格运行至此就会被按下来；如果压力位被突破了，就会变成支撑位，价格回落至此就会获得支撑。

王助教：

看来一阳老师讲的内容你全记住了。那么，移动均线有没有支撑作用呢？

内部学员方志忠：

我认为应当有的，因为移动均线的取值是收盘价，可以视为是当天最高的成本(阳线)或当天最低的成本(阴线)，既然涉及了成本的概念，那么，它就具备了支撑或压力的作用。

王助教：

在实战操作时，经常可以发现价格回落到均价线处时很容易产生支撑或是压力的作用。同理，在分时图中进行分析时，均价线也涉及成本概念，它的计算公式就是成交金额除以成交手数代表平均成本，因此，它对价格波动的支撑或是压力作用将会更加明显。

内部学员方志忠：

那在使用均价线的支撑与压力作用进行操作时，有哪些技术要求呢？

王助教：

最重要的就是均价线一定要形成明显向上或向下的方向。因均价线波动比较平缓，其方向相比其他趋势类指标角度往往并不陡峭，所以，只要不是标准的横盘就可以了。利用支撑进行做多时，要求均价线必须明显向上；利用压力进行做空时，要求均价线必须向下。

内部学员方志忠：

当价格正好接触均价线时开仓好，还是离均价线略有点距离时开仓好？

王助教：

这就涉及支撑与压力的三种形式。第一种是通常意义上的支撑与压力，价格正好与均价线接触，这是常规的支撑与压力；第二种是强势状态，价格与均价线之间略微有点距离；第三种是价格越过均价线，而后又很快回来。

内部学员方志忠：

价格越过均价线又很快回来，可以使用穿线买点进行操作，这种形态虽然弱一些(因为均价线的支撑与压力暂时失守)，成交还是有把握的。价格正好接触均价线，我操作过，有时可以成交，有时可能成交不了——只能说成交的可能性较大。价格离均价线有点距离，这种形态我认为操作起来有难度，这个距离怎么把握分寸？可能每个投资者的标准是不一样的，要考虑自己的情况，因人而异。

王助教：

具体使用时，两条线的距离就是止损时的幅度，所以，两者之间不宜过大，一般建议不要超过5跳；对于波动呆滞一些的走势，不宜超过3跳。下面结合具体案例进行讲解。

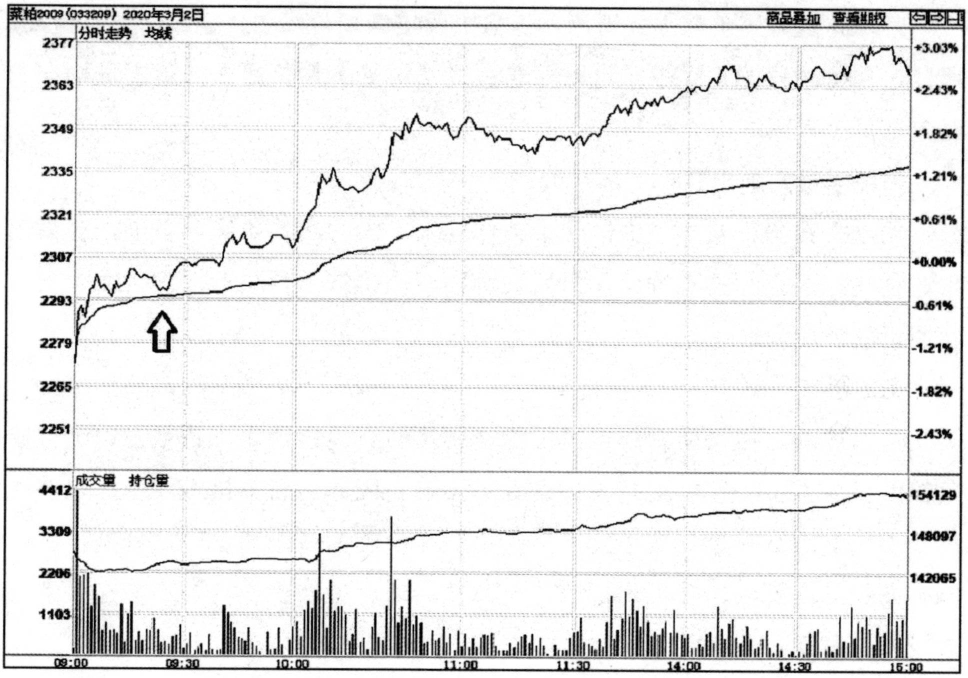

图3-17　菜粕2009合约2020年3月2日走势图

在菜粕2009合约2020年3月2日走势图中(图3-17)，价格出现了连续震荡上涨，上涨过程中的量价形态特点是什么呢？

内部学员方志忠：

价格上涨时，成交量都保持着放大的状态，这说明资金做多的积极性非常高，也为价格的上涨提供了足够的动力。资金越多，成交量便越大，价格上涨的空间也就会越大。

王助教：

在早盘阶段，价格第一波上涨之后价格出现调整走势，调整低点区间的技术特征又是什么？

内部学员方志忠：

价格调整时全程缩量，说明并没有什么资金愿意在场中进行做空操作，调整缩量说明空方动力小。在这种情况下调整的低点到达了均价线的支撑处，价格波动获得支撑，很容易继续上涨。

王助教：

菜粕的走势属于悬浮式支撑，价格快要接触均价线了，还差一点点距离，所以，在接触线的临界点便可以入场做多了。受到均价线支撑后，价格会一路上行。

内部学员方志忠：

从这个案例我发现，价格如果整体涨幅不大，离均价线并不远，容易出现这种支撑买点的技术特征，但如果价格与均价线离得很近，均价线的支撑作用也就没什么意义了。

王助教：

是这样的。如果两者离得远，价格要接触到均价线也不是不可以，但回落幅度就太大了，整个上升趋势受到了影响。因此，就算接触均价线也要顾忌一下较大的回落幅度，不宜轻易入场操作；若两者距离适中，调整不会影响上升趋势；所以，想用均价线的支撑作用进行做多操作，是不能在大涨幅或两者距离过远时运用的。

在沥青2006合约2020年3月2日走势图中（图3-18），开盘价格在放量推动下快速上冲，而后形成调整，由于价格此时距离均价线并不远，因此，可以使用均价线的支撑作用择机操作。在价格受到均价线支撑时，有什么样的技术特点呢？

内部学员方志忠：

调整区间成交量的萎缩是最明显的技术特征，缩量说明没有资金做空，既然下跌没有动力，价格也就容易获得支撑继续上涨。

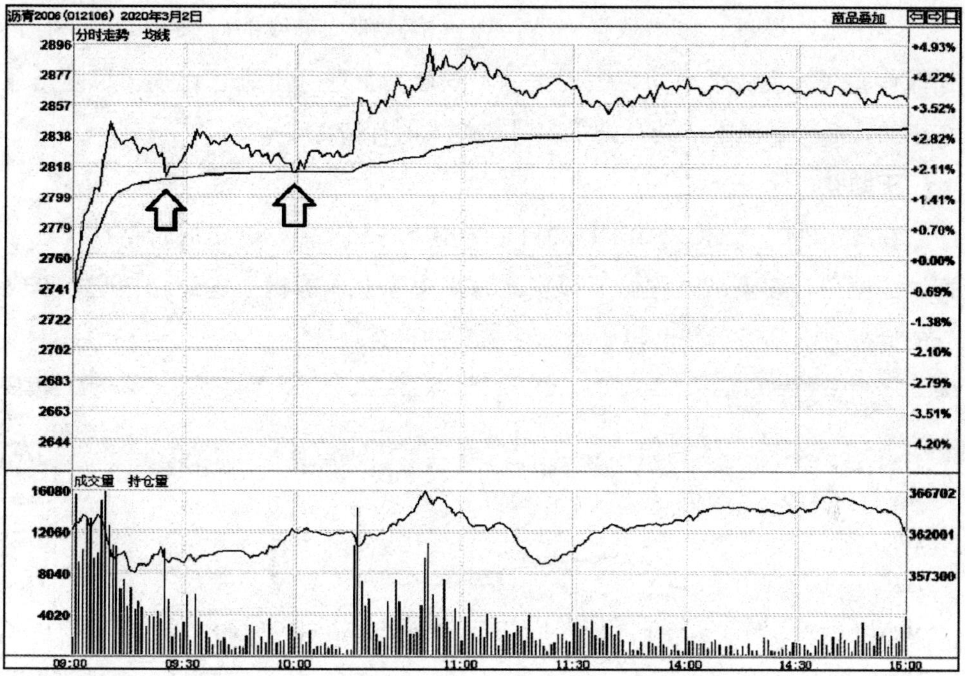

图3-18 沥青2006合约2020年3月2日走势图

王助教：

只要是使用支撑或压力作用进行操作，不管是什么形式，缩量都是必定要形成的，若调整时出现了放量，不管支撑是否生效，都是要放弃操作的。

支撑区间，均价线的方向又会怎样？

内部学员方志忠：

均价线早开盘向上的角度较大，而后受到价格调整，均价线上行的角度变缓了，但并没有形成标准的横盘迹象，而是依然保持向上，只是上行的角度小了些而已。

王助教：

只要方向明确，就会对价格产生强大的支撑与促涨作用，角度变缓没关系，只要不是真正意义上的横盘就行。在均价线方向明确时，在价格调整缩量时，一旦价格靠近均价线，便可以入场进行做多操作了。下一个问题，在均价线处做多后，如果支撑失败如何止损？

内部学员方志忠：

一阳老师说过：进出依据一致，在价格跌破均价线的时候便可以进行止损操作。在均价线很小的范围内进入，跌破均价线马上进行止损，风险是非常小的，而一旦形态成功，则很容易抓住大的行情。

王助教：

在豆一2005合约2020年3月20日走势图中(图3-19)，开盘时价格便出现了连续的回落，在下跌过程给了投资者许多中途介入的机会，逢高做空以及突破的操盘方法都可以帮助投资者抓住盈利的机会。

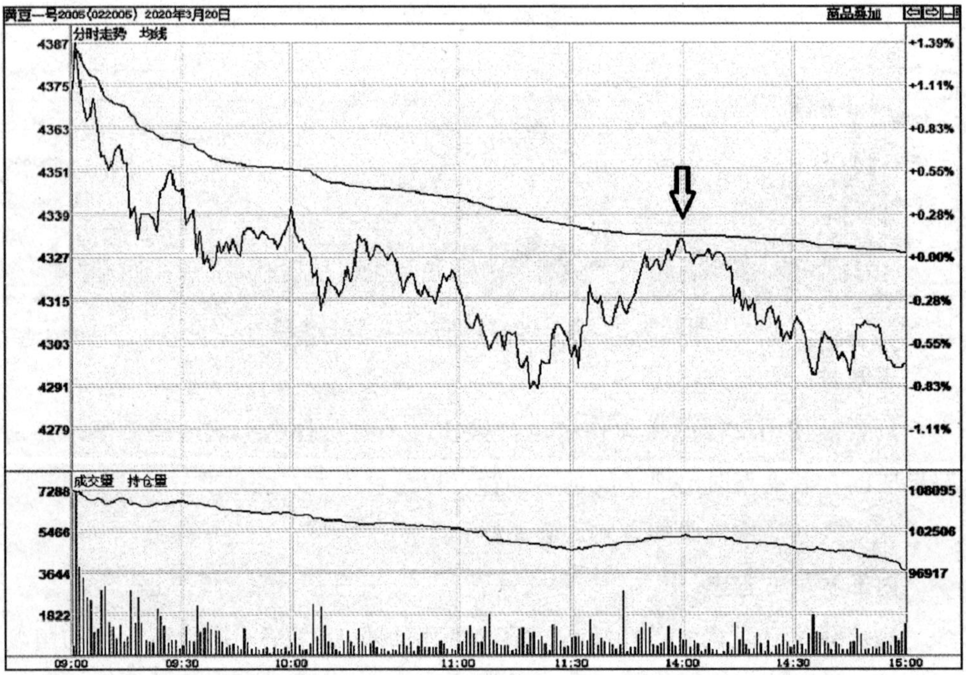

图3-19 豆一2005合约2020年3月20日走势图

内部学员许欣仪：

图中下跌过程中价格反弹的高点都没有到达均价线的压力处，因此，需要使用别的方法来捕捉反弹的高点。实战操作时，懂的操盘方法越多，越能抓住机会。虽然说“一招鲜，吃遍天”也不错，但是“一招鲜”的代价是牺牲其他的交易机会。

王助教：

图中，下午时价格出现了一次大规模反弹，并且高点正好与均价线接触后便停止了上涨，此时均价线的压力作用生效，可以入场进行操作。但这个案例与前两个案例又有所不同，你能看出它们之间的区别吗？

内部学员许欣仪：

价格反弹幅度比较大，这是最明显的技术特征。不过，在反弹期间成交量始终没有放大，说明做多的资金数量并不大，没有成交量连续放大的推动；再加上价格受到了均价线的压制，继续延续之前的波动方向概率非常大。

王助教：

虽然说下跌时成交量并不是很大，但趋势连续向下说明空方力量更大，所以，多方的行为受阻时就容易延续之前的波动趋势。均价线作为多空分水岭，越不过去，不管价格如何反弹，都是空头性质；既然空头性质到了一个临界点会继续回落，而这个临界点就是均价线的压力位；既然压力位处价格回落的幅度大，那就可以入场做空，而后在价格突破均价线压力时止损离场。

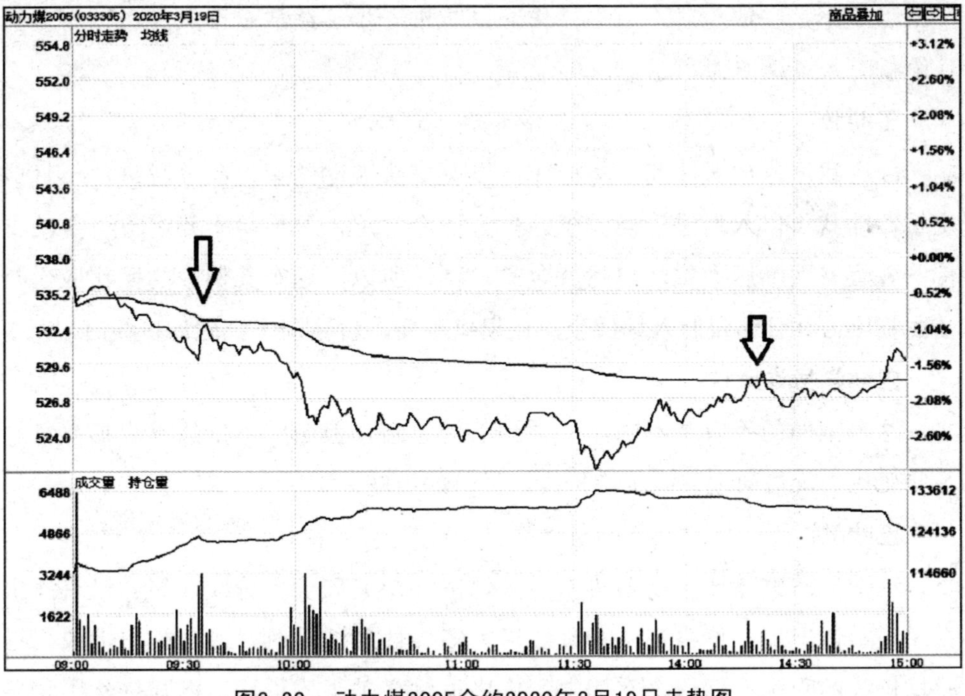

图3-20　动力煤2005合约2020年3月19日走势图

在动力煤2005合约2020年3月19日走势图中(图3-20)，价格上午出现了震荡下跌走势，由于初期下跌时距离均价线较近，所以，一旦价格反弹便可以密切留意均价线的压力卖点位置。但之后压力卖点位又有了新问题，你能发现是什么吗？

内部学员许欣仪：

这个形态有些吃不准能不能做了，因为价格反弹时成交量出现了明显放大迹象，在压力位放量这不是好现象吧？

王助教：

也不一定。如果面对压力直接放量突破上去，这肯定就不好了，也不能操作；但如果只是在面临压力时放了大量，到达压力时放量消失，这反而可以做，说明多方知难而退。如果真有量，为何不趁势突破压力？要知道，一旦压力被压，那就会转为支撑，这有利于多方；而面临压力虽有放量但突破不上去，这就说明放量并不是真的。

内部学员许欣仪：

那是不是在放量时不应当操作，以防进一步连续放量形成突破，而应当在缩量时入场操作呢？

王助教：

敌进我退，放量区间不去操作，以免空头波动结束；敌退我进，一旦成交量萎缩就可以入场进行操作了。多方资金消退，价格得不到多方资金的支持，并且又面临压力位，自然就容易下跌，所以，这个案例中的操作应当是在面临压力并且缩量时入场做空，止损仍不变，价格向上突破均价线时出局。

内部学员许欣仪：

这个案例的确有些不同，又学到了新思路。但图中下午的压力形态又有了些变化，价格向上突破了均价线，又该如何解读？

王助教：

这种形态整体属于是弱势压力，价格略微突破了均价线，但并没有涨上去。正常情况下，价格突破均价线转为多头性质波动时，应当趁势上攻，摆脱均价线的吸引。但这个案例中，价格虽然突破了均价线，但却依然围绕着均价线波动，没有继续上攻，这就不正常了。此时可以利用之前讲过的穿线技巧，价格在均价线上方时不操作，一旦重新向下跌破均价线时再做空。

内部学员许欣仪：

那如果价格向上突破均价线的距离较远，而不是贴着均价线，又该如何操作？

王助教：

如果形成这样的走势，就那需要等待做多的机会，而不是做空。只有价格向上突破均价线但没涨太多，贴着均价线运行时才可以用这种方法。同时，要求均价线的方向一定要向下，不能走平，本案例中能够在跌破均价线时操作就是因为均价线仍然保持着向下的态势。

均价线的支撑买点或压力卖点是价格波动过程中较为常见的现象，成功使用技术形态很容易抓住较大的机会，即使用不好亏损也非常小，符合一阳老师一贯的操盘思想：用小的亏损赚取大的收益。喜欢使用分时图进行操作的朋友可以多多留意这样的交易机会。

第六节　对比选择强势品种

王助教：

许多投资者会碰到这样一个问题：明明技术形态挺标准的，但价格上涨或下跌幅度不大时，盈利并不可观。你认为这是什么原因呢？

内部学员常乐：

通过参加一阳老师的内部培训课程——《操盘四要素》，我觉得出现这种情况，是由于操作的方向与整体市场多空氛围不符造成的，比如市场是多头却进行了做空操作，虽然能盈利，但幅度却不会很大。

王助教：

这是其中一个重要因素，操作方向与市场环境不符，一方面容易降低收益幅度，另一方面操作的成功率也会打折扣。除此之外，还有什么因素呢？

内部学员常乐：

操作的目标品种选择出错。没有选择强势品种操作，而是操作了弱势的跟风品种，因此，虽然技术形态是标准的，但价格的波动幅度却比较小。

王助教：

期货市场中由于可以做多也可以做空，所以品种的选择不太严格也能盈利；但若放到股市中，选择了一只弱势股操作，行情虽然在涨，但依然可能赔钱。所以，目标品种的选择极为重要！“擒贼先擒王”，操作必须找强势品种，这样用同样的方法可以获得更高的收益。你通过学习内部课程，知道强势形态的对比有什么要求吗？

内部学员常乐：

强与弱要经过对比才可做出判断，没有对比便没有强弱。所以，一定要拿一个品种跟另一个品种对比；同时，这两个品种一定要有相关性，毫不相关的品种之间不具备对比性。

王助教：

这种对比常用于同板块品种上，除此之外，还有其他方法用于不同板块品种的对比，这样就可以做到任何品种皆可以对比了。这一讲我们先聊一下如何对比同板块的品种。你知道同板块的品种该从什么角度对比吗？

内部学员常乐：

一阳老师讲过：可以从幅度上对比，也可以从技术形态上对比，比如：高低点的位置、突破时间的先后等，最近正在学习如何通过使用分时线进行对比强弱的内容。

王助教：

那我们现在就讲解一下如何使用均价线来对比强弱，挑出强势最有操作价值的品种。下面结合案例进行讲解。

在L2005合约与PP2005合约2020年3月10日走势图中（图3-21），两个品种都出现了上涨，无论做谁都可以盈利，但上涨是后来出现的，在价格还没有上涨之前，又该如何挑选最适合操作的品种呢？

内部学员常乐：

如果从早开盘阶段的幅度来看，应当选择L2005合约进行操作，因为它的涨幅大，PP2005合约早开盘下跌还曾经翻绿过。

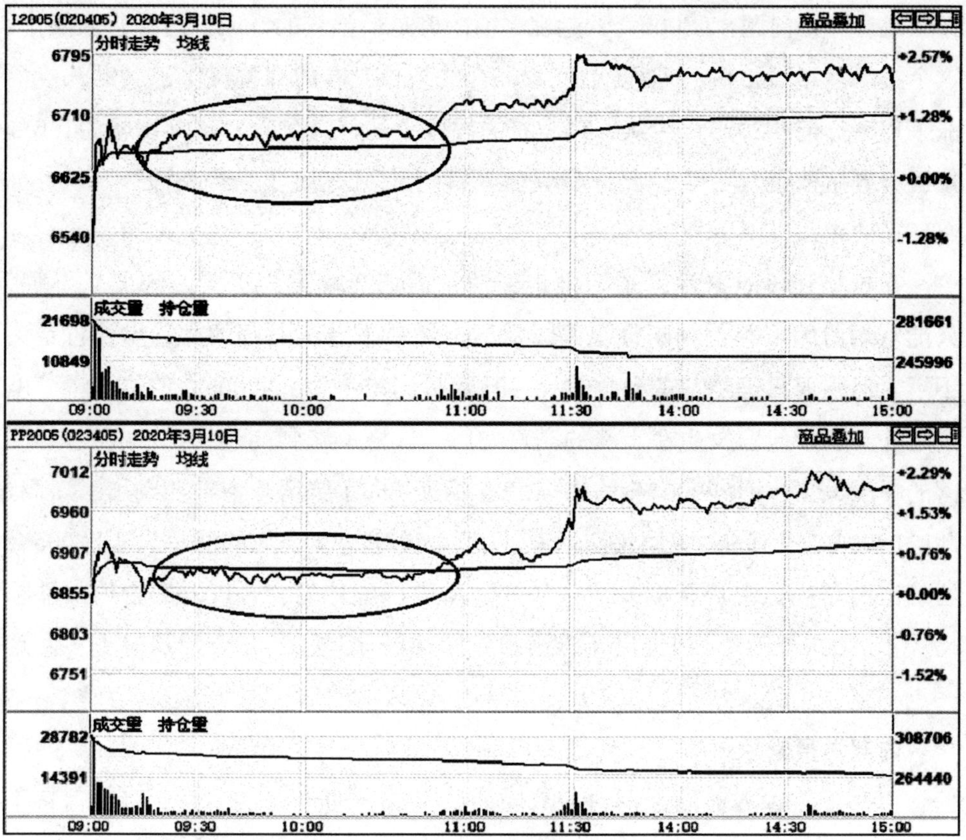

图3-21　L2005合约与PP2005合约2020年3月10日走势图

王助教：

这是一个选择L2005合约操作的依据。除此之外，仔细看一下图中画圈处的走势，两者有什么差别呢？

内部学员常乐：

L2005合约的价格始终在均价线上方，但PP2005合约的价格整体保持在均价线下方。

王助教：

分时线就是价格多空性质的分水岭，分时线在均价线上方意味着价格具备多头性质，在均价线下方则意味着价格具有空头性质，因此，这两个品种哪个更适合做多是不是一眼就可以看出来了？

内部学员常乐：

我有一个问题，L2005合约起涨之前的确是最强势的，应当选择它来操作，这个技术点绝对正确。问题就是L2005合约从1%左右的涨幅又上涨到2.5%，上涨了1.5%，但PP2005合约从0.7%左右的幅度上涨，涨到2.3%，其涨幅为1.6%，按说弱势品种应当涨得少吧，怎么弱势品种涨幅还超过了强势品种？

王助教：

在价格还没有起涨之前，谁也无法知道哪个幅度会更大，那怎么办呢？只能从当前的形态上判断谁更强。从历史经验来看，对强的品种操作肯定错不了。但强弱只是当前的数据对比，从随后的走势看，L2005合约的涨幅一度超过PP2005，问题发生在上涨的高点之后。价格上涨到高点后，L2005合约回落的幅度大了，而PP2005合约在高点之后转变成了强势形态，还创出了新高，此时L2005却没有能力创出新高了。并不是说PP2005合约的涨幅大于L2005合约的，而是高点之后强弱发生了转变，所以，整体而言，PP2005合约的涨幅略大于L2005合约的。但自起涨点到高点分析，还是L2005合约涨得更多，这一点一定要注意。

内部学员常乐：

明白了，起涨前的强弱对应着随后的上涨。而上涨之后强弱可能保持不变，也可能发生变化，一旦强弱转变，就要重新分析。

王助教：

在黄金2006合约与白银2006合约2020年3月2日走势图中（图3-22），两个品种因为在同一板块关联度较高，所以都出现了上涨，但上涨和下跌的波动却有着很大差异。先来看上午的走势，有了前一个案例做基础，上午的走势可以看懂强弱的对比了吧？

内部学员常乐：

上午白银的涨幅大于黄金，这是第一个强弱对比的结果。

王助教：

幅度的对比最直观，也是最容易判断的。所以，在判断强弱时，一定要先看幅度。

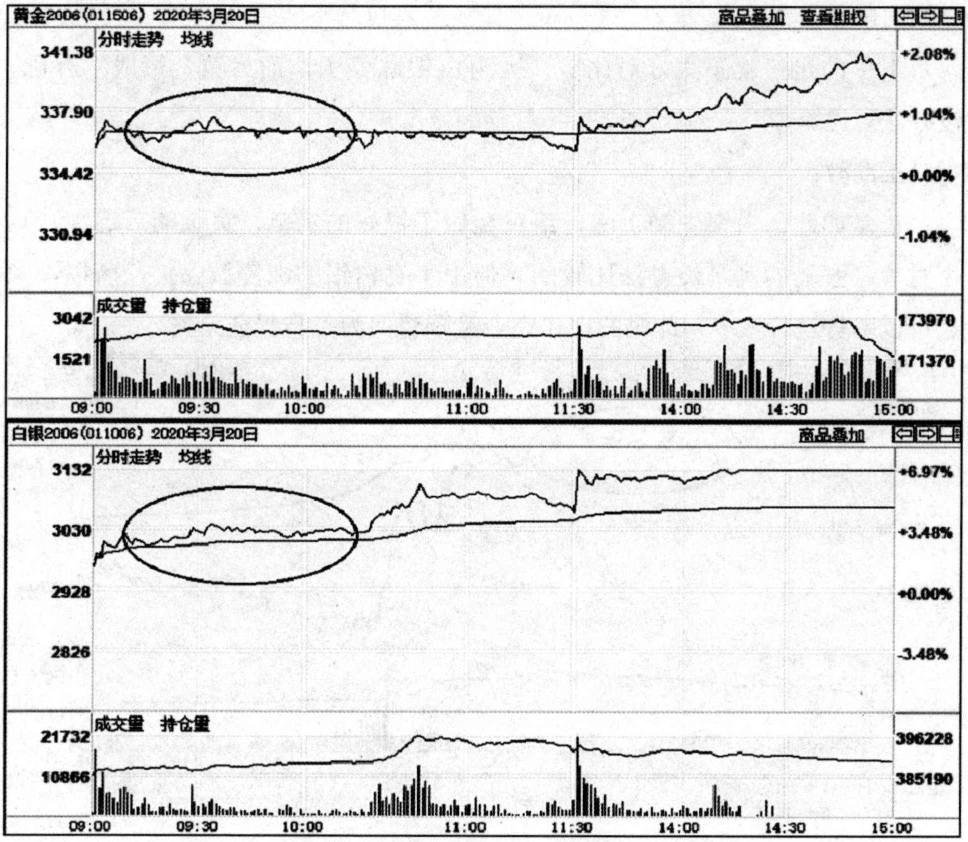

图3-22　黄金2006合约与白银2006合约2020年3月2日走势图

内部学员常乐：

白银的分时线始终在均价线上方波动，但黄金的分时线却围绕着均价线波动。

王助教：

白银分时线方向向上，均价线方向也向上，方向更加明显。做交易一定要做方向明显的品种，不要在方向不清晰的品种上浪费时间。

内部学员常乐：

我觉得只这两点就足以做出强弱判断了，操作白银肯定是正确的选择。

王助教：

除此之外，白银还率先形成了创新高的走势，这也是一个技术点。谁先率创新高，谁就是领导者，另一个品种就是跟随者。

内部学员常乐：

下午的走势就不太好对比了，因为白银涨停了，而后黄金形成了补涨，没办法对比。

王助教：

正是如此。白银主动上涨，给黄金做了很好的示范，黄金随后追涨，这个时候，强弱的确是没办法比较的。但由于有白银的涨停做保护，所以，黄金可以顺势进行做多，此时的操作完全是顺势而为，与强弱无关。

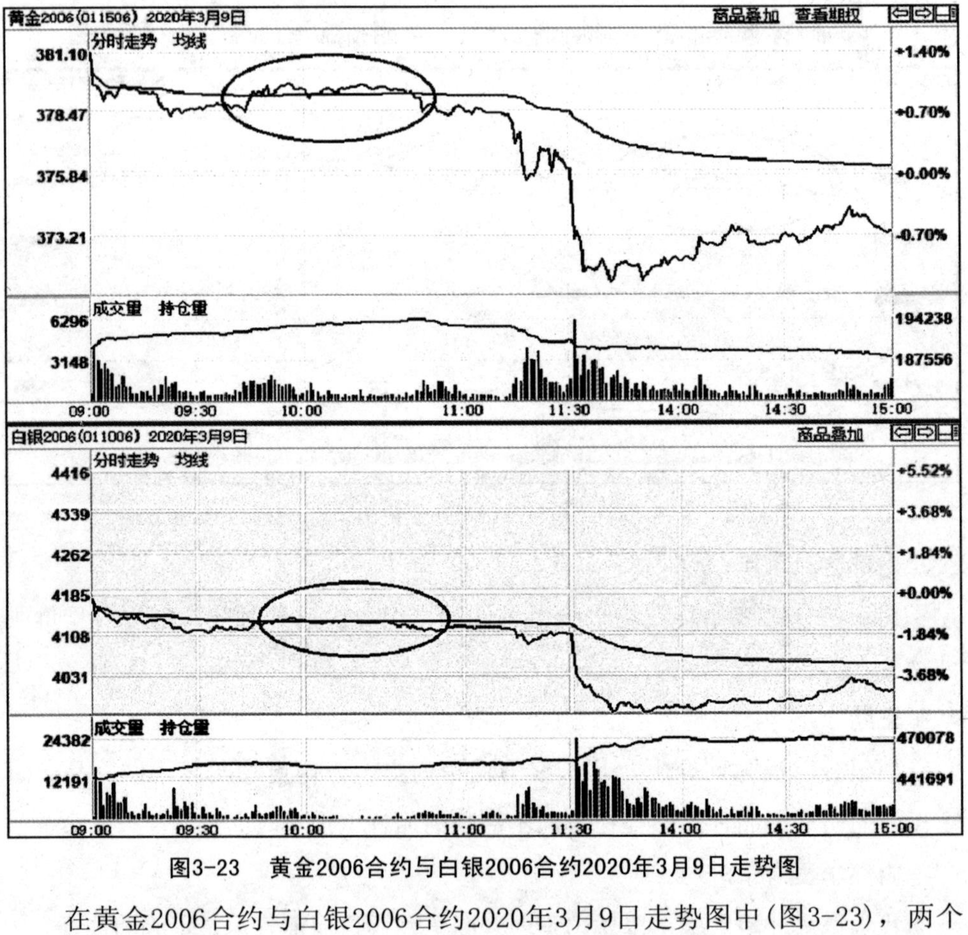

图3-23　黄金2006合约与白银2006合约2020年3月9日走势图

在黄金2006合约与白银2006合约2020年3月9日走势图中（图3-23），两个品种都出现了下跌走势，白银跌幅较大，可以给投资者带来更大收益。虽说操作黄金的空单也可以盈利，但获利的幅度却要小很多，这从实际跌幅上便可看出。那么，下跌之前，白银与黄金走势有哪些区别呢？

内部学员孙家佳：

白银开盘后的跌幅比较大，跌幅大则说明空方力量强，空方力量强的品种肯定容易出现更大的跌幅。

王助教：

如果连空方力量强的品种都无法出现较大幅度下跌，那么，跌幅小、空方力量弱的品种就更不可能有好的表现了，找品种第一是看幅度，幅度决定力度。

内部学员孙家佳：

随后的震荡过程中，白银的分时线始终在均价线下方，而黄金的分时线却保持在均价线上方，这是最明显的差别。

王助教：

对比两者的分时线与均价线的位置关系可以看到，一个依然保持着空头的波动性质，一个却具备了多头的波动性质；既然是要做空的，那肯定具备空头性质的品种才是价格起跌之前最佳的操作对象。

内部学员孙家佳：

这个案例中谁先突破不好判断，从时间上看，好像都是同一时间向下创出新低。

王助教：

进行强弱对比时，我们当然希望可以找到更多的强弱差异，但其实只要有那么一两项就足够了，毕竟实战操作时，战机转眼即逝，所以，当机立断很重要。

有时目标品种具有相关性，涨跌幅可能会一致，此时分时线与均价线的关系就成了重中之重，并且分时线与均价线的关系也可以完全独立使用；幅度有差异更好，没有差异，上下之间就可以完成对比。所以，只要分时线与均价线有了明显的强弱差异，直接选择分时线在均价线下方的白银操作就可以，至于突破或其他的识别方法，有则更好，没有也不影响操作。

在菜油2005合约与豆油2005合约在2020年2月28日走势中（图3-24），菜油早开盘的跌幅一度大于豆油，不过随后强弱发生了转变，菜油不断向上，多头性质盖过了豆油。在此价格走势下，正确的操作思路是什么？

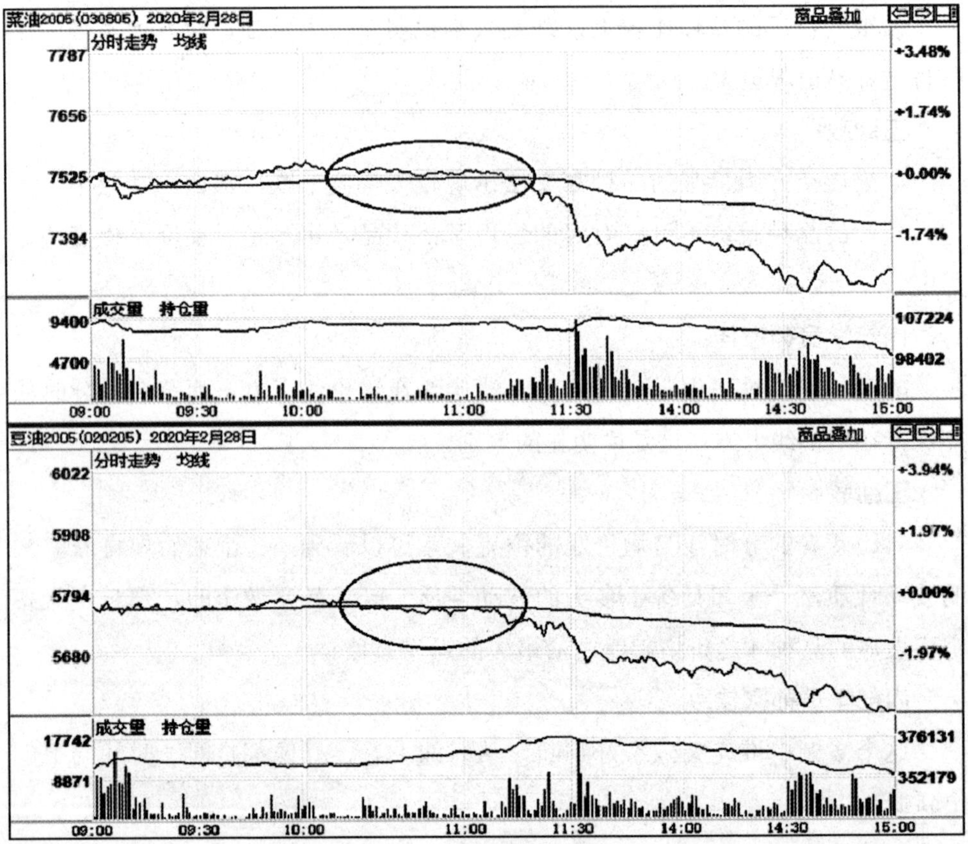

图3-24　菜油2005合约与豆油2005合约2020年2月28日走势图

内部学员孙家佳：

一阳老师曾讲过：进行强弱分时线必须要保持两头的操作态度，如果价格未来涨了，一定要操作多头迹象明显的品种，如果价格未来下跌，则要操作空头迹象明显的品种。所以，不能只看一头。

王助教：

空方的强势站在对立面其实就是多方的弱势，多方的强势站在对方面其实就是空方的弱势，这个关系首先要搞清楚。其次对比分时线，为了统一口径，是要说某个品种强，某个品种弱的，这个强与弱的立场也要明确。比如菜油与豆油出现了下跌，所以，立场就是站在空方的角度，此时的强指的是空方力量强，弱则表示空方力量弱，这样才不会乱。

内部学员孙家佳：

如果完整地讲，就是空方力强、多方力弱，空方力弱、多方力强，所以，价格跌了，就要操作空强多弱的；价格涨了，就要操作空弱多强的。

王助教：

正是这个意思。所以，菜油价格位于均价线上方，豆油价格位于均价线下方时，如果未来价格涨了，就要对菜油进行做多；而如果价格跌了，就要操作豆油，这样才更符合价格自身的多空性质规律。

内部学员孙家佳：

从差异中寻找强势目标，强的品种更符合价格波动的性质要求。未来到底是涨是跌无法预知，但价格的性质有了，多空两张牌，什么波动就打什么牌。强的品种可能涨幅小，但强者恒强是大概率。如果强的品种波动幅度都不大，那弱的品种就更难有收益了。

第四章　实战前测试

实战操作专业性很强，其门槛绝不可能低到走眼不走心随便看几本杂七杂八的投资书就能赚大钱，很多投资者把市场想得太简单了，认为不劳便可获利，如果真是这样，又怎能会有那么多亏损的投资者呢？不知道大家有没有总结一下这些亏钱者的共性？其实很简单：缺少专业知识！

当然，这个市场的门槛也绝对没有高到一般人摸都摸不到，只要在正确的道路上前进，有正确的指引方向，学到正确的操作要领，肯定能获利。

笔者接触过许多投资者，也有很多人买了我写的投资书，大家对我很信任，比如今晚看了我的书，明天就直接上手实战。首先是要感谢大家对我的一贯支持，但这种做法实在要不得，因为从看书到会用中间还需要大量练习的环节，不可一蹴而就。也有很多投资者认真进行了学习，但没有好好花时间大量练习，从而造成了理论知识足够，但实战应对能力较差的局面。所以，在此为大家特意汇总了一些实战中常见的技术问题，希望大家认真测试，巩固学过的知识。

特别说明一下：

1．成绩在80分以下的，请继续学习，你现在的任务就是学而不厌。

2．成绩在80～90分之间的，请先进行两个月以上的模拟操作，不要直接实战。

3．成线绩在90分以上的，可以直接实战，只要按照目前测试题中答对的方式操作，将无往不利！

各位读者朋友测试完毕后，可与我们联系核对答案。我们将根据你的答题情况为你提示今后学习的重点以及实战中应注意的问题，这个交流的环节必不可少，只有通过这样的交流，你才可以知道错在了哪里，有什么需要改进。

一、单选题（每题1分，共20道题20分）。

1．孙先生这几天交易时赚时亏，为了增强交易的稳定性，请分析以下关于仓位的分配哪种方式正确。（　　）

A．在没有盈利时应当减小仓位

B．在当天产生盈利时可以加大仓位

C．不管盈利还是亏损，仓位要保持一致

D．根据价格不同的位置决定仓位大小，低位则仓位大一些，高位则仓位小一些

2．为了更好地捕捉交易的机会，以下关于周期设定的方法哪种正确？（　　）

A．只盯一个周期进行操作

B．哪个周期有机会，就在哪个周期上操作

C．多个周期搭配，寻找周期共振的操作机会

D．短周期操作方向需要经长周期的确定

3．以下品种哪个更适合在1分钟K线图中进行日内投机操作？（　　）

A．玉米

B．焦煤

C．尿素

D．沪镍

4．为了更好地判断价格波动方向进行操作，以下做法最有效的是：（　　）

A．只以一根移动均线作识别信号，其上行或下行就是当前的操作方向

B．应至少以三根均线作方向识别的信号，要求三根均线方向必须一致

C．应多个趋势类指标一起参考，形成一致方向时再操作

D．短周期K线中均线方向必须与长周期K线中均线方向一致才可操作

5．持仓出现了浮亏，但价格现在有了新的波动形态，以下止损方式正确的是：（　　）

A．根据新的形态重新设定止损位，但亏损幅度不得扩大

B．根据新的形势重新设定止损位，亏损幅度不必理会，应以形态为准

C. 根据市场整体环境决定是否止损，若行情偏多则多单不应止损

D. 形态没有破坏，虽然亏损超过了原定计划，可继续持仓直至形态破坏

6. 价格第一波上涨后出现调整，但波动重心并未回落，以下说法正确的是：（　）

A. 需要随时警惕价格的补跌

B. 需要随时留意价格是否继续上涨

C. 调整出现说明多方力量衰竭，价格无力继续上涨

D. 波动重心并未回落说明多空双方在激烈争夺，方向可能向上，也可能随时转为下跌，涨跌概率各半

7. 上升趋势中价格上涨至前高点处时，出现了回落，以下说法正确的是：（　）

A. 前高点压力现象明显，应当放弃做多及跟踪，换其他突破了压力的品种关注

B. 可利用前高点的压力作用进行做空操作

C. 可留意价格有可能的蓄势行为，一旦形成克服压力便可及时入场做多

D. 可留意价格有可能的蓄势行为，一旦低点止稳便可入场做多

8. 下降趋势中价格创下了新低，以下日内操作方式正确的是：（　）

A. 不管价格是否有了较大的跌幅，只要创出新低便可入场做空

B. 下降趋势中价格第一次或第二次形成创新低的走势才最值得入场做空

C. 跌幅越前靠前的品种在价格创出新低时做空效果越好

D. 波动越活跃的品种在价格创出新低时入场做空效果才会越好

9. 螺纹盘中出现了放量大幅下跌的走势，以下操作方式正确的是：（　）

A. 可于低点抄底做多

B. 若错过机会，也可于放量区间追空

C. 中轨若走平，则可继续持有空单

D. 中轨若向上，则可寻找高点做空

10. 什么样的量价形态好的操作机会会更多？（　）

A. 放量调整的形态做空机会比较好

B. 以大阳线且放量的形态反弹较好，一步到位便可入场做空

C. 上涨放量调整缩量的形态存在好的做多机会

D. 整体无量波动的品种应重点关注，耐心等待放量出现后好的操作机会

11. 使用线上金叉进行做多操作，以下做法错误的是：（　　）

A. 价格可以跌破20周期均线，但金叉发生的点不可位于20周期均线下方

B. 价格与短周期均线金叉的位置都不能位于20周期均线下方

C. 20周期均线定方向，5、10周期均线找介入点

D. 价格跌破20周期均线时止损

12. 价格形成强势上涨形态时，以下哪些技术特征是正确的？（　　）

A. 强势上涨形态可以延续的时间较长，没有明确的时效性

B. 强势上涨时以形态为主，成交量可以放大也可以萎缩

C. 强势上涨形成的标志是：K线的收盘价必须位于布林线指标上轨上方

D. 强势上涨的终点价格回落通道内意味着整个上涨行情的结束

13. 使用MACD指标判断价格涨跌力度，以下说法错误的是：（　　）

A. 涨跌力度是为买卖点提供服务的，涨跌力度大则介入时的成功率高

B. 涨跌力度是为持仓提供服务的，涨跌力度加大则涨跌幅度将会加大

C. 涨跌力度可对比同一方向的波动力度，也可对比不同方向的波动力度

D. 涨跌力度可以对比相邻两波涨跌的力度，也可与历史上的走势进行对比

14. 关于五K变值的实战运用，以下说法错误的是：（　　）

A. MACD指标五K变值的出现意味着调整结束

B. 只需关注MACD指标金叉与死叉的转换，价格具体的涨跌幅度没有要求

C. 如果MACD指标的死叉保持了六天而后形成金叉，也可操作，但不属于标准形态

D. 五K变值可先于死叉时做空，若做空失败，指标转为金叉时可反手做多，这样涨跌机会便都不会错过了

15. 关于逢低做多操作以下说法正确的是：（　　）

A. 逢低做多是指价格连续下跌之后寻找技术性的低点进行做多操作

B．逢低做多是指价格上涨途中寻找调整低点进行做多操作

C．逢低做多操作价格调整时下跌的力度越大越好

D．逢低做多操作价格调整时对成交量的变化没有要求，可以放量也可以缩量

16．价格连续上涨之后MACD指标形成顶背离迹象，此时错误的操作是：（　　）

A．积极寻找做空机会

B．上升趋势不变时可以继续寻找逢低做多机会

C．放弃突破操作

D．平仓多单

17．实战操作使用布林线指标时，哪些功能是布林线指标不具备的？（　）

A．方向提示功能

B．支撑位与压力位提示

C．强势涨跌提示

D．顶底背离提示

18．实战操作使用MACD指标时，哪些功能是MACD指标不具备的？（　　）

A．方向提示功能

B．支撑位与压力位提示

C．涨跌力度提示

D．顶底背离提示

19．实战操作使用KD指标时，哪些功能是KD指标具备的？（　　）

A．方向提示功能

B．支撑位与压力位的提示

C．价格所处位置高与低的提示

D．价格涨跌力度提示

20．趋势监控指标不可以帮助投资者实现哪种类型的操作？（　　）

A．逢低做多逢高做空操作

B．突破操作

C．追涨操作

D．抄底摸顶操作

二、多选题（每题2分，共20分10道题，答错、少答不得分）。

1．一位网友给张先生介绍了一家公司开户做期货，他该如何识别这家公司是否是合规合法的期货公司？（　　）

A．查看该公司的营业执照是否带有××期货公司的字样

B．在证监会官网查询是否有该公司的信息

C．查看该公司是否有当地政府的相关批文

D．在期货业协会官网查询是否有该公司的信息

2．李先生今天想日内做多，以下哪种情况更满足做多的技术要求？（　）

A．大多数品种盘中涨幅为正

B．盘中只有两个品种跌停

C．大多数品种高开后分时线在均价线下方

D．大多数品种分时线在均价线上方且趋势类指标方向向上

3．孙女士今天想进行做空，她的哪些做法是正确的？（　　）

A．跌幅靠前的跌幅太大，寻找跌幅小的品种操作

B．盯住今天跌幅靠前的品种进行操作

C．操作日K线方向向上、今天价格收出第一根阴线的品种

D．操作日K线方向向下、盘中价格进一步下跌的品种

4．张先生平时喜欢死盯一个品种进行操作，但今天这个品种波动幅度极小，以下哪些做法是正确的？（　　）

A．继续死盯该品种进行操作

B．可以临时切换成当天涨幅或跌幅大的品种操作

C．可以使用突破战法进行操作

D．可以使用箱体震荡战法进行操作

5．常先生看到今天价格出现了回落，想进行抄底操作，以下哪些做法正确？（　　）

A．对跌幅靠前的品种进行抄底操作

B．对涨跌幅靠的品种进行抄底操作

C．对无量下跌的品种进行抄底操作

D．对放量下跌的品种进行抄底操作

6．刘先生看到某品种向上创出新高想进行突破操作，以下哪些做法正确？（　　）

A．该品种波动略显呆滞因此盘中使用3分钟K线操作

B．该品种波动活跃度很高因此使用1分钟K线操作

C．该品种涨幅排名落后因此放弃操作

D．该品种创新高之前已形成好几轮上涨因此放弃操作

7．日内走势中，价格将继续上涨会有哪些技术特征？（　　）

A．上涨时成交量温和且持续放大

B．上涨后调整时成交量明显萎缩

C．调整幅度为上涨幅度的三分之一以内

D．调整所花费时间少于上涨的时间

8．关于穿线介入点，以下说法正确的是：（　　）

A．价格只要向上穿越均价线便可以入场做多

B．价格向下穿越均价线做空时，要求当天必须低开

C．向上穿越均价线时，多单开仓价格应当为均价线+1跳

D．价格向下穿越均价线后，一旦向上顶破布林线指标上轨压力便需止损

9．关于均价线的支撑以下说法正确的是：（　　）

A．均价线明显形成上升趋势时，其支撑效果最好

B．均价线明显走平时，也可利用支撑作用做多及压力作用做空

C．价格离均价线的距离适中，形成支撑买点的可能性才会较大

D．价格离均价线较远，而后回落到均价线处时，也可使用均价线的支撑作用做多

10．对两个品种进行对比确定强势特征时，以下做法正确的是：（　　）

A．要求这两个品种必须具有较高的相关性

B. 可以将这两个品种分时线与均价线的上下关系进行对比

C. 可以对比这两个品种高点的位置

D. 可以对比这两个品种形成突破的时间先后顺序

三、判断对错（每题1分，共20道题20分。选项以A、B表示，A代表正确，B代表错误）。

1. 原定的止损计划是亏损达到5000元时出局，当前价格有了新的波动形态，可以把止损调整到亏损8000元时出局。（　　）

2. 价格上涨后调整形成横盘的走势，说明多方无力再继续推动价格上涨，要小心下跌风险。（　　）

3. 价格运行到前高点受到压力回落，一方面需要留意受压回落，另一方面还需要留意价格在此有蓄势的可能，一旦调整后再突破前高点，便意味着上涨开始。（　　）

4. 设定好止损，只要价格形成破位创新低的走势，就可以积极入场进行做空操作。（　　）

5. 价格大幅下跌之后，若布林线指标中轨走平，则可以继续持有空单；若布林线指标中轨拐头向上，则大概率会走五浪上涨行情，此时空单应尽早出局。（　　）

6. 日内交易时，完美的量价配合是指：上涨时温和且连续放量，调整时明显萎缩。（　　）

7. 调整时价格回落幅度较大，但成交量萎缩明显，则后市继续上涨的概率较大。（　　）

8. 交易周期可以固定不变，因为一种形态会在任何周期的K线中出现，操作方法完全一样，忽略周期注重形态才是最主要的。（　　）

9. 进行日内交易时，仓位的大小应当根据盈亏的状况调整，有盈利做保护时仓位可以大一些，亏损时可以减小些仓位防止风险。（　　）

10. 线上金叉的交易思路是：用长周期均线确定稳定的方向，短周期均线寻找具体的介入点位，属于顺势找中途介入点的交易方式。（　　）

11．强势上涨延续的时间取决于放量的持续性，若成交量持续放大，则强势上涨往往可以保持二三十根K线的时间长度，甚至更长。（　　）

12．价格形成强势上涨走势时，一旦K线收盘价回归布林线通道之内，便可减仓或清仓操作，回归的出现说明最强势的上涨结束，但并不代表整体上涨的结束。（　　）

13．五K变值只允许MACD指标在5根K线的时间内完成变值，若第六根才完成变值，则属于不规则形态，应当放弃操作。（　　）

14．逢低做多是找大的上升趋势中的调整低点，利用支撑作用入场做多，利用支撑的失效进行止损。（　　）

15．在价格连续上涨之后，MACD指标可能会形成多次背离的现象，不管形成几次背离，操作的顺序应当是先平仓多单，再择机做空。（　　）

16．进行逢高做空操作时，之所以使用KD指标，是因为它属于高低类指标，可以反映价格当前所处位置的高低，从而可以帮助投资者找到大的顶部高点所在。（　　）

17．震荡上涨形态首先用布林线指标中轨来指示交易的方向，而后再利用布林线指标中轨的支撑作用进行做多操作。（　　）

18．双红买点是指：趋势监控指标中轨呈红色多头趋势，随价格调整指标形成实心翻兰，当调整结束指标重新形成空心翻红的做多提示，此时中轨为一红，趋势监控指标K线为二红，一旦双红买点形成便可积极入场做多。（　　）

19．趋势监控突破战法的操作是：价格突破前期高点入场做多，一旦指标形成实心翻红信号便出局。但若价格连续上涨好几波，应当主动放弃该操作机会。（　　）

20．利用趋势监控指标进行抄底操作，MACD指标负责寻找底部区间，趋势监控指标翻红寻找具体介入点与出局点。在MACD指标形成低点抬高的区间，只要趋势监控指标翻红便可入场抄底做多。（　　）

四、看图答题(每题2分，共20道题40分，答错、少答不得分)。

1．请写出以下图中的市场多空性质、操作目标及操作策略。

序	代码	名称	最新	涨跌	↓涨幅
1	CF005	棉花2005	11080	305	2.83%
2	i2005	铁矿2005	651.0	17.5	2.76%
3	j2009	焦炭2009	1680.0	38.5	2.35%
4	p2009	棕榈2009	4842	110	2.32%
5	ru2005	橡胶2005	9795	190	1.98%
6	ni2006	沪镍2006	95310	1800	1.92%
7	eb2005	苯乙烯2005	4999	69	1.40%
8	y2009	豆油2009	5600	60	1.08%
9	rb2010	螺纹2010	3244	29	0.90%
10	RM009	菜粕2009	2379	18	0.76%
11	AP005	苹果2005	6744	51	0.76%
12	jm2009	焦煤2009	1096.5	8.0	0.73%
13	a2009	豆一2009	4519	19	0.42%
14	SR005	白糖2005	5468	22	0.40%
15	CJ005	红枣2005	10060	40	0.40%
16	OI009	菜油2009	6700	25	0.37%
17	m2009	豆粕2009	2821	10	0.36%
18	MA005	甲醇2005	1685	2	0.12%
19	fu2009	燃油2009	1738	0	0.00%
20	UR005	尿素2005	1674	-4	-0.24%
21	sp2005	纸浆2005	4506	-12	-0.27%
22	pp2009	PP2009	6546	-23	-0.35%
23	eg2005	乙二醇2005	3369	-12	-0.35%
24	SM005	锰硅2005	6688	-40	-0.59%
25	TA005	PTA 2005	3386	-24	-0.70%
26	jd2005	鸡蛋2005	3232	-23	-0.71%
27	bu2006	沥青2006	2128	-16	-0.75%
28	zn2006	沪锌2006	15650	-130	-0.82%
29	ZC009	动煤2009	495.2	-4.8	-0.96%
30	sc2005	原油2005	285.9	-3.1	-1.07%
31	au2006	黄金2006	370.20	-4.42	-1.18%
32	ag2006	白银2006	3690	-53	-1.42%
33	pg2011	液化气2011	2939	-66	-2.20%
34	l2009	塑料2009	5920	-140	-2.31%

2. 请标出原油2005合约强势下跌之后的止盈平仓点位。

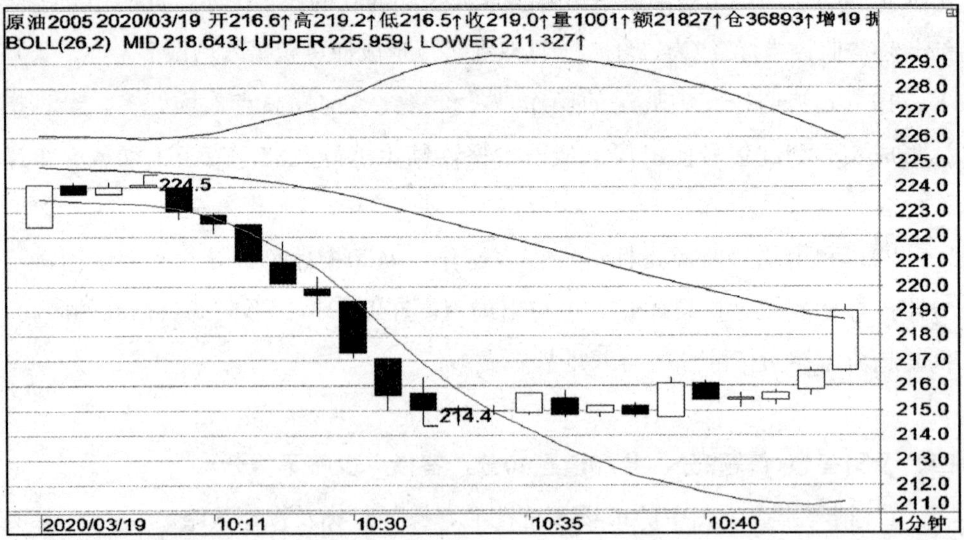

3．请写出乙二醇2005合约大幅下跌之后如何制定操作计划，说明价格见底后的技术特征。

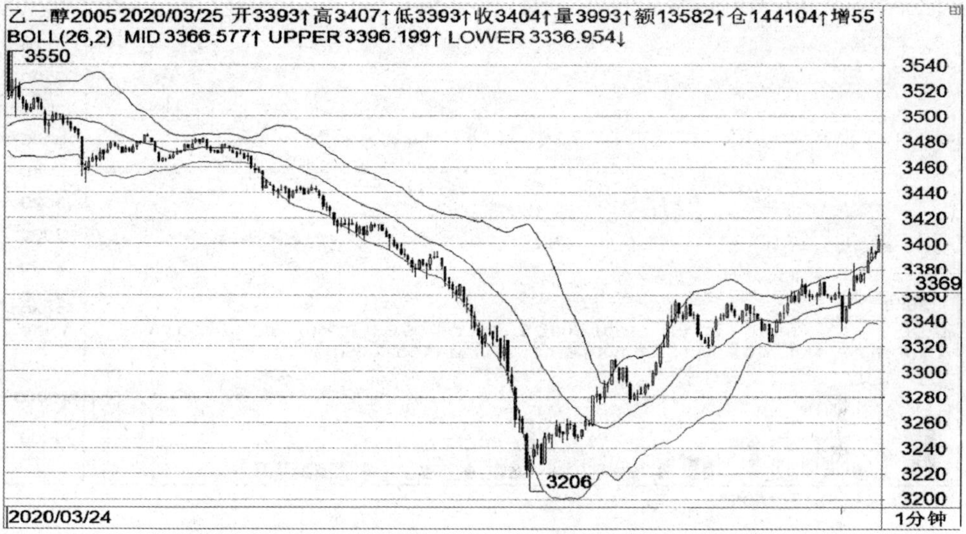

4．请标出棉花2005合约震荡上涨几处买点的位置。

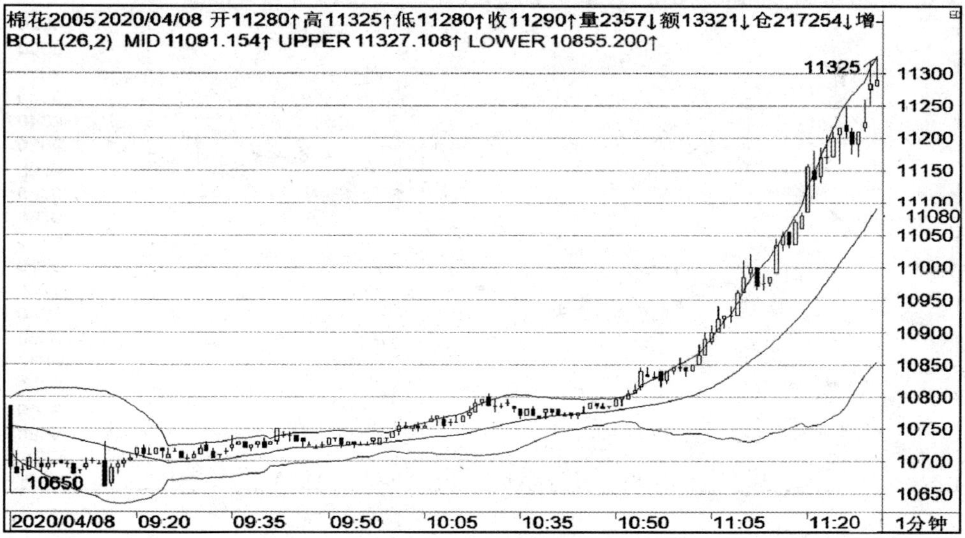

5．请写出乙二醇2005合约上涨过程中量价配比状况有何特征。

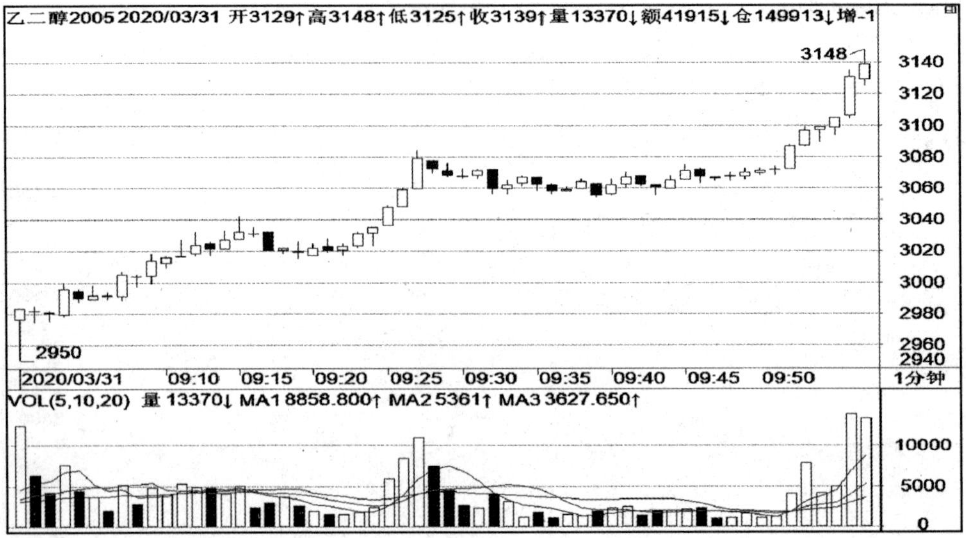

6．请标出橡胶2005合约走势中线上金叉的买点。

7. 请标出沪镍2006合约走势中五K变值买点。

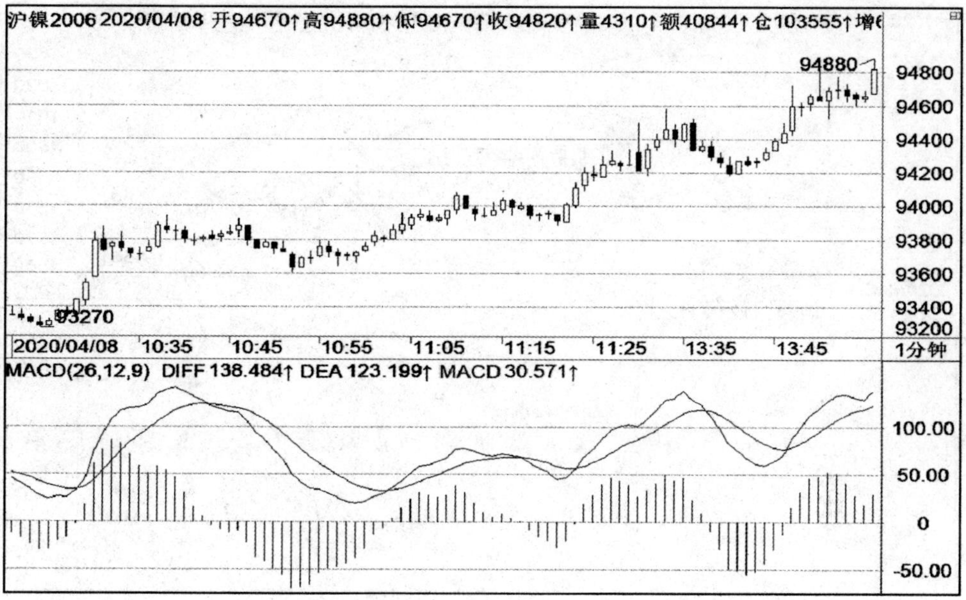

8. 请标出PTA2005合约逢低做多买点。

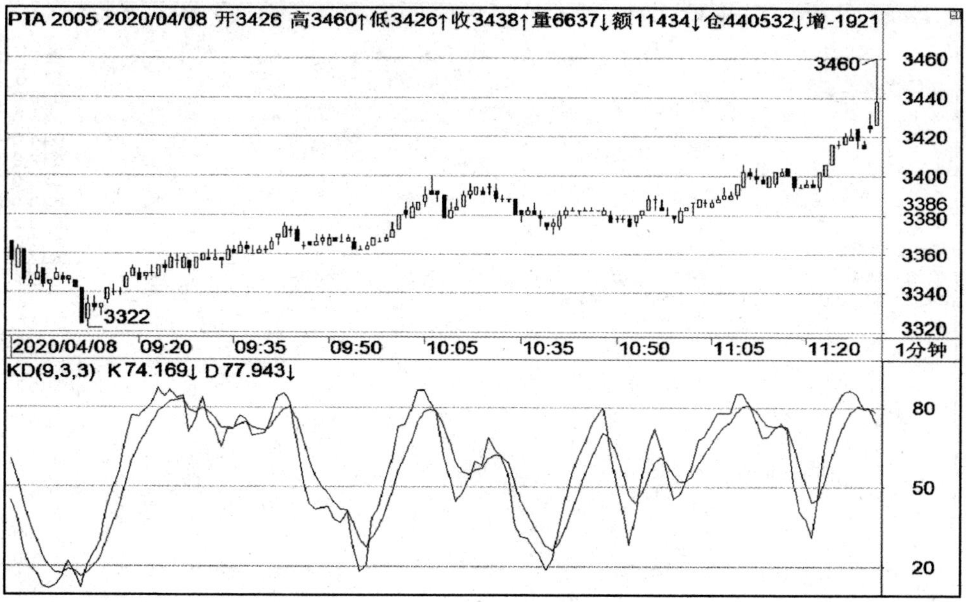

9．请标出甲醇2005合约逢高做空卖点。

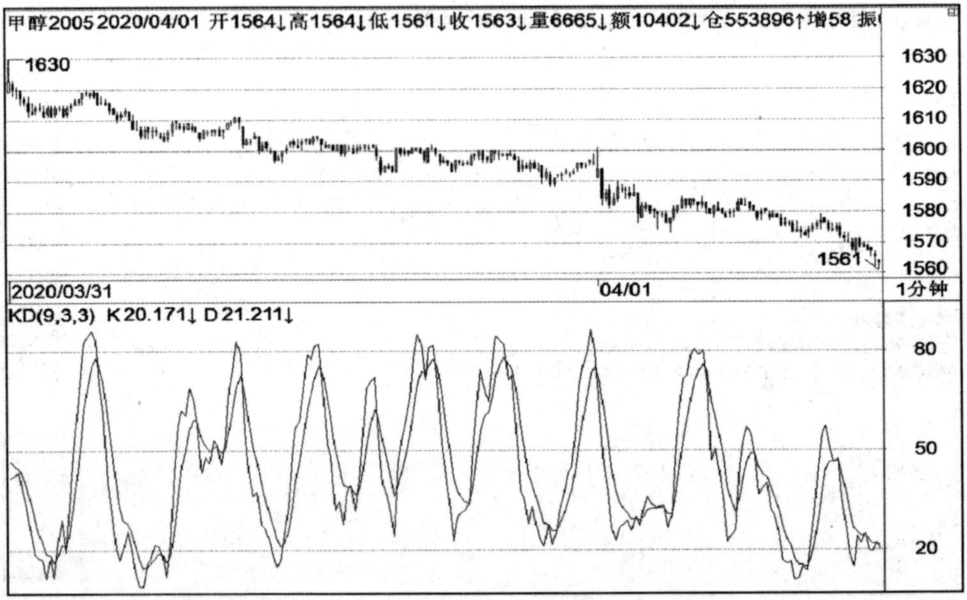

10．请标出图中顶背离的区间，写出此时的交易策略。

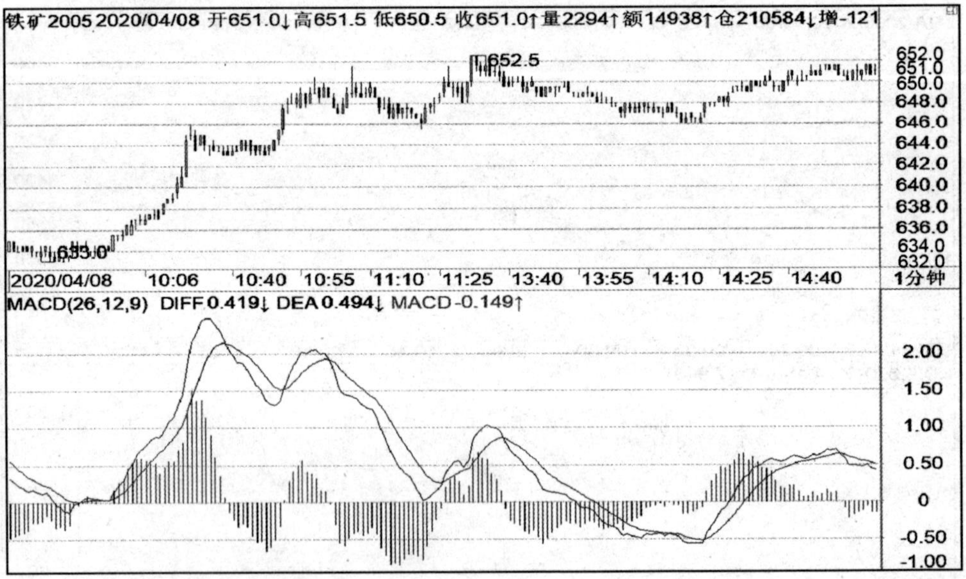

11．菜粕2005合约图中方框与圆圈处哪个是底背离，请写出原因。

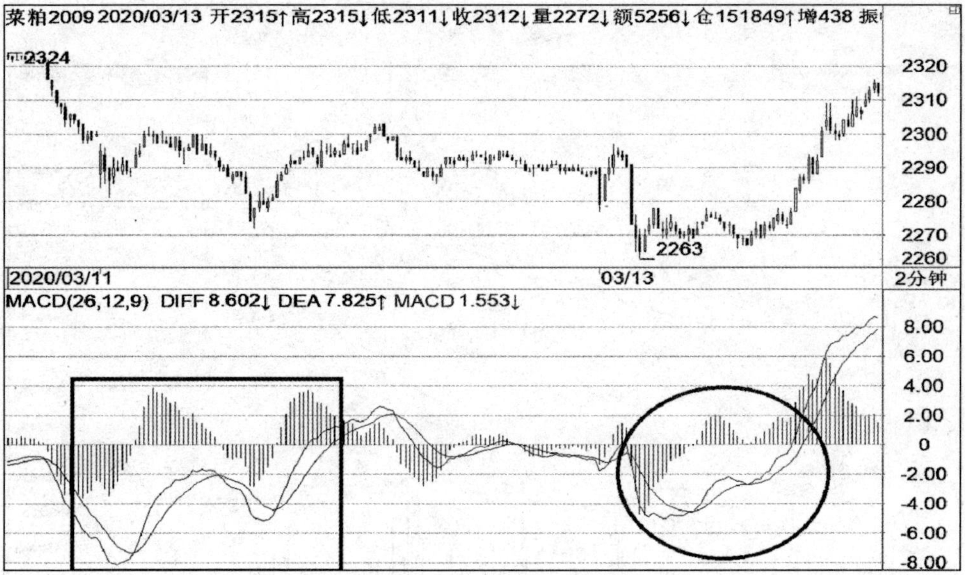

12．请写出白糖2005合约两波上涨的力度变化及对操作有哪些影响。

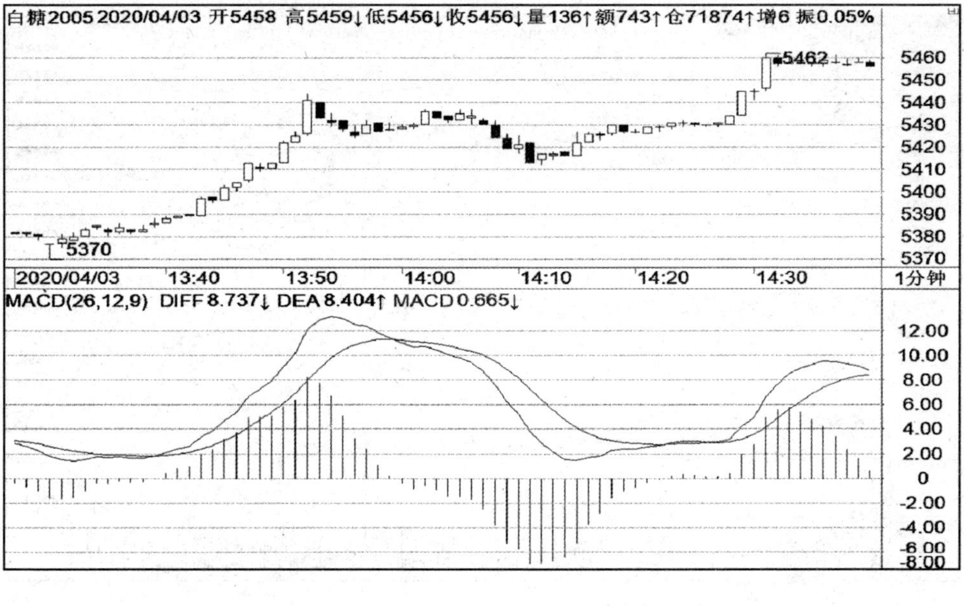

13．请写出图中橡胶2009合约有哪些技术特征可以说明上涨将会继续延续。

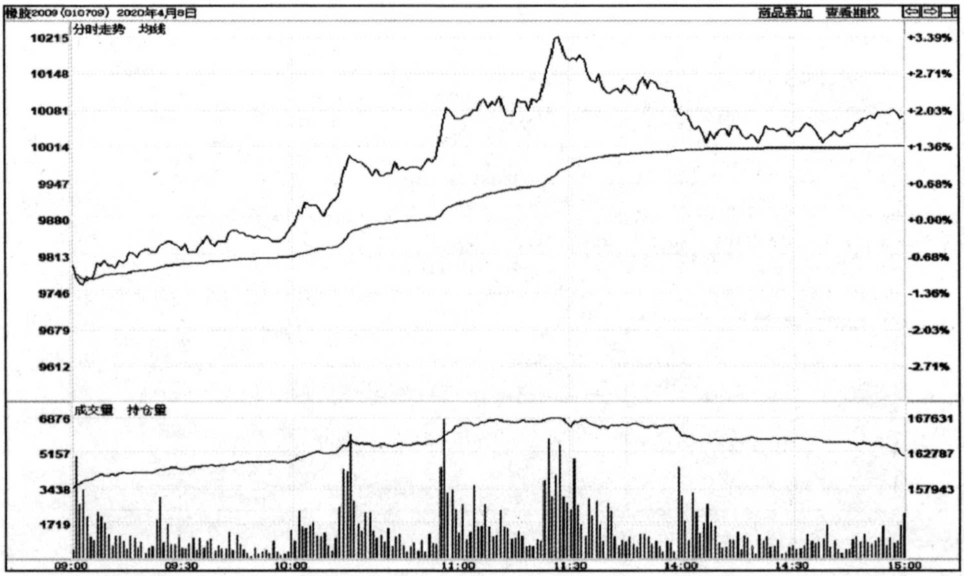

14．请标出燃油2005合约图中高点不过的做空点。

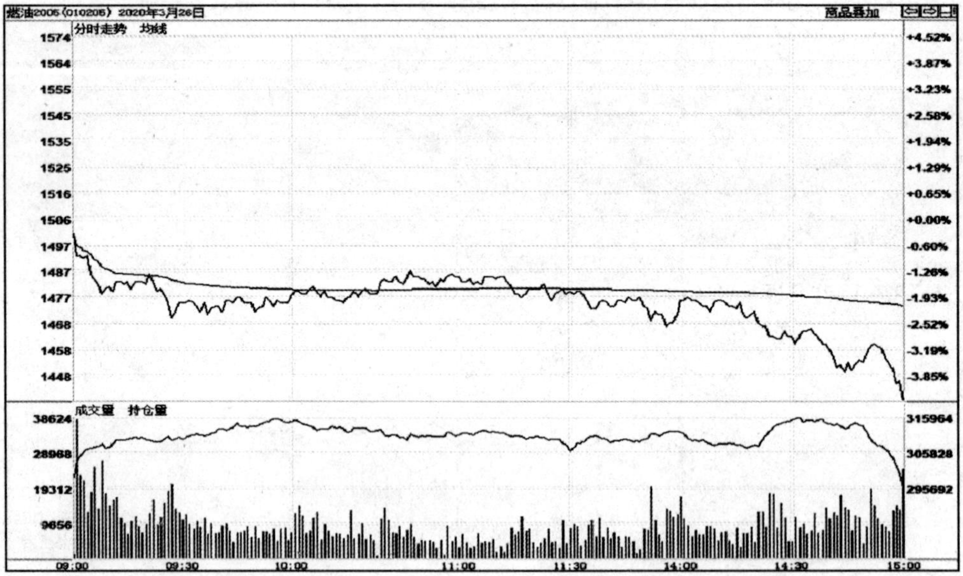

15．请标出PVC2005合约符合要求的局部高点，说明其技术特征。

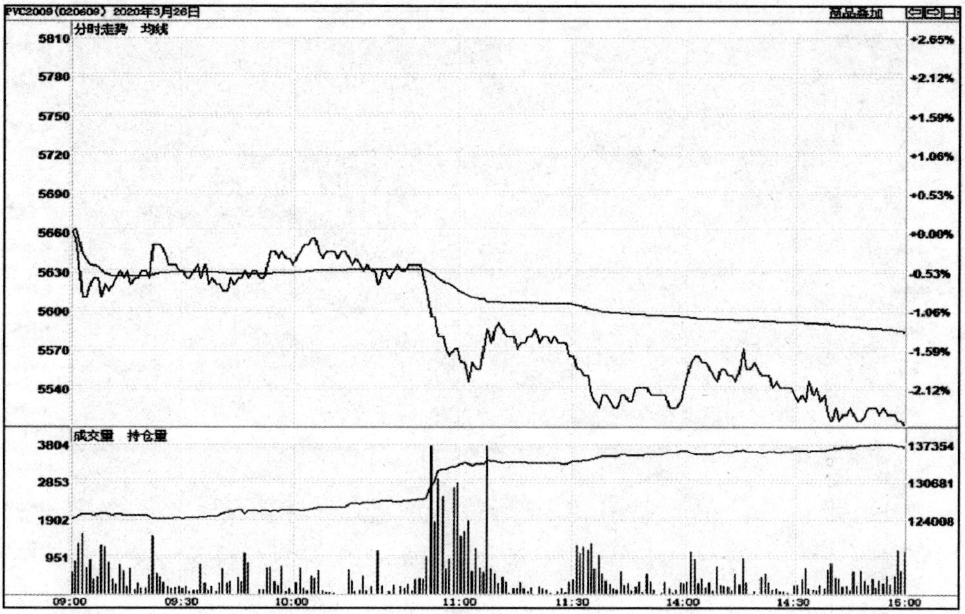

16．请标出鸡蛋2009合约穿线买点，说明其技术特征。

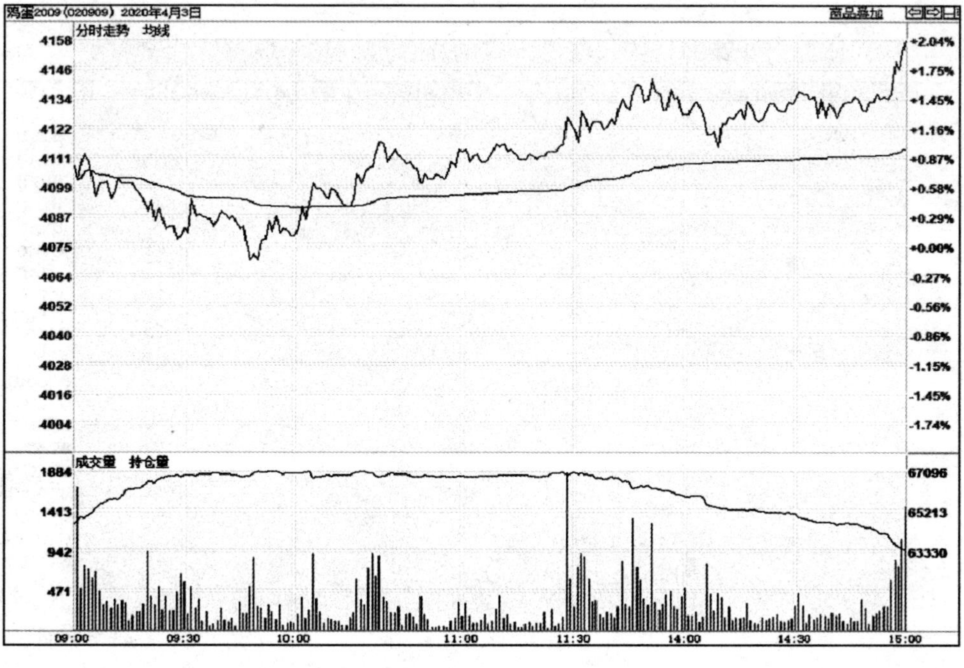

17．请标出豆油2009合约所有的均价线压力做空点。

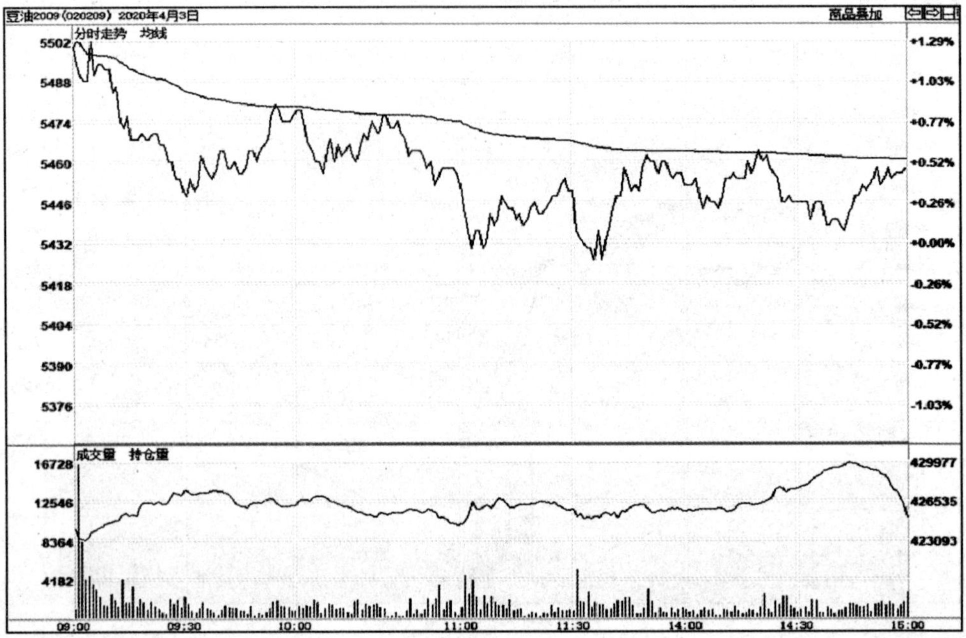

18．请标出PP2005合约双红做多点的介入点位与出场点位。

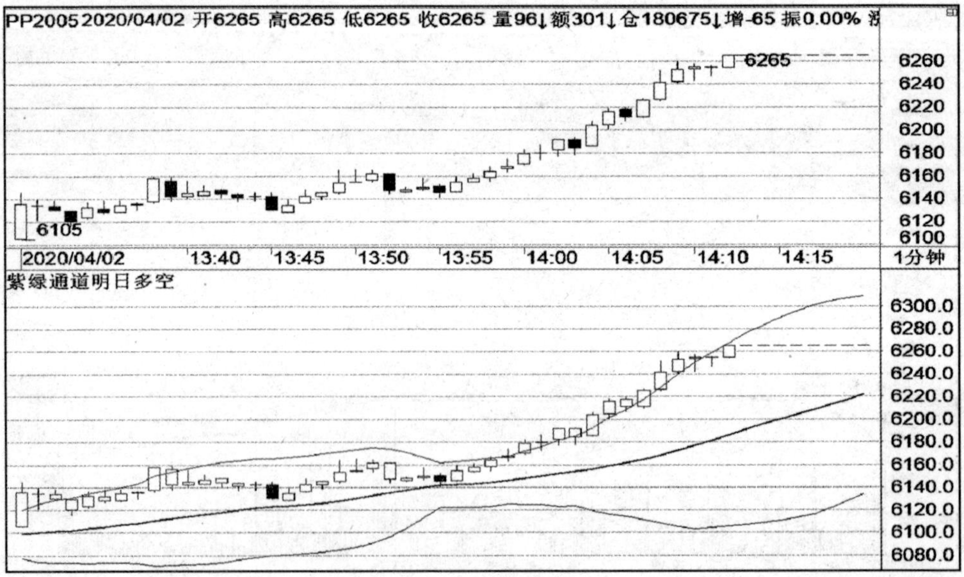

19．请标出沪镍2005合约图中所有的突破介入点及止盈位。

20．根据菜油2009合约的走势，写出抄底操作的具体计划，标出介入点。

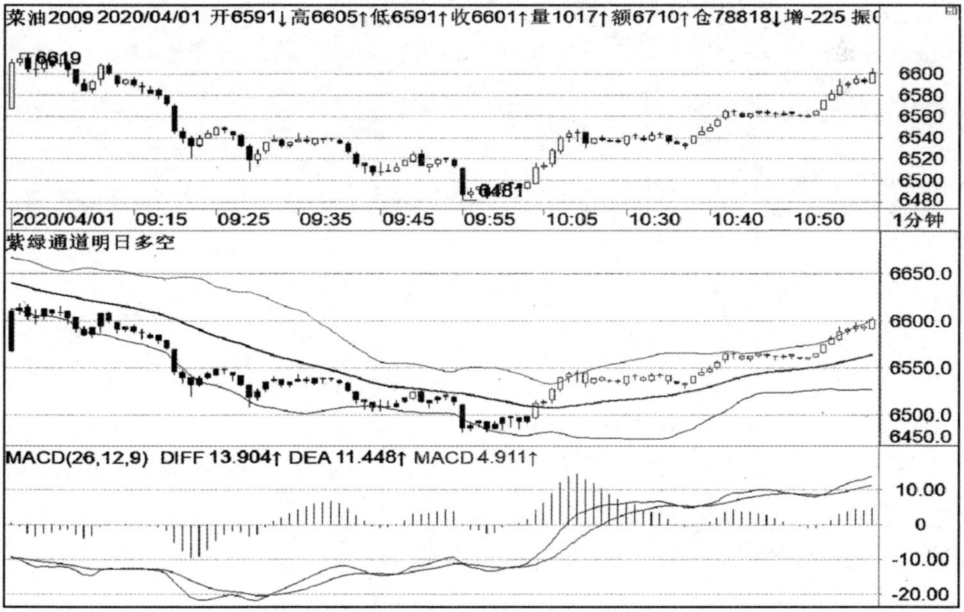